| 누구나 바로 따라하는 |

Google Application Technic

구글 앱 테크닉

누구나 바로 따라하는
구글 앱 테크닉

초판 1쇄 인쇄 2022년 4월 1일
초판 1쇄 발행 2022년 4월 5일

지은이 이민정
펴낸이 김휘중
펴낸곳 위즈플래닛
주　소 서울시 양천구 목동 923-14 현대드림타워 1307호
　　　　경기도 파주시 탄현면 방촌로 548(축현리 409) (물류 – 신한전문서적)
전　화 (직통) 070-8955-3716 / (주문) 031-942-9851
팩　스 031-942-9852
등　록 2012년 7월 23일 제2012-25호
정　가 21,000원
ISBN 979-11-88508-22-8 13000
기획/진행 Vision IT
표지/내지 디자인 Vision IT
인스타그램 www.instagram.com/wizplanet_book/
페이스북 www.facebook.com/wizplanet

> 열정과 도전을 높이 평가하는 위즈플래닛에서는 참신한 아이디어와 역량 있는 필자를 항상 기다리고 있습니다. IT 전문서에 출간 계획이 있으시면 간단한 기획안을 메일로 보내주세요.
> **원고 투고 및 문의** leo45@hanmail.net

Published by Wiz Planet, Inc. Printed in Korea
Copyright ⓒ 2022 by 이민정 & Wiz Planet, Inc.

이 책의 저작권은 이민정과 위즈플래닛에 있습니다.
이 책은 저작권법에 의해 보호를 받는 저작물이므로 무단 복제 및 무단 전재를 금합니다.

※ 잘못된 책은 바꾸어 드립니다.

머리말

이제는 비대면 시대!

Chrome을 비롯한 Google의 여러 앱들은 업무 환경뿐만 아니라 일상생활에서도 필수 요소로 자리 잡았습니다. 스마트폰과 컴퓨터를 사용하는 사람들이라면 누구나 Google 계정을 한 개쯤은 가지고 있고, Google 앱을 접해본 경험이 있을 것입니다.

그러나 아직까지도 누군가에게는 Google의 여러 서비스들이 어렵게만 느껴집니다. Chrome 브라우저 또는 Google 앱을 사용해 본 적이 없거나 평소에 활용하지 않는 사람들이 업무 등으로 Google 앱을 이용해야 하는 상황이 되면 새로운 환경과 시스템에 대한 부담감을 토로합니다. 또한, 어떤 사람들은 Google 앱을 이용해 본 경험이 있어도 사용 중 예기치 못한 문제가 발생하여 당황하기도 합니다. 이렇듯 또 다른 누군가는 Google 앱을 사용하는 데 있어 조금 더 매끄러운 활용을 바라기도 할 것입니다.

이 책은 이와 같은 다양한 상황에 처한 사람들에게 해답을 주기 위해 기초적인 내용부터 사소한 부분까지 자세하게 서술하였습니다. Part 1에서는 가장 기본이 되는 Chrome 브라우저의 사용법과 Google 계정 관리법을 담아 전반적인 앱 사용의 기반을 다질 수 있도록 하였습니다. Part 2에서는 Google 검색을 효과적으로 사용하는 방법과 팬데믹 상황에서 더욱 각광 받고 있는 Gmail, Meet, 주소록과 같은 커뮤니케이션 앱 사용법을 자세히 안내합니다. Part 3에서는 캘린더, Keep, Tasks로 빠르고 쉽게 일정 관리하는 방법을 익히고, Part 4에서는 강력한 협업 기능을 가지고 비대면 시대에 반드시 알고 있어야 할 문서 도구들의 사용 방법과 그 기반이 되는 드라이브에 대해 설명합니다. 마지막으로 Part 5에서는 일상에서 편리함을 더해줄 수 있는 Google 포토 앱과 사이트 도구의 활용법을 담았습니다.

마지막으로 본 도서가 최신 Google 앱을 사용하고자 하는, 또 사용해야 하는 모든 사람들에게 부담을 덜어주는 믿음직한 해결사가 되어주길 진심으로 바랍니다.

저자 이민정

이 책의 구성

Chapter
이번 챕터에서 배울 내용에 대해 전체적인 개념과 학습 목표를 설명합니다.

따라하기
해당 내용을 쉽고 빠르게 학습할 수 있도록 따라하기로 내용을 구성하였습니다.

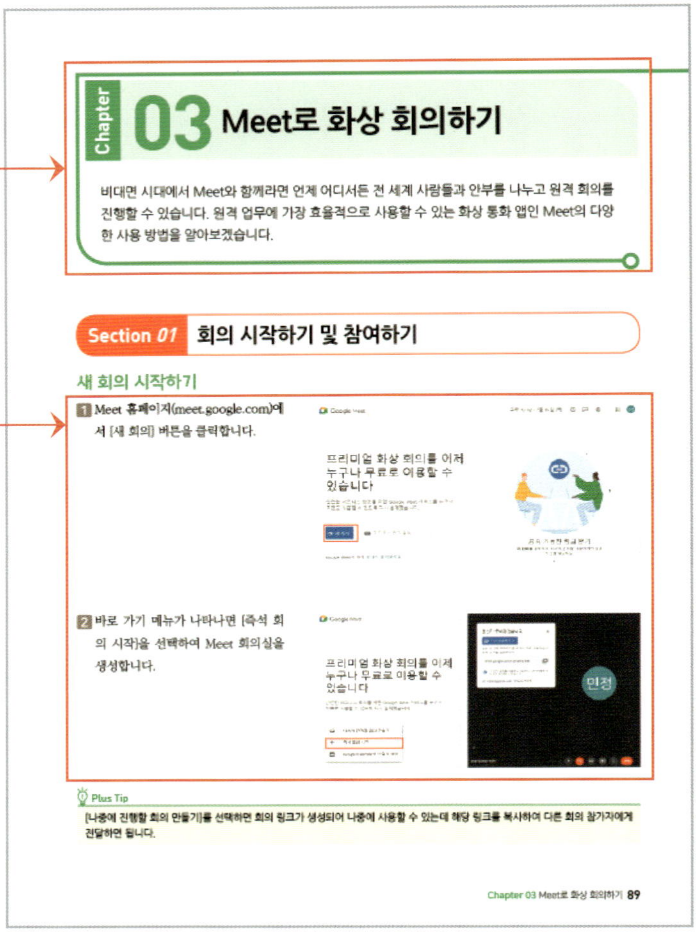

Chapter 03 Meet로 화상 회의하기

비대면 시대에서 Meet와 함께라면 언제 어디서든 전 세계 사람들과 안부를 나누고 원격 회의를 진행할 수 있습니다. 원격 업무에 가장 효율적으로 사용할 수 있는 화상 통화 앱인 Meet의 다양한 사용 방법을 알아보겠습니다.

Section 01 회의 시작하기 및 참여하기

새 회의 시작하기

1. Meet 홈페이지(meet.google.com)에서 [새 회의] 버튼을 클릭합니다.

2. 바로 가기 메뉴가 나타나면 [즉석 회의 시작]을 선택하여 Meet 회의실을 생성합니다.

💡 Plus Tip
[나중에 진행할 회의 만들기]를 선택하면 회의 링크가 생성되어 나중에 사용할 수 있는데 해당 링크를 복사하여 다른 회의 참가자에게 전달하면 됩니다.

누구나 바로 따라하는

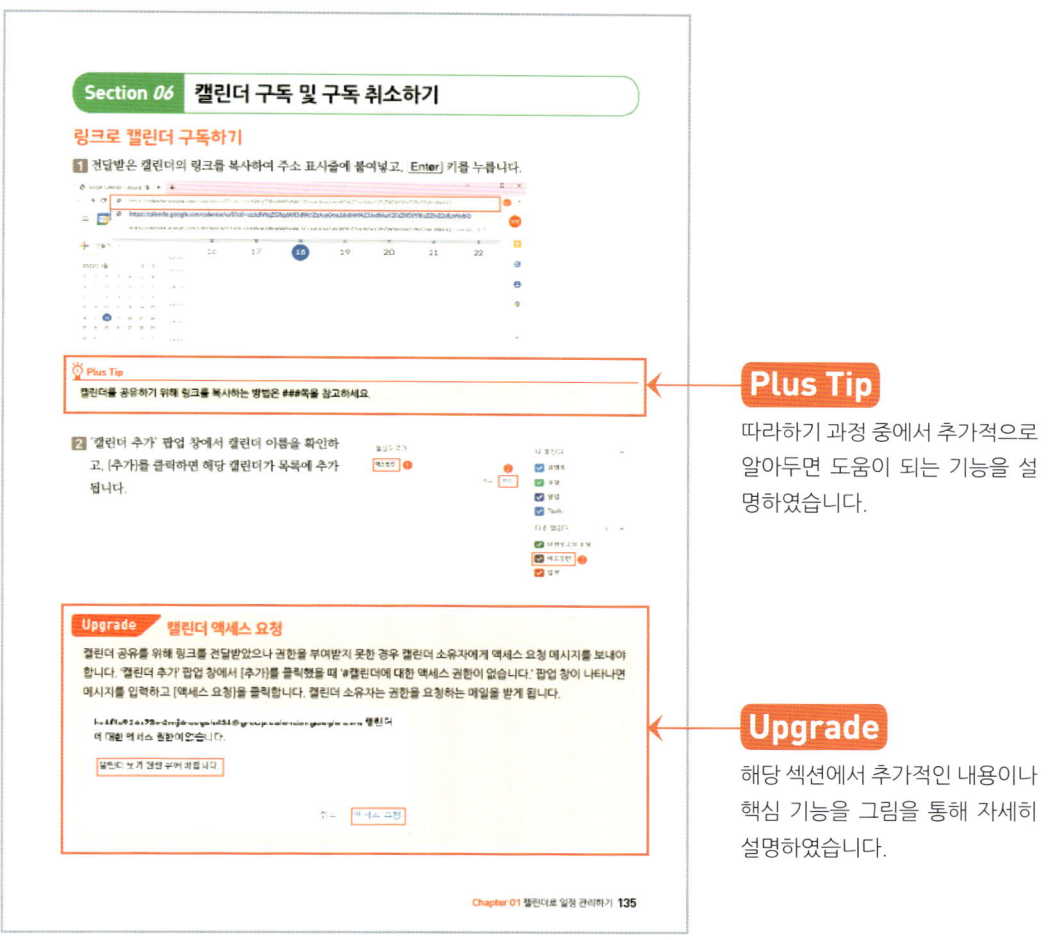

Plus Tip
따라하기 과정 중에서 추가적으로 알아두면 도움이 되는 기능을 설명하였습니다.

Upgrade
해당 섹션에서 추가적인 내용이나 핵심 기능을 그림을 통해 자세히 설명하였습니다.

안내사항

이 책은 Chrome 버전 98.0.4758.102(공식 빌드) (64비트)에 최적화되어 있습니다. 구글의 정기적인 업데이트로 인하여 화면 구성이 조금씩 다를 수 있지만 책의 내용을 학습하는 데 큰 문제가 되지는 않습니다.

목차

PART 01　Chrome 브라우저 활용과 Google 계정 설정

Chapter 01　Chrome 브라우저 사용하기

- Section 01 Chrome 브라우저 시작하기　12
- Section 02 Chrome 브라우저 화면 구성 이해하기　15
- Section 03 동기화 활용하기　17
- Section 04 프로필과 게스트 모드 사용하기　19
- Section 05 탭 관리하기　24
- Section 06 북마크와 읽기 목록 관리하기　26
- Section 07 Chrome 브라우저 설정하기　32
- Section 08 웹사이트 비밀번호 관리하기　34
- Section 09 자동 완성 기능과
　　　　　　 인터넷 사용 기록 삭제하기　36
- Section 10 팝업 설정 변경하기　38
- Section 11 홈 버튼과 시작 페이지 설정하기　41
- Section 12 검색엔진 설정과 다운로드한 파일 보기　42

Chapter 02　Google 계정 관리하기

- Section 01 Google 계정 생성하기　45
- Section 02 Google 계정 정보 변경하기　47
- Section 03 Google 활동 기록 관리와
　　　　　　 광고 맞춤 설정하기　48
- Section 04 Google 계정 데이터 관리하기　50
- Section 05 Google 계정 보안 강화하기　54

PART 02　Google 검색과 커뮤니케이션

Chapter 01　Google 검색 효율적으로 활용하기

- Section 01 Google 검색 사용하기　62
- Section 02 검색 도구와 고급 검색 활용하기　65
- Section 03 계정 검색 기록 관리하기　67

Chapter 02　Gmail 활용하기

- Section 01 Gmail 화면 구성 이해하기　70
- Section 02 다양한 방법으로 메일 보내기　73
- Section 03 라벨로 메일 분류하기　77
- Section 04 메일 검색과 필터로 자동 분류하기　79
- Section 05 Gmail 테마 변경과 상세 설정하기　82
- Section 06 서명/자동응답/템플릿 활용하기　86

Chapter 03 Meet로 화상 회의하기

- Section 01 회의 시작하기 및 참여하기 — 89
- Section 02 사용자 관리하기 — 93
- Section 03 회의 중 채팅과 화이트보드 사용하기 — 97
- Section 04 레이아웃과 배경 변경하기 — 99
- Section 05 화면 발표하기 — 103

Chapter 04 주소록으로 연락처 관리하기

- Section 01 연락처 등록하기 — 105
- Section 02 연락처 관리하기 — 107
- Section 03 연락처 내보내기와 가져오기 — 110
- Section 04 라벨로 연락처 분류하기 — 113
- Section 05 연락처 복구하기 — 114

PART 03 일정 관리

Chapter 01 캘린더로 일정 관리하기

- Section 01 캘린더 화면 구성 이해하기 — 118
- Section 02 일정 만들기 — 120
- Section 03 일정 삭제와 복원하기 — 126
- Section 04 캘린더 생성과 관리하기 — 128
- Section 05 공유 캘린더 만들기 — 131
- Section 06 캘린더 구독 및 구독 취소하기 — 135
- Section 07 캘린더 내보내기와 가져오기 — 136
- Section 08 다른 Google 앱에서 캘린더 사용하기 — 139

Chapter 02 Keep으로 메모 남기기

- Section 01 Keep 화면 구성 이해하기 — 140
- Section 02 메모 쓰기 — 141
- Section 03 메모 알림 설정과 공동작업자 추가하기 — 145
- Section 04 메모 관리하기 — 146
- Section 05 라벨로 메모 분류하기 — 148
- Section 06 Keep 확장 프로그램 사용하기 — 150
- Section 07 다른 Google 앱에서 Keep 사용하기 — 152

Chapter 03 Tasks로 할 일 관리하기

- Section 01 Tasks 열기 — 153
- Section 02 할 일 만들기 — 154
- Section 03 할 일 관리하기 — 155
- Section 04 새 목록과 하위 할 일 추가하기 — 158

목차

PART 04 클라우드와 협업 기능

Chapter 01 Google 드라이브로 파일 관리하기
- Section 01 Google 드라이브 화면 구성 이해하기 … 162
- Section 02 폴더 생성과 파일 업로드하기 … 163
- Section 03 파일 바로 가기 메뉴 이해하기 … 164
- Section 04 파일 및 폴더 관리하기 … 165
- Section 05 파일 공유하기 … 168
- Section 06 PDF 및 이미지에 댓글 남기기 … 172
- Section 07 드라이브 검색하기 … 174
- Section 08 데스크톱용 드라이브 사용하기 … 175

Chapter 02 Google 문서 도구의 특징 살펴보기
- Section 01 자동 저장과 버전 기록 … 181
- Section 02 MS Office의 호환 … 182
- Section 03 다양한 협업 기능 … 184

Chapter 03 Google 문서 사용하기
- Section 01 새 문서 작성하기 … 187
- Section 02 표와 이미지 삽입하기 … 189
- Section 03 단락 스타일과 문서 개요 활용하기 … 192
- Section 04 문서 번역하기 … 193
- Section 05 버전 기록 활용과 파일 공유하기 … 194
- Section 06 댓글 및 제안 모드 사용하기 … 196

Chapter 04 Google 프레젠테이션 사용하기
- Section 01 새 슬라이드 만들기 … 198
- Section 02 다양한 개체 삽입하기 … 200
- Section 03 슬라이드 배경 변경하기 … 204
- Section 04 슬라이드 전환과 애니메이션 사용하기 … 206
- Section 05 프레젠테이션 보기 … 207

Chapter 05 Google 스프레드시트 사용하기
- Section 01 새 스프레드시트 만들기 … 211
- Section 02 시트 관리하기 … 213
- Section 03 수식과 함수 활용하기 … 216
- Section 04 조건부 서식 사용하기 … 218
- Section 05 필터 만들기 … 219
- Section 06 피봇 테이블 사용하기 … 221

Chapter 06 Google 설문지 사용하기
- Section 01 새 설문지 만들기 … 222
- Section 02 설문지 설정하기 … 223
- Section 03 문항 만들기 … 226
- Section 04 설문지에 이미지와 동영상 삽입하기 … 229
- Section 05 문항 가져오기 … 232
- Section 06 섹션 나누기 … 233
- Section 07 설문지 보내기 … 235
- Section 08 스프레드시트로 답변 모아보기 … 237

PART 05 다양한 구글 앱 활용

Chapter 01 Google 포토 활용하기

- Section 01 Google 포토 화면 구성 이해하기   240
- Section 02 사진 업로드 및 관리하기   241
- Section 03 사진 및 동영상 공유하기   243
- Section 04 사진 앨범 만들기   246
- Section 05 모바일 기기 동기화하기   249

Chapter 02 사이트 도구로 웹사이트 만들기

- Section 01 사이트 도구 화면 구성 이해하기   250
- Section 02 새 사이트 만들기   251
- Section 03 콘텐츠 추가하기   254
- Section 04 페이지 추가하기   258
- Section 05 사이트 설정 변경하기   261
- Section 06 사이트 게시하기   263

찾아보기   **266**

PART 01

Chrome 브라우저 활용과 Google 계정 설정

Google의 여러 가지 앱들을 사용하기 위해서는 Chrome 브라우저를 반드시 설치해야 하고, 사용자마다 Google 계정이 있어야 합니다. 이번 Part에서는 Chrome 브라우저의 설치와 활용 그리고 Google 계정의 설정과 관리 방법에 대하여 알아보겠습니다.

Chapter 01

Chrome 브라우저 사용하기

Chapter 02

Google 계정 관리하기

Chapter 01 Chrome 브라우저 사용하기

Chrome은 Google의 앱들을 사용하기에 최적화된 웹 브라우저로 Chrome 브라우저는 Google 앱의 활용성을 높이고, 생산성 향상에 기여합니다. Chrome 브라우저를 설치하는 방법부터 Chrome 브라우저의 설정을 변경하고, 활용하는 방법에 대해 알아보겠습니다.

Section 01 Chrome 브라우저 시작하기

Chrome 브라우저 설치하기

1. Google Chrome 페이지(google.com/chrome)에 접속하고, [Chrome 다운로드] 버튼을 클릭합니다.

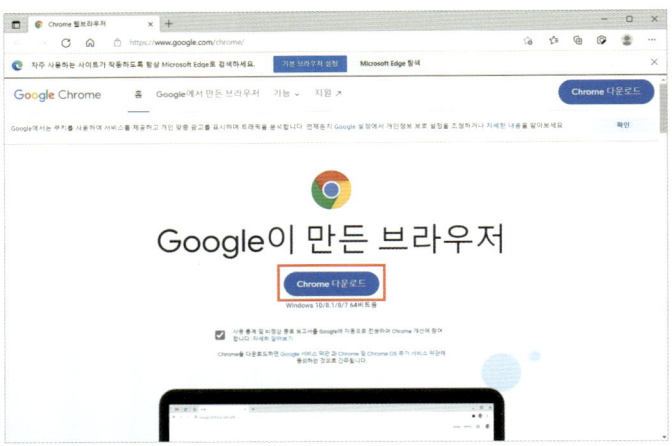

2. 다운로드 된 'ChromeSetup.exe' 프로그램 파일을 실행하면 설치가 자동으로 완료됩니다.

Chrome 브라우저 기본 설정하기

1 나만의 Chrome 만들기에서 [시작하기] 버튼을 클릭하여 Chrome 브라우저 설정을 시작합니다.

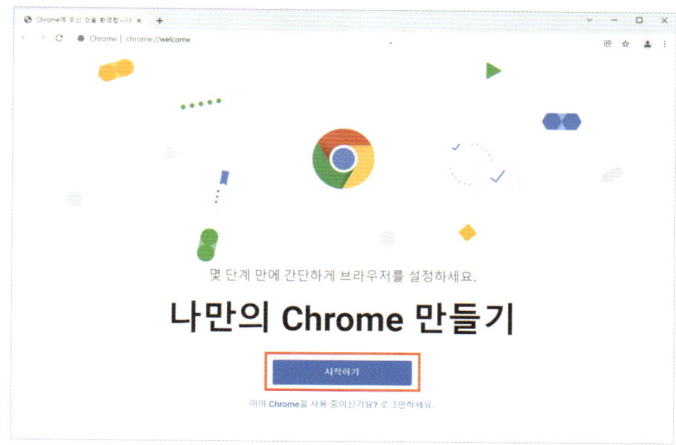

2 '즐겨찾는 Google 앱에 책갈피를 추가합니다.'에서 즐겨찾기 할 앱을 선택하고, [다음] 버튼을 클릭합니다.

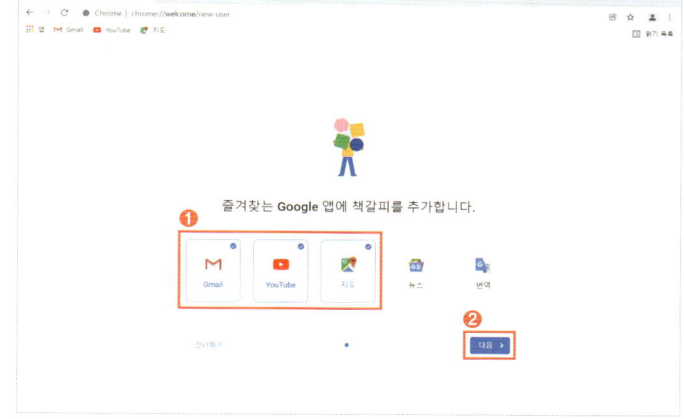

💡 Plus Tip

[건너뛰기] 버튼을 클릭하여 책갈피 추가를 건너뛰어도 추후 자주 찾는 앱을 북마크 할 수 있습니다. 자세한 내용은 26쪽을 참고하세요.

3 '백그라운드를 선택합니다.'에서 원하는 배경을 선택하고, [다음] 버튼을 클릭합니다.

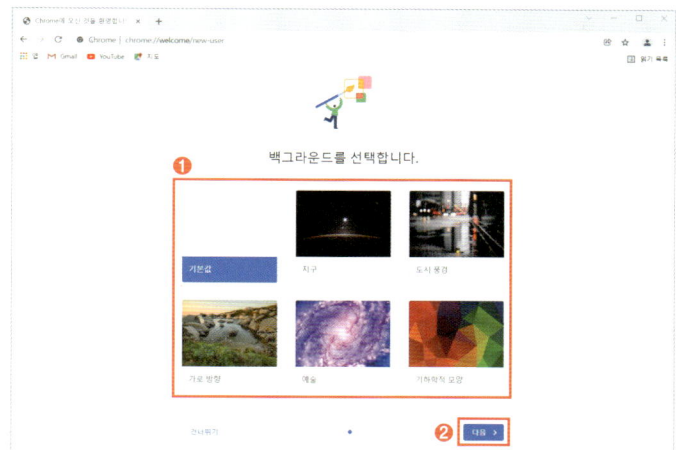

💡 Plus Tip

배경 선택을 건너뛰었다면 추후 [새 탭] 탭에서 [맞춤 설정] 버튼을 클릭하여 변경할 수 있습니다. 자세한 내용은 16쪽을 참고하세요.

4 'Chrome을 기본 브라우저로 설정'에서 [기본 브라우저로 설정] 버튼을 클릭하고, 기본 앱 창의 '웹 브라우저'에서 [Microsoft Edge]를 클릭한 후 [앱 선택]에서 [Chrome]을 선택합니다.

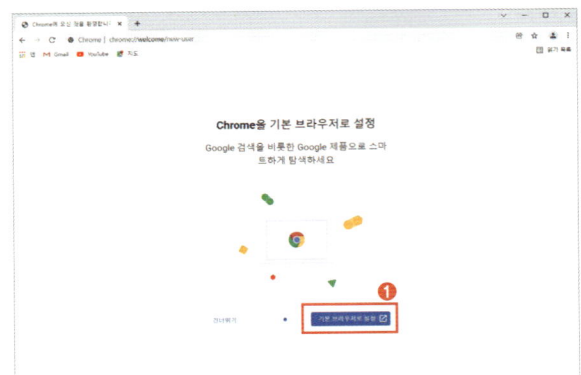

Plus Tip
기본 브라우저 설정을 건너뛰어도 설정에서 Chrome을 기본 브라우저로 설정할 수 있습니다. 자세한 내용은 42쪽을 참고하세요.

계정 동기화하기

1 기본 브라우저를 설정한 후 자동으로 나타나는 화면에서 [계속] 버튼을 클릭하여 동기화를 시작합니다.

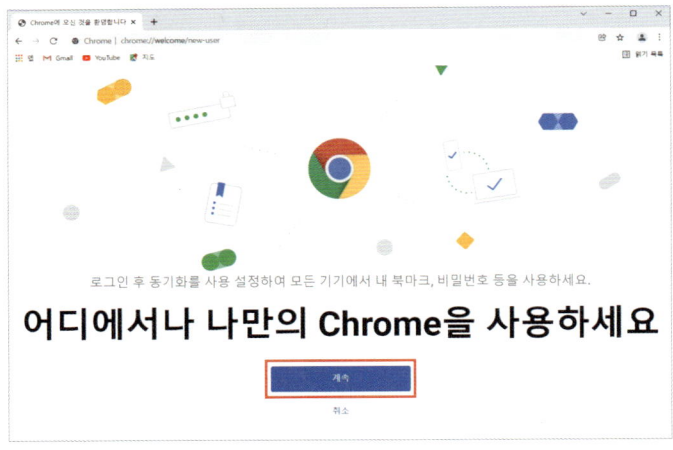

Plus Tip
브라우저 설정이 끝나면 로그인과 계정 정보 동기화가 시작되는데 [취소] 버튼을 클릭하면 나중에 다시 로그인과 동기화를 할 수 있습니다. [취소] 버튼을 클릭한 후 추후에 동기화하는 과정은 17쪽을 참고하세요.

2 Google 계정으로 Chrome에 로그인합니다.

Plus Tip
동기화를 위해서는 Google 계정이 필요하며, 보안 설정에 따라 로그인 시 본인 인증을 해야 할 수도 있습니다. Google 계정 생성에 대한 자세한 내용은 45쪽을 참고하세요.

3 '동기화를 사용하시겠습니까?'라는 메시지가 나타나면 [사용] 버튼을 클릭하여 계정 동기화를 마칩니다.

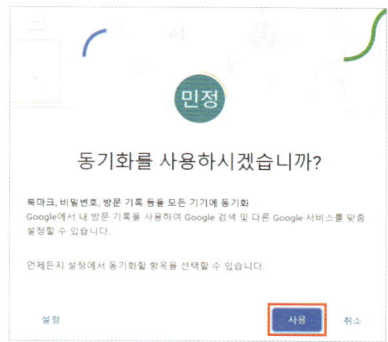

Section 02 | Chrome 브라우저 화면 구성 이해하기

Chrome 브라우저 화면 살펴보기

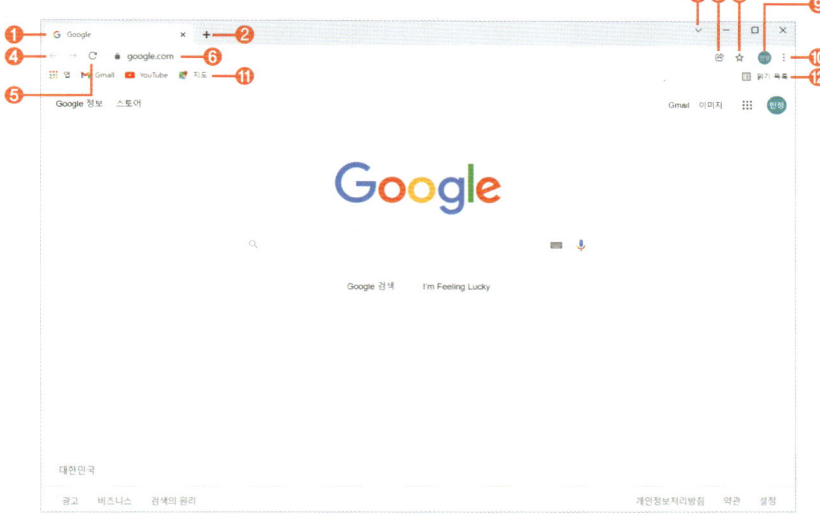

❶ **탭 목록** : 현재 열려있는 탭들이 나타납니다.
❷ **새 탭** : 새로운 탭을 엽니다.
❸ **탭 검색** : 현재 열려있는 모든 탭을 목록으로 보여줍니다.
❹ **이전 페이지/다음 페이지** : 클릭 시 이전, 다음 페이지로 이동하고, 길게 누르면 방문 기록이 나타납니다.
❺ **페이지 새로고침** : 현재 페이지를 새로 고침합니다.
❻ **주소 표시줄** : 웹사이트 주소가 나타나거나 설정된 검색 엔진을 이용하여 검색합니다. 주소 표시줄 왼쪽에서 사이트 정보 보기(🔒) 아이콘을 클릭하면 해당 사이트의 보안 연결과 쿠키를 확인할 수 있고, 사이트 설정 페이지로 이동하여 권한을 확인할 수 있습니다.
❼ **이 페이지 공유** : 현재 보고 있는 페이지의 링크를 복사하거나, QR 코드를 생성하거나, 다른 기기로 전송하거나, 웹페이지의 바로가기를 컴퓨터에 저장하거나, Twitter 및 Facebook으로 링크를 공유합니다.

❽ **현재 탭을 북마크에 추가** : 현재 탭을 북마크 또는 읽기 목록에 추가하여 빠르게 이동합니다.
❾ **Chrome 프로필** : Chrome 브라우저에 로그인 되어 있는 Google 계정을 나타냅니다.
❿ **Chrome 맞춤설정 및 제어** : Chrome 브라우저의 설정을 변경합니다.
⓫ **북마크바** : 북마크바에 저장한 북마크 목록이 나타납니다.
⓬ **읽기 목록** : 읽기 목록에 저장한 페이지 목록이 나타납니다.

💡 **Plus Tip**

Chrome 브라우저에서 음악 또는 동영상이 재생되는 중이라면 음악, 동영상 등의 항목 제어하기(🎵) 아이콘이 나타나고, Chrome 확장 프로그램을 설치했다면 확장 프로그램(🧩) 아이콘이 나타납니다. 또한, 사용자가 설정한 언어가 아닌 다른 언어로 구성된 페이지일 경우 이 페이지 번역하기(🌐) 아이콘이 나타나서 자동 번역을 사용할 수 있습니다.

Upgrade [새 탭] 화면

Chrome 브라우저에서 새 탭을 열면 Google 검색 창과 함께 바로가기가 나타납니다. 필요에 따라 [바로가기 추가]를 클릭하여 원하는 웹사이트를 바로가기에 추가할 수 있습니다. 만약, 바로가기의 이름을 수정하거나 삭제하려면 해당 바로가기에 마우스 포인터를 올리고, 추가 작업(⋮) 아이콘을 클릭합니다. 오른쪽 아래의 [Chrome 맞춤설정] 버튼(또는 페이지 맞춤설정(✏️) 아이콘)을 클릭하면 [새 탭] 화면의 배경과 테마를 변경하거나 바로가기를 자주 방문한 사이트로 교체할 수 있습니다. 자주 방문한 사이트는 사용자의 활동에 따라 자동으로 추가됩니다.

 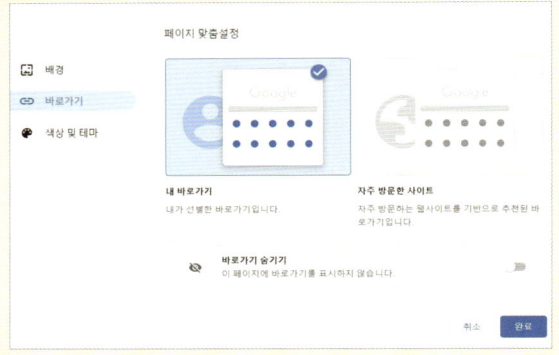

Section 03 동기화 활용하기

동기화 사용 설정하기

1 Chrome 브라우저에서 프로필(👤) 아이콘을 클릭하고, [동기화 사용...] 버튼을 클릭합니다.

> 💡 **Plus Tip**
>
> 동기화를 사용하면 여러 Google 앱에 자동으로 로그인되며, 다양한 기기에서 북마크, 방문 기록, 비밀번호 등 동기화된 정보를 사용할 수 있습니다.

2 동기화하려는 Google 계정으로 로그인합니다.

> 💡 **Plus Tip**
>
> 동기화 사용 설정을 위해서는 Google 계정이 필요합니다. Google 계정 생성에 대한 자세한 내용은 45쪽을 참고하세요.

3 [사용] 버튼을 클릭하여 동기화를 완료합니다.

동기화 사용 중지하기

1 Chrome 브라우저에서 동기화된 프로필(민정) 아이콘을 클릭하고, [동기화 사용 중]을 선택합니다.

2 [설정 – 동기화 및 Google 서비스] 탭의 [나와 Google의 관계]-[동기화 및 Google 서비스]에서 [사용 중지] 버튼을 클릭합니다.

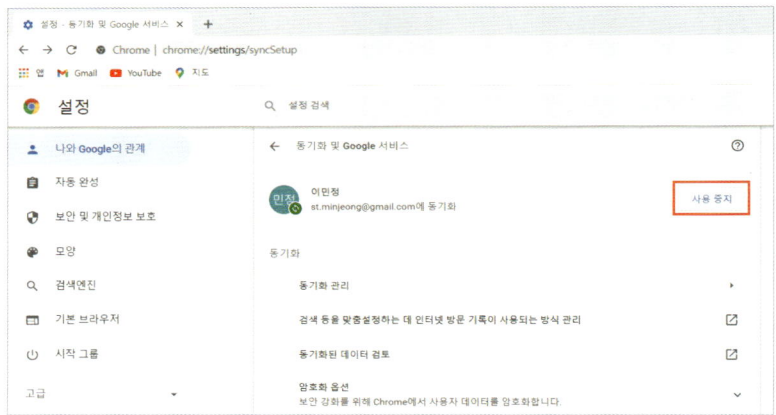

3 '동기화 및 맞춤설정을 사용 중지하시겠습니까?' 팝업 창에서 [사용 중지] 버튼을 클릭하면 Google 계정에서 로그아웃되면서 동기화가 중지됩니다.

💡 Plus Tip

'기기에서 북마크, 방문 기록, 비밀번호 등을 삭제합니다.'를 체크(선택)하는 경우 해당 컴퓨터에 저장된 북마크, 방문 기록, 비밀번호 등이 모두 삭제됩니다. 체크하지 않은 경우는 기존에 사용하던 정보가 남아 있지만 이후 해당 컴퓨터에서 새롭게 추가한 북마크, 새롭게 생성된 방문 기록, 비밀번호는 다른 기기에 동기화되지 않습니다.

Section 04 프로필과 게스트 모드 사용하기

프로필 추가하기

1 Chrome 브라우저에서 프로필(민정) 아이콘을 클릭하고, [추가]를 선택합니다.

> **Plus Tip**
> 여러 개의 계정을 가지고 있거나 여러 사람이 컴퓨터를 함께 쓰는 경우 프로필을 사용하면 계정간 전환이 빠르고, 방문 기록 및 북마크 등을 각 계정에 맞게 설정하고 관리할 수 있습니다.

2 '새 Chrome 프로필 설정' 창에서 [계정 없이 계속] 버튼을 클릭합니다.

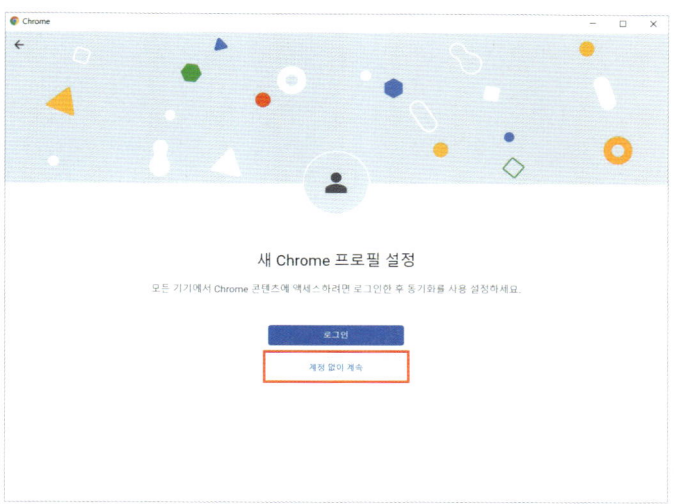

> **Plus Tip**
> [계정 없이 계속] 버튼을 클릭하면 프로필 생성 후 별도의 로그인과 동기화 과정을 거쳐야 하며, [로그인] 버튼을 클릭하면 Google 계정 로그인 및 동기화 과정을 거친 후 로그인한 Google 계정의 이름과 동일한 프로필이 바로 생성됩니다.

3 'Chrome 프로필 맞춤설정' 창에서 아바타 선택(✎) 아이콘을 클릭하여 해당 프로필 이미지를 선택하고, '직장, 개인, 자녀와 같은 이름 또는 라벨을 추가하세요.' 입력란에 "직장"을 입력합니다.

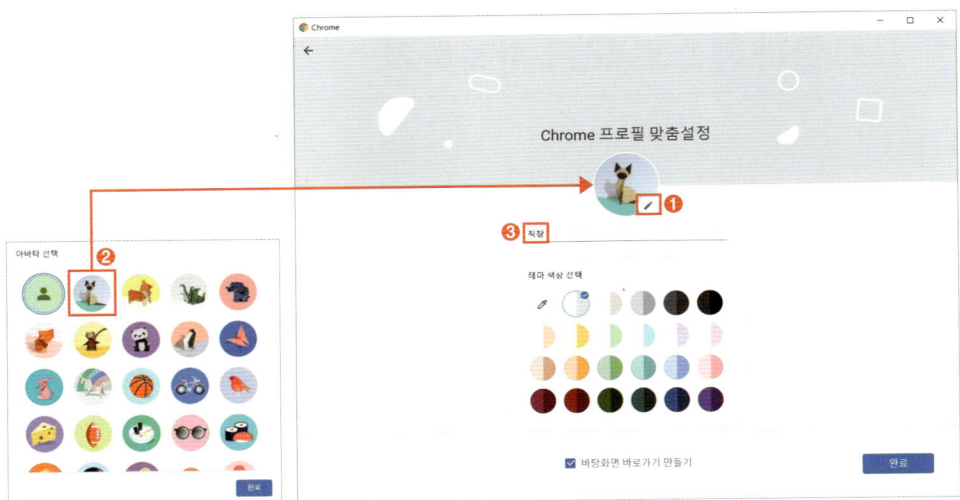

4 테마 색상을 선택한 후 '바탕화면 바로가기 만들기'의 체크(선택) 상태를 확인하고, [완료] 버튼을 클릭합니다.

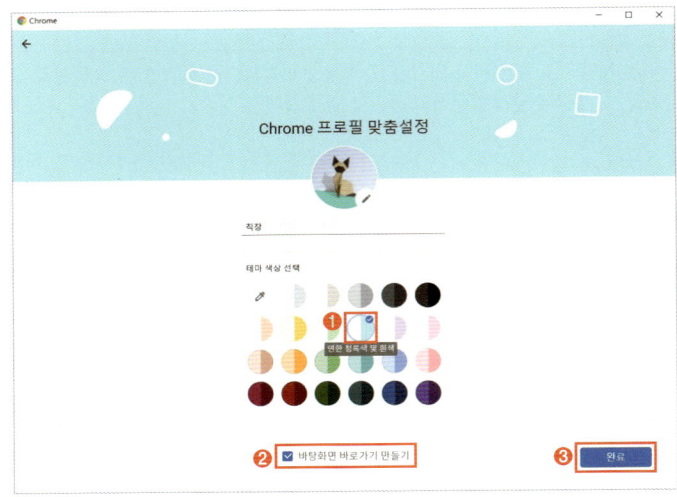

> **Plus Tip**
> 바탕화면 바로가기를 만들면 여러 개의 프로필이 있을 때 원하는 프로필로 빠르게 로그인할 수 있습니다.

5 자동으로 새 탭이 열리면 추가한 프로필로 Chrome을 사용할 수 있습니다.

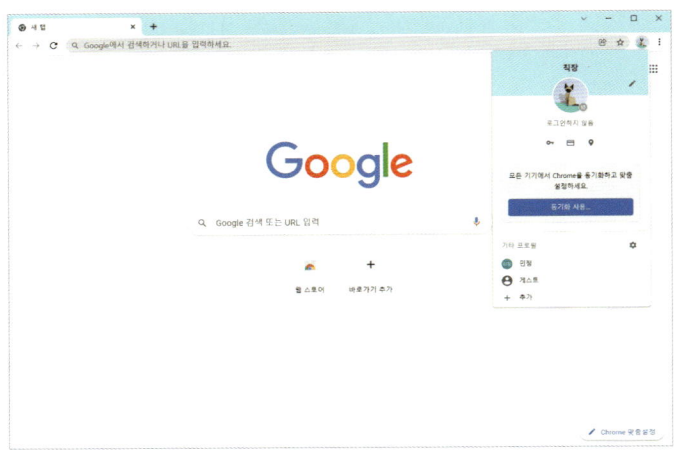

> **Plus Tip**
> [동기화 사용...] 버튼을 클릭하여 계정 동기화를 진행합니다. 동기화에 대한 자세한 설명은 17쪽을 참고하세요.

Upgrade **프로필간 전환**

컴퓨터에 여러 프로필이 존재하는 경우 프로필 (민정) 아이콘을 클릭하고, '기타 프로필'에서 전환할 프로필을 선택하면 해당 프로필이 동기화된 새로운 창이 열립니다. 여러 개의 창이 열려있고 동기화된 프로필이 모두 다른 경우 Google 앱 로그인 정보가 충돌하지 않도록 주의해야 합니다.

프로필 맞춤설정 변경하기

1 Chrome 브라우저에서 프로필(민정) 아이콘을 클릭하고, 프로필 맞춤설정 (✏) 아이콘을 클릭합니다.

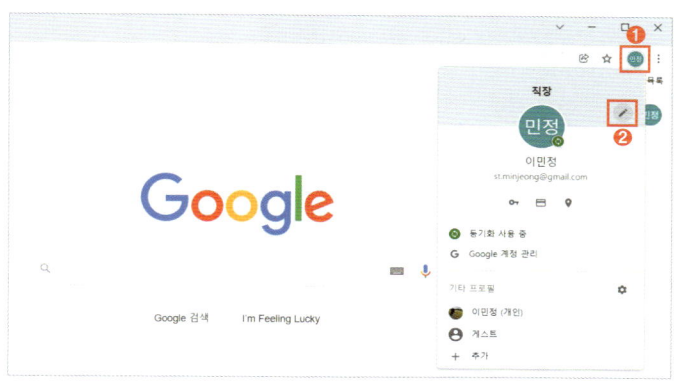

2 [설정 - 프로필 맞춤설정] 탭에서 Chrome 프로필 이름, 테마 색상, 아바타, 바탕화면 바로가기 유무를 변경합니다.

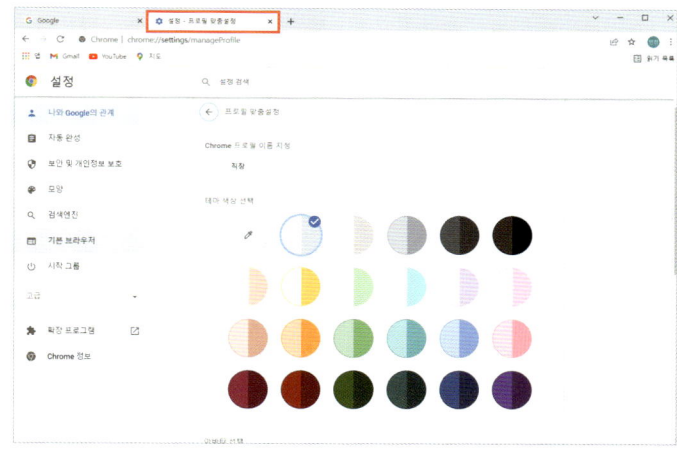

프로필 삭제하기

1 Chrome 브라우저에 추가된 프로필을 삭제하기 위해서 Chrome 브라우저에서 프로필(민정) 아이콘을 클릭하고, 프로필 관리(⚙) 아이콘을 클릭합니다.

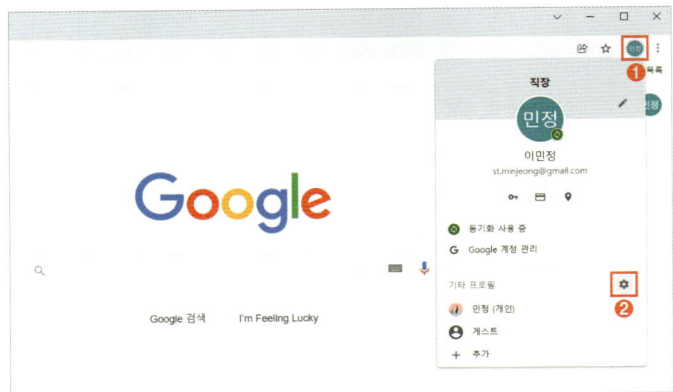

2 'Chrome 사용자 선택' 창에서 삭제할 프로필의 추가 작업(⋮) 아이콘을 클릭하고, [삭제]를 선택합니다.

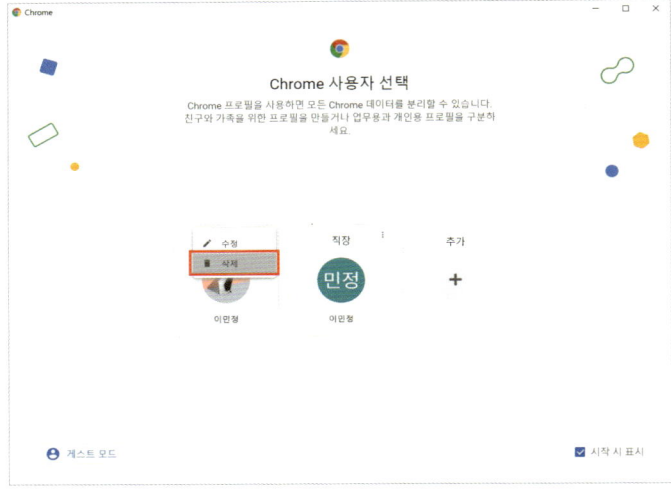

💡 Plus Tip

[수정]을 선택하면 [설정 - 프로필 맞춤설정] 탭이 열려 Chrome 프로필 이름, 테마 색상, 아바타, 바탕화면 바로가기 유무를 변경할 수 있습니다.

Upgrade Chrome 사용자 선택

여러 프로필이 존재하는 경우 바탕화면에서 Chrome 바로가기를 클릭하면 'Chrome 사용자 선택' 창이 나타납니다. Chrome 시작 시 사용할 프로필을 선택하거나 새로운 프로필을 추가할 수 있으며, [게스트 모드] 버튼을 클릭하면 게스트 모드로 Chrome 브라우저를 사용할 수 있습니다. '시작 시 표시'의 체크(선택)를 해제하면 바탕화면에서 Chrome 바로가기를 클릭해도 'Chrome 사용자 선택' 창이 나타나지 않습니다. 다시 '시작 시 표시'를 체크하려면 Chrome 브라우저에서 프로필(민정) 아이콘을 클릭하고, 프로필 관리(⚙) 아이콘을 클릭하면 'Chrome 사용자 선택' 창이 나타나서 '시작 시 표시'를 체크할 수 있습니다.

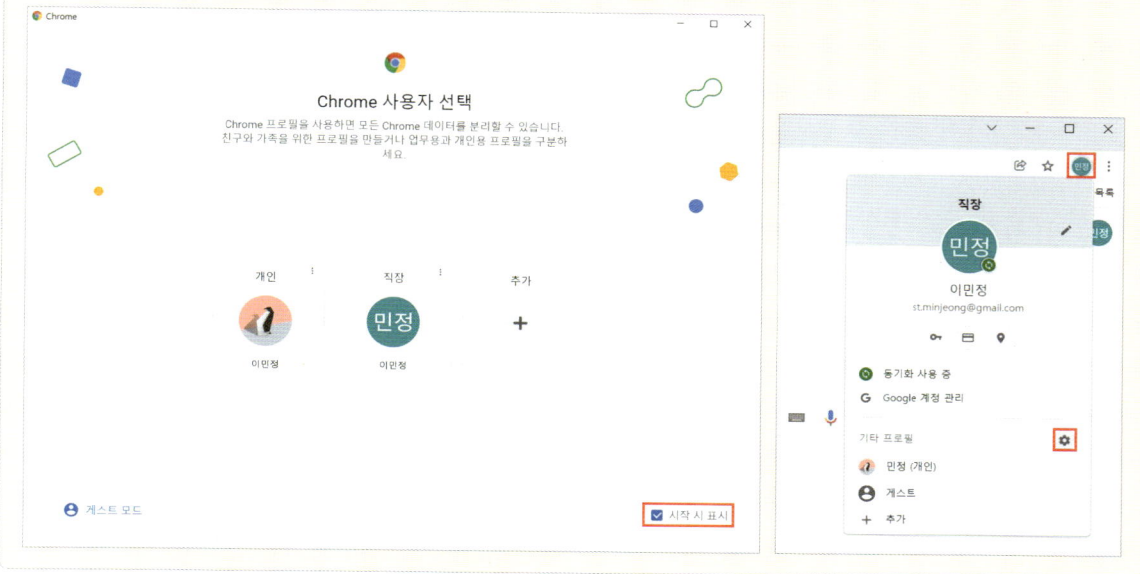

동기화 계정에서 게스트 모드로 변경하기

1 Chrome 브라우저에서 프로필(민정) 아이콘을 클릭하고, '기타 프로필'의 [게스트]를 선택합니다.

💡 **Plus Tip**

공용 컴퓨터에서 Chrome 브라우저를 사용하는 경우 게스트 모드를 사용합니다.

2 게스트 모드로 새 창이 열립니다.

> **Plus Tip**
>
> 게스트 모드를 종료하려면 해당 창을 닫으면 됩니다. 게스트 모드를 사용하면 종료 후 인터넷 사용 기록, 쿠키 등이 저장되지 않지만 다운로드한 파일은 남게 됩니다.

Section 05 | 탭 관리하기

탭 고정과 해제하기

1 고정할 탭에서 마우스 오른쪽 버튼으로 클릭하고, 바로가기 메뉴가 나타나면 [고정]을 선택합니다.

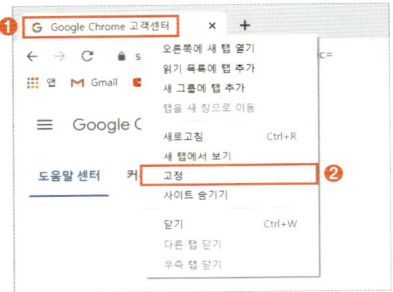

2 왼쪽에 고정한 탭이 작은 아이콘으로 나타납니다.

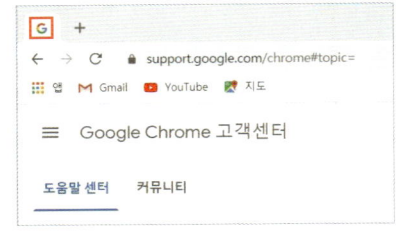

> **Plus Tip**
>
> 여러 개의 탭을 고정할 수 있으며, 고정한 탭이 여러 개일 경우 탭을 좌우로 드래그하여 위치를 변경할 수 있습니다.

3 고정된 탭을 해제하려면 해당 탭에서 마우스 오른쪽 버튼을 클릭하고, 바로가기 메뉴가 나타나면 [고정 해제]를 선택합니다.

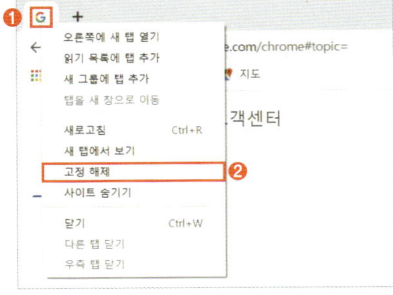

그룹 탭 지정하기

1 여러 개의 탭이 열려있는 상태에서 Ctrl 키를 누르고, 그룹에 추가할 탭을 모두 선택(클릭)합니다.

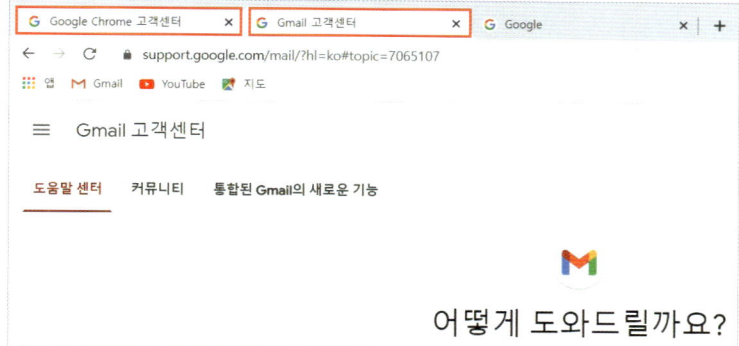

2 선택된 탭에서 마우스 오른쪽 버튼을 클릭하고, 바로가기 메뉴에서 [새 그룹에 탭 추가]를 선택합니다.

3 '그룹 이름 지정' 입력란에 "고객센터"를 입력하고, 색을 지정한 후 Enter 키를 누릅니다.

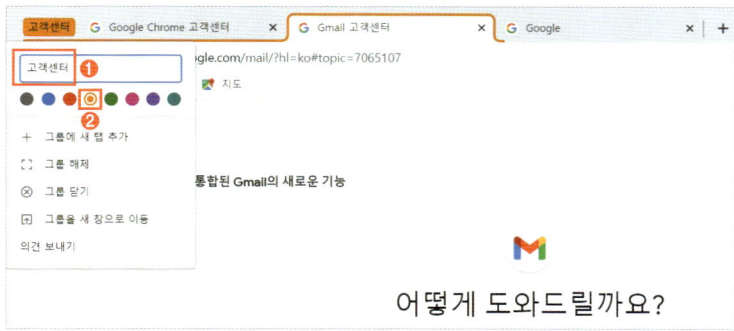

Plus Tip

[고객센터] 탭을 클릭하면 해당 그룹에 포함된 모든 탭들을 펼치고 접을 수 있습니다. 또한, [고객센터] 탭에서 마우스 오른쪽 버튼을 클릭하면 그룹에 새로운 탭을 추가하거나 그룹 닫기, 그룹 해제를 할 수 있습니다. 그룹은 창을 닫는 경우 사라집니다.

Upgrade | 탭과 창 단축키

기능	Windows 단축키
새 탭 열기	Ctrl + T
새 창 열기	Ctrl + N
탭 닫기	Ctrl + W
창 닫기(모든 탭 닫기)	Alt + F4
Chrome 종료하기	Ctrl + Shift + Q / Alt + F + X
닫은 탭 또는 창 복구하기	Ctrl + Shift + T
다음 탭으로 이동	Ctrl + Tab / Ctrl + Page Down
이전 탭으로 이동	Ctrl + Shift + Tab / Ctrl + Page Up
특정 탭으로 이동	Ctrl + 1 ~ Ctrl + 8
마지막 탭으로 이동	Ctrl + 9

Section 06 | 북마크와 읽기 목록 관리하기

북마크 추가, 수정, 삭제하기

북마크는 Internet Explorer의 즐겨찾기와 유사합니다. 자주 방문하는 웹페이지를 북마크에 추가하면 필요할 때마다 간편하게 이용할 수 있습니다. 북마크를 추가하기 위해서는 해당 웹페이지가 열린 상태에서 오른쪽 상단의 현재 탭을 북마크에 추가(☆) 아이콘을 클릭하면 북마크의 이름과 북마크가 저장될 폴더를 지정할 수 있습니다.

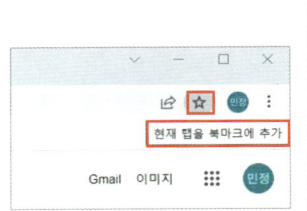
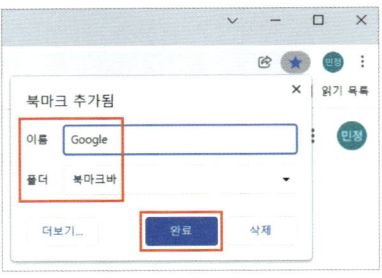

💡 **Plus Tip**

단축키(Ctrl + D)를 이용하여 현재 탭을 북마크에 바로 추가할 수 있습니다.

북마크를 수정하거나 삭제하려면 북마크 된 웹페이지에서 이 탭의 북마크 수정(★) 아이콘을 클릭하면 이름과 저장된 폴더를 변경할 수 있습니다. 북마크를 삭제하려면 [삭제] 버튼을 클릭합니다.

북마크 관리자에서 모든 북마크 관리하기

1 저장된 북마크들을 관리하기 위해 Chrome 맞춤설정 및 제어(⋮) 아이콘을 클릭하고, [북마크]-[북마크 관리자]를 선택합니다.

> 💡 **Plus Tip**
>
> 단축키(Ctrl + Shift + O)를 이용하여 북마크 관리자를 빠르게 열 수 있습니다.

2 [북마크] 탭의 왼쪽에는 저장되어 있는 폴더 목록이 나타나고, 개별 북마크에서 추가 작업(⋮) 아이콘을 클릭하면 북마크의 편집, 삭제, URL 복사 등 다양한 작업을 수행할 수 있습니다.

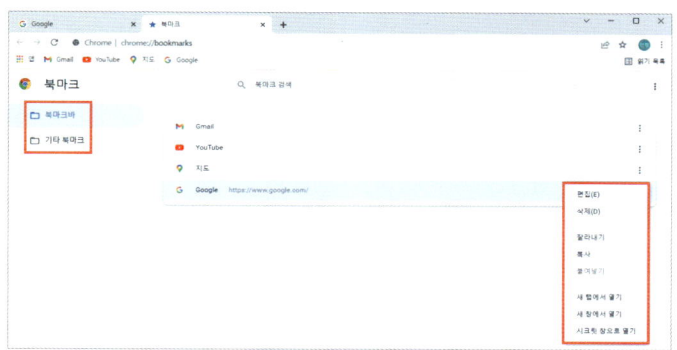

3 상단의 북마크 검색란을 이용하여 저장해 둔 북마크를 찾을 수 있으며, 오른쪽에서 정리(⋮) 아이콘을 클릭하면 북마크들을 이름순으로 정렬하거나, 북마크와 폴더를 추가하거나, 북마크 목록을 가져오거나 내보낼 수 있습니다.

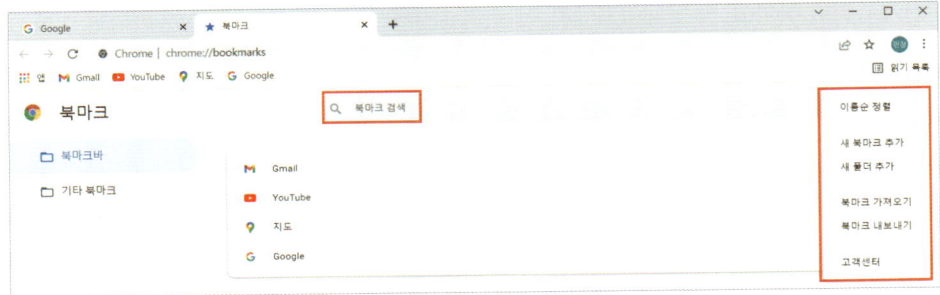

> **Plus Tip**
>
> 다른 브라우저에서 북마크 가져오기에 대한 설명은 29쪽을 참고하세요.

북마크바 사용 설정하기

1 Chrome 브라우저에서 Chrome 맞춤설정 및 제어(⋮) 아이콘을 클릭하고, [북마크]-[북마크바 표시]를 선택합니다.

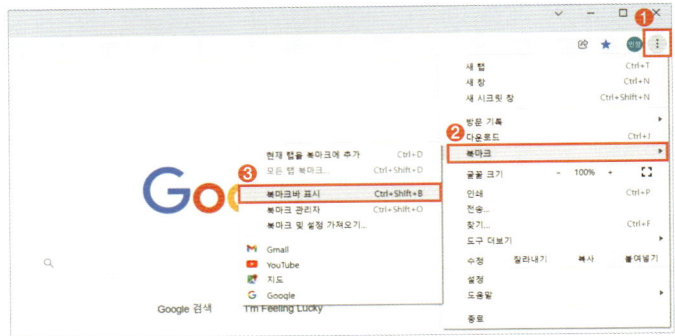

> **Plus Tip**
>
> Chrome 브라우저를 설치하고 맞춤설정을 마쳤다면 북마크바는 이미 표시되어 있습니다. 단축키(Ctrl + Shift + B)를 이용하여 쉽고 빠르게 북마크바 사용 설정 및 해제가 가능합니다.

2 Chrome 브라우저에 북마크바가 나타나는데 여기에는 '북마크바' 폴더에 저장된 북마크 목록이 표시됩니다.

Upgrade 북마크 이동과 편집

북마크바에 있는 북마크들은 좌우로 드래그하여 순서를 변경할 수 있으며, 북마크에서 마우스 오른쪽 버튼을 클릭하면 새 탭에서 열기, 수정, 복사, 삭제 등 다양한 편집 작업을 수행할 수 있습니다.

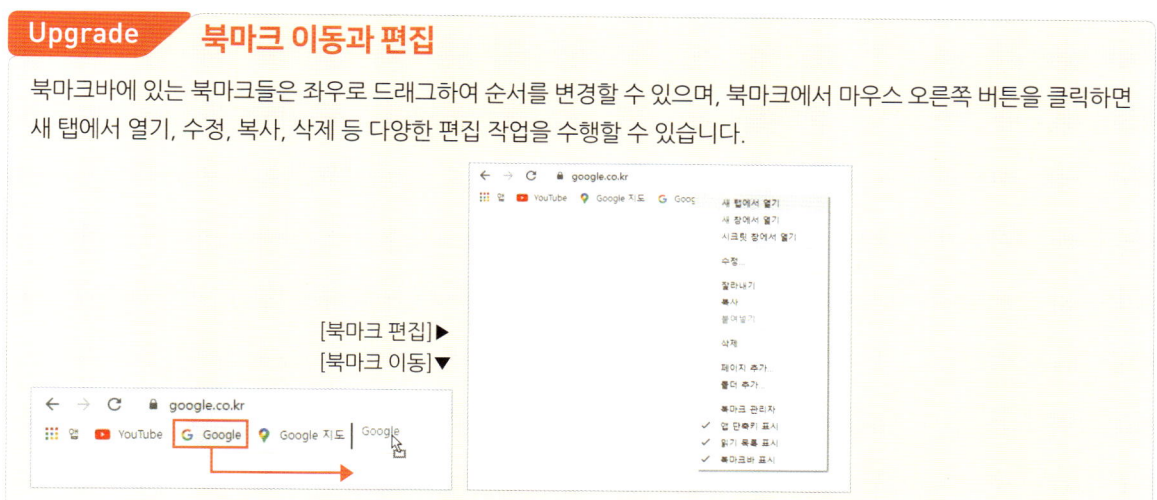

다른 브라우저의 북마크 가져오기

1 Chrome 브라우저에서 Chrome 맞춤설정 및 제어(⋮) 아이콘을 클릭하고, [설정]을 선택합니다.

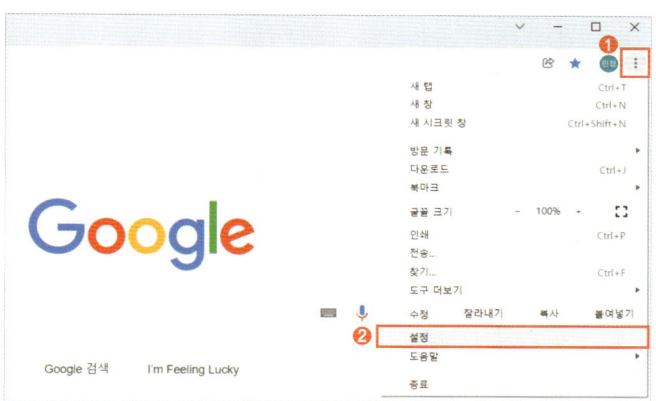

💡 **Plus Tip**

Chrome 브라우저 설정에 대한 자세한 내용은 32쪽을 참고하세요.

2 [설정] 탭의 '나와 Google의 관계'에서 [북마크 및 설정 가져오기]를 선택합니다.

3 '북마크 및 설정 가져오기' 팝업 창에서 북마크를 가져올 브라우저를 선택하고, '즐겨찾기/북마크'가 체크되어 있는지 확인한 후 [가져오기] 버튼을 클릭합니다.

💡 **Plus Tip**

선택한 브라우저에 따라 즐겨찾기/북마크 이외에도 인터넷 사용 기록, 저장된 비밀번호, 검색 엔진, 기본 홈페이지 정보를 가져올 수 있습니다. 북마크가 HTML 파일로 컴퓨터에 저장된 경우 Microsoft Edge의 목록 단추(▼)를 클릭하여 [HTML 파일 북마크하기]를 선택한 후 [파일 선택] 버튼을 클릭합니다.

4 [완료] 버튼을 클릭하여 북마크 가져오기를 마칩니다.

💡 **Plus Tip**

가져온 북마크들은 북마크바의 '##에서 가져온 북마크' 폴더 내에 목록으로 저장됩니다.

Upgrade 북마크 내보내기

북마크 관리자에서 Chrome 브라우저에 저장된 북마크를 다른 웹 브라우저로 내보낼 수 있습니다. 먼저 Chrome 브라우저에서 Chrome 맞춤설정 및 제어(⋮) 아이콘을 클릭하고, [북마크]-[북마크 관리자]를 선택하여 북마크 관리자를 엽니다. [북마크] 탭 화면 오른쪽 상단의 정리(⋮) 아이콘을 클릭하고, [북마크 내보내기]를 선택하면 북마크 목록을 HTML Document 파일 형태로 컴퓨터에 저장할 수 있습니다. 저장된 HTML Document 파일은 다른 웹 브라우저에서 북마크 가져오기를 할 때 사용할 수 있습니다.

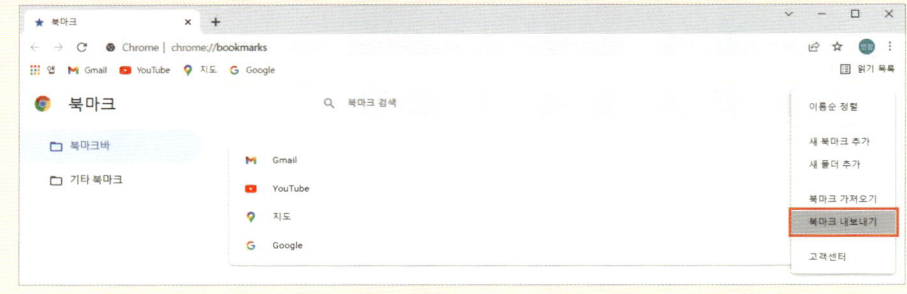

읽기 목록에 웹페이지 추가하기

읽기 목록은 관심 있는 웹페이지를 나중에 읽을 수 있도록 책갈피를 꽂는 것에 비유할 수 있습니다. 어떠한 주제에 대해 자료 수집을 할 때 웹페이지 검색 후 읽기 목록에 추가해 두면 추후 읽기 목록에서 저장해 둔 페이지를 찾을 수 있습니다.

읽기 목록에 웹페이지를 추가하려면 해당 페이지에서 [읽기 목록]을 클릭하고, [현재 탭 추가] 버튼을 클릭합니다.

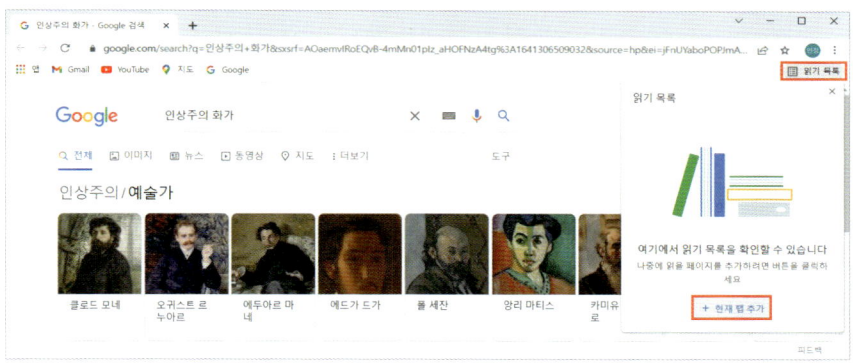

읽기 목록에 추가된 웹페이지들은 Chrome 브라우저에서 [읽기 목록]을 클릭하면 확인할 수 있으며, '읽은 페이지'와 '읽지 않음'으로 분류되어 확인 유무를 쉽게 구분할 수 있습니다. 읽지 않은 페이지를 선택하면 해당 웹페이지가 열리면서 '읽은 페이지'로 분류됩니다. 또한, 읽음으로 표시(◉) 아이콘을 클릭하면 '읽은 페이지'로 분류되고, 읽지 않은 상태로 표시(◉) 아이콘을 클릭하면 '읽지 않음'으로 분류됩니다.

 Plus Tip

[읽기 목록]은 북마크 바 표시가 활성화되어야 나타납니다. 북마크 바 활성은 28쪽을 참고하세요.

Section 07 Chrome 브라우저 설정하기

Chrome 브라우저 [설정] 탭

Chrome 브라우저에서 Chrome 맞춤설정 및 제어(⋮) 아이콘을 클릭하고, [설정]을 선택하면 [설정] 탭이 열립니다.

[설정] 탭에서는 계정 및 동기화 관리, 개인 정보 관리, 테마 및 브라우저 관련 설정 변경 등 Chrome 브라우저의 다양한 환경 설정이 가능합니다.

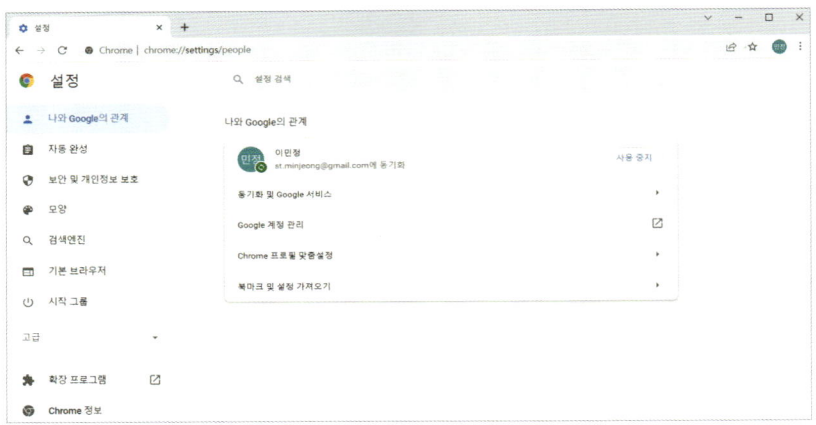

메뉴	기능
나와 Google의 관계	동기화 사용 설정 및 중지, Google 계정 관리, 프로필 설정, 북마크 가져오기
자동 완성	Chrome 브라우저에 저장된 비밀번호, 결제 수단, 주소 및 기타 관리
보안 및 개인정보 보호	Chrome 업데이트, 비밀번호 유출 및 유해한 확장 프로그램 원클릭 감지, 인터넷 사용 기록, 쿠키, 권한 관리
모양	Chrome 테마 변경, 글꼴 설정, 페이지 확대 비율 변경
검색엔진	주소 표시줄 검색엔진 변경, 검색엔진 관리
기본 브라우저	Chrome 브라우저를 기본 브라우저로 변경
시작 그룹	Chrome 브라우저 시작 페이지 설정
고급	언어 설정, 다운로드 설정, 접근성, Chrome 재설정 및 정리하기
확장 프로그램	Chrome 브라우저에 설치된 확장 프로그램 관리
Chrome 정보	Chrome 브라우저 버전 조회, 도움말, 문제 신고

Chrome 브라우저 초기화하기

1 [설정] 탭에서 [고급]의 목록 단추(▼)를 클릭하고, [재설정 및 정리하기]를 선택합니다.

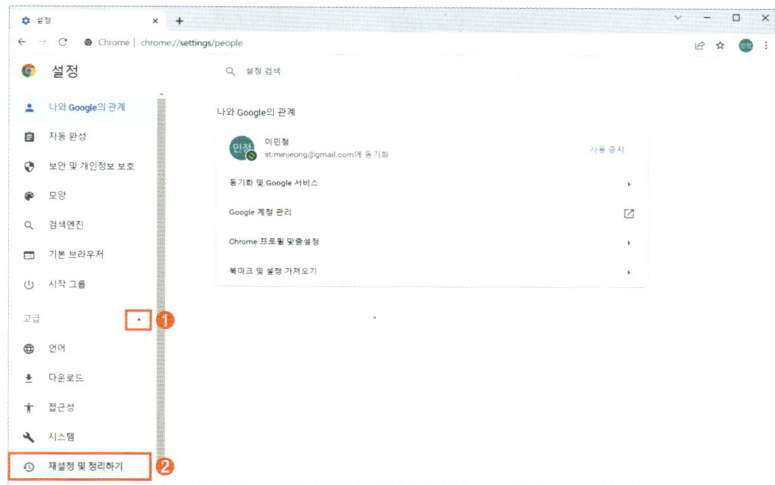

2 '재설정 및 정리하기'에서 [설정을 기본값으로 복원]을 선택합니다.

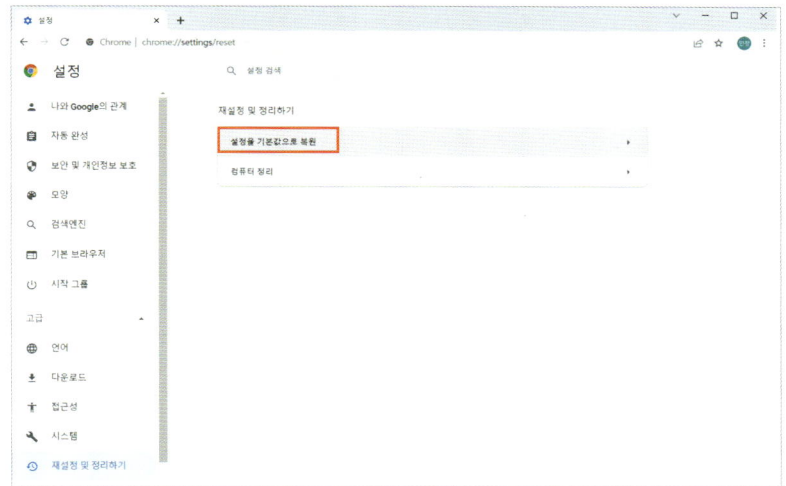

3 '설정을 재설정하시겠습니까?' 팝업 창이 나타나면 [설정 초기화] 버튼을 클릭합니다.

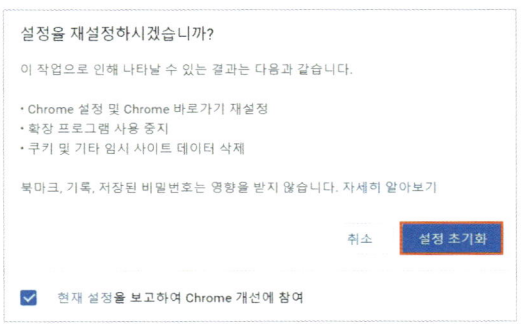

💡 Plus Tip
설정을 기본값으로 복원하는 경우 기본 검색 엔진, 시작 페이지, 새 탭 페이지, 고정된 탭, 웹 페이지별 권한 설정, 쿠키와 사이트 데이터, 확장 프로그램과 테마가 초기화됩니다.

Section 08 웹사이트 비밀번호 관리하기

웹사이트 비밀번호 저장하기

웹사이트에서 아이디와 비밀번호로 로그인하면 Chrome 브라우저에서 비밀번호의 저장 유무를 묻는 메시지 창이 나타납니다. [저장] 버튼을 클릭하면 웹사이트의 아이디와 비밀번호 정보가 Google 계정에 저장되어 동기화된 모든 기기에서 로그인 정보를 쉽고 빠르게 이용할 수 있습니다.

Plus Tip

'사용자이름'은 웹사이트의 아이디로 비어있는 경우는 입력해야 합니다. '사용자이름' 입력란을 클릭하여 직접 아이디를 입력하면 입력한 내용은 다음 로그인 시 아이디란에 자동 완성됩니다. 비밀번호 보기(👁) 아이콘을 클릭하면 입력한 비밀번호를 확인할 수 있습니다.

Upgrade 하나의 웹사이트에 두 개 이상의 사용자이름과 비밀번호를 저장한 경우

웹사이트에 로그인 시 한 개의 사용자이름과 비밀번호를 저장해둔 경우는 아이디와 비밀번호가 자동 완성됩니다. 하지만 두 개 이상의 사용자이름과 비밀번호를 저장한 경우는 아이디 입력란을 클릭하면 사용할 아이디와 비밀번호를 선택할 수 있습니다.

[설정] 탭에서 비밀번호 관리하기

[설정] 탭에서 [자동 완성]을 클릭하고, '자동 완성'의 [비밀번호]를 선택하면 동기화된 계정에 저장된 비밀번호를 관리할 수 있습니다.

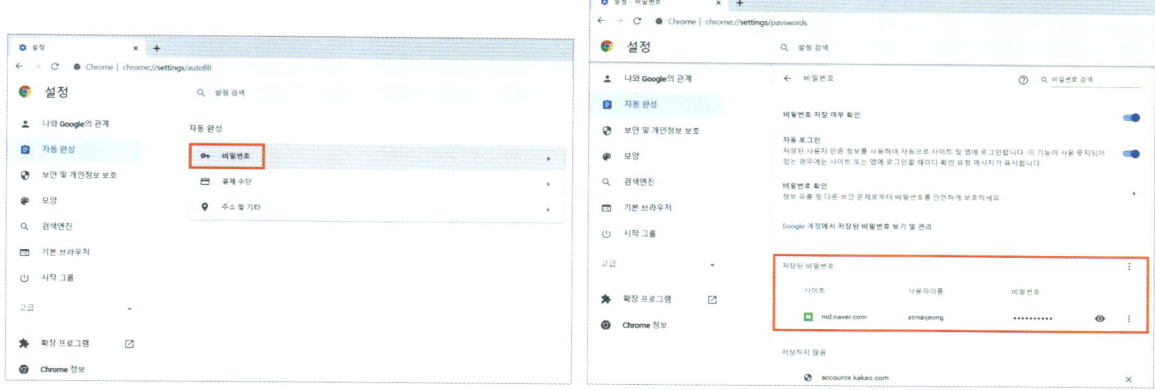

> 💡 **Plus Tip**
>
> 프로필( ) 아이콘을 클릭하고 비밀번호( ) 아이콘을 클릭하면 [설정-비밀번호] 탭으로 빠르게 이동합니다.

'비밀번호 저장 여부 확인'을 비활성화하면 웹사이트 로그인 시 '비밀번호를 저장하시겠습니까?' 창이 나타나지 않게 됩니다. '자동 로그인'을 활성화하면 사용자 이름과 비밀번호가 저장된 웹사이트에 자동 로그인되어 편리하게 사용할 수 있습니다.

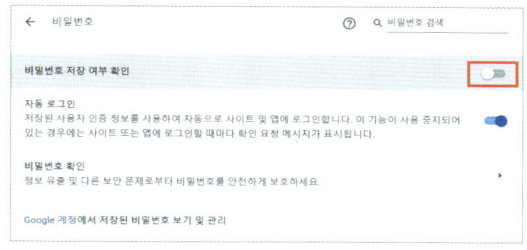

> 💡 **Plus Tip**
>
> [비밀번호 확인]을 클릭하면 저장된 비밀번호 중 유출된 비밀번호가 있는지, 취약한 비밀번호인지 등을 진단합니다. 'Google 계정에서 저장된 비밀번호 보기 및 관리'에서 'Google 계정'을 클릭하면 비밀번호 관리자에서 비밀번호 진단 및 비밀번호 관리를 할 수 있습니다.

'저장된 비밀번호'에는 비밀번호가 저장된 웹사이트와 사용자이름, 비밀번호가 목록으로 나타납니다. 비밀번호 표시(👁) 아이콘을 클릭하면 암호화된 비밀번호를 볼 수 있습니다. '저장하지 않음'에는 로그인을 했지만 비밀번호를 저장하지 않은 웹사이트 목록이 나타납니다. '저장된 비밀번호'의 추가 작업(⋮) 아이콘을 클릭하고, [비밀번호 내보내기...]를 선택하면 계정에 저장된 비밀번호를 Excel 파일로 다운로드 받을 수 있습니다.

비밀번호를 저장한 개별 웹사이트의 추가 작업(⋮) 아이콘을 클릭하면 비밀번호 복사, 비밀번호 수정, 비밀번호 삭제를 할 수 있습니다.

💡 Plus Tip

저장한 비밀번호를 모두 삭제하려면 설정의 '인터넷 사용 기록 삭제'에서 비밀번호 및 기타 로그인 데이터를 삭제하는 것이 효율적입니다. 인터넷 사용 기록 삭제에 대한 자세한 내용은 37쪽을 참고하세요.

Section 09 자동 완성 기능과 인터넷 사용 기록 삭제하기

검색어 자동 완성 기능 끄기

1 [설정] 탭의 [나와 Google의 관계]에서 [동기화 및 Google 서비스]를 선택합니다.

2 [검색어 및 URL 자동 완성]을 비활성화합니다.

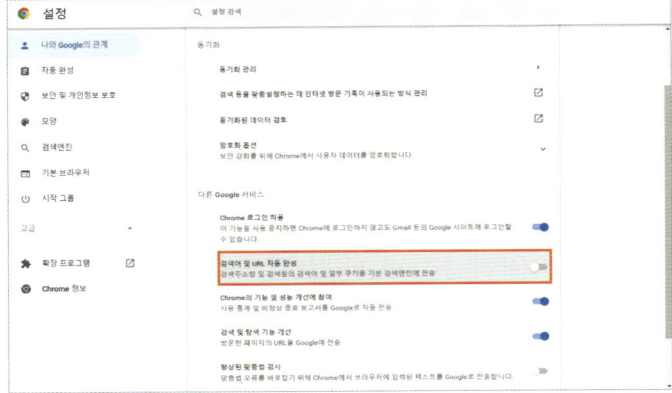

💡 Plus Tip

검색어 및 URL 자동 완성 기록을 삭제하려면 '인터넷 사용 기록 삭제' 팝업 창의 [고급] 탭에서 자동 완성 기록을 삭제해야 합니다. 자세한 내용은 37쪽을 참고하세요.

방문 기록과 쿠키 및 캐시 삭제하기

1 [설정] 탭에서 [보안 및 개인정보 보호]를 선택하고, [인터넷 사용 기록 삭제]를 클릭합니다.

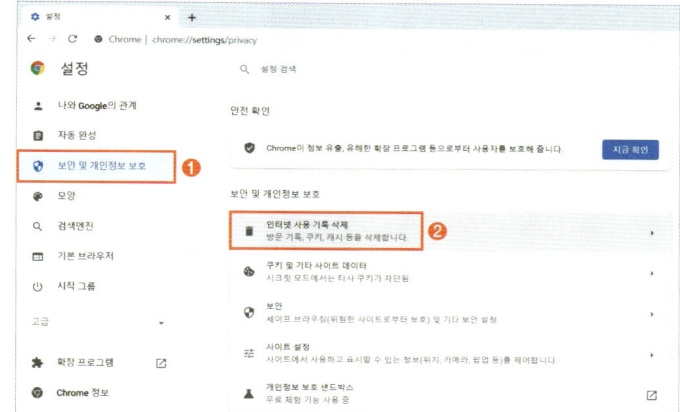

> **Plus Tip**
>
> 인터넷 사용 기록 삭제 단축키(Ctrl + Shift + Delete)를 이용해도 됩니다.

2 '인터넷 사용 기록 삭제' 팝업 창의 [기본] 탭에서 기간을 '전체 기간'으로 설정하고, '인터넷 사용 기록', '쿠키 및 기타 사이트 데이터', '캐시된 이미지 및 파일'이 모두 체크되어 있는지 확인한 후 [인터넷 사용 기록 삭제] 버튼을 클릭합니다.

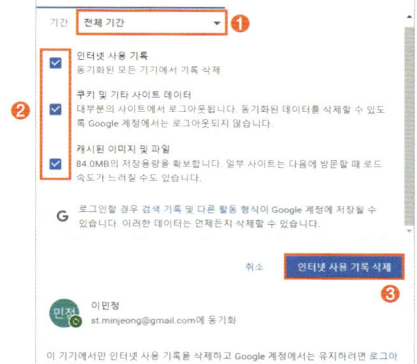

> **Plus Tip**
>
> 계정이 동기화된 상태로 인터넷 사용 기록을 삭제하면 Google 계정의 기록이 삭제되는 것이기 때문에 동기화된 모든 기기에서 인터넷 사용 기록이 사라집니다. 해당 기기에서만 인터넷 사용 기록을 삭제하려면 로그아웃한 후 인터넷 사용 기록을 삭제해야 합니다.

Upgrade 다운로드 기록, 비밀번호, 자동 완성 기록 삭제

'인터넷 사용 기록 삭제' 팝업 창의 [고급] 탭에서는 인터넷 사용 기록, 쿠키, 캐시뿐만 아니라 다운로드 기록과 비밀번호 및 기타 로그인 데이터, 자동 완성 기록, 사이트 설정, 앱 데이터를 선택하여 삭제할 수 있습니다.

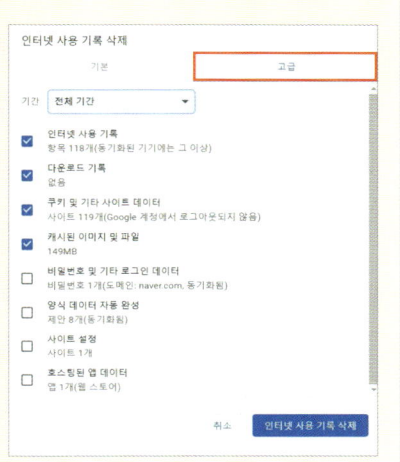

방문 기록 개별 항목 삭제하기

1 Chrome 브라우저에서 Chrome 맞춤설정 및 제어(⋮) 아이콘을 클릭하고, [방문 기록]-[방문 기록]을 선택합니다.

💡 Plus Tip
[방문 기록] 탭은 방문 기록 단축키(Ctrl + H)를 이용할 수 있으며, 실수로 닫았던 탭을 다시 열려면 확장 메뉴의 '최근에 닫은 탭'에서 찾아 해당 내용을 클릭합니다.

2 [방문 기록] 탭에서 삭제할 방문 기록의 작업(⋮) 아이콘을 클릭하고, [기록에서 삭제]를 선택합니다.

💡 Plus Tip
체크박스를 선택하여 여러 개의 방문 기록을 한꺼번에 삭제할 수 있습니다. 방문 기록은 Google 계정의 '내 활동'에 다른 형식으로 남아있을 수 있으므로 완전한 삭제를 원한다면 '내 활동'에서도 기록을 삭제하는 것이 좋습니다. Google 계정의 '내 활동'에 대한 자세한 내용은 48쪽을 참고하세요.

Section 10 팝업 설정 변경하기

웹사이트에서 팝업 허용하기

1 팝업이 차단된 웹사이트의 주소 표시줄에서 이 페이지에서 팝업이 차단되었습니다(🗖) 아이콘을 클릭합니다.

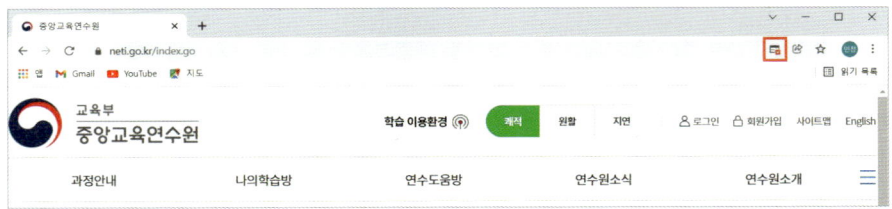

> 💡 **Plus Tip**
>
> 특정 웹사이트에 방문했을 때 팝업이 차단된 경우 주소 표시줄에 '팝업 차단됨'이라는 문구가 나타났다가 사라집니다.

2 '팝업 차단됨' 창에서 'https://www.neti.go.kr에서 팝업 및 리디렉션을 항상 허용'을 선택하고, [완료] 버튼을 클릭합니다.

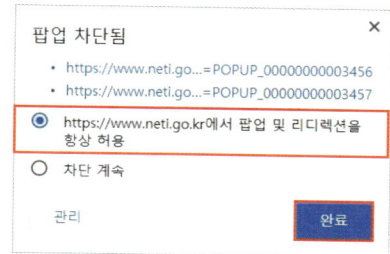

> 💡 **Plus Tip**
>
> 팝업을 한 번만 확인하려면 URL을 클릭합니다. [관리] 버튼을 클릭하면 [설정-팝업 및 리디렉션 설정] 탭으로 이동하여 설정을 변경할 수 있습니다.

팝업 차단 사용 중지하기

1 [설정] 탭에서 [보안 및 개인정보 보호]를 선택하고, [사이트 설정]을 클릭합니다.

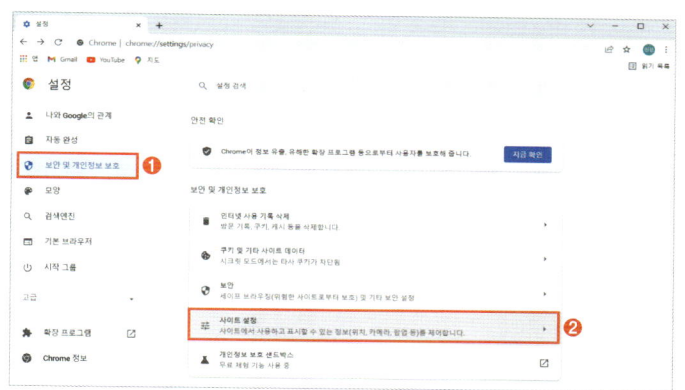

2 '콘텐츠'에서 [팝업 및 리디렉션]을 클릭합니다.

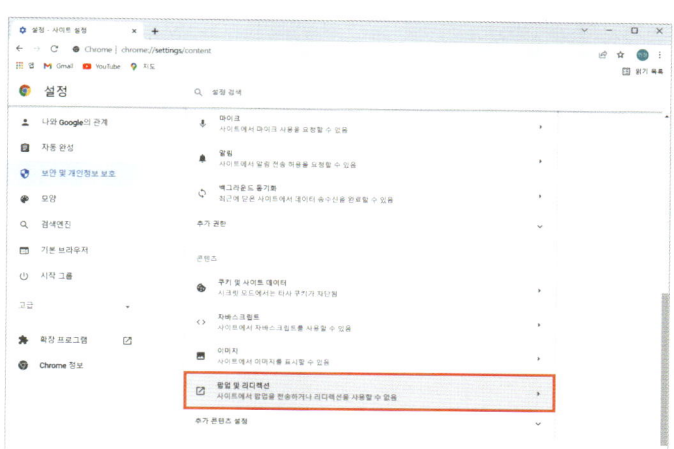

> 💡 **Plus Tip**
>
> [설정-사이트 설정] 탭에서는 모든 웹사이트에 적용되는 위치, 카메라, 마이크, 알림 등의 사용 권한을 변경할 수 있으며, 특정 웹사이트만 권한을 변경할 수도 있습니다.

3 '기본 동작'에서 '사이트에서 팝업을 전송하고 리디렉션을 사용할 수 있음'을 선택하면 모든 웹사이트에서 팝업이 허용됩니다.

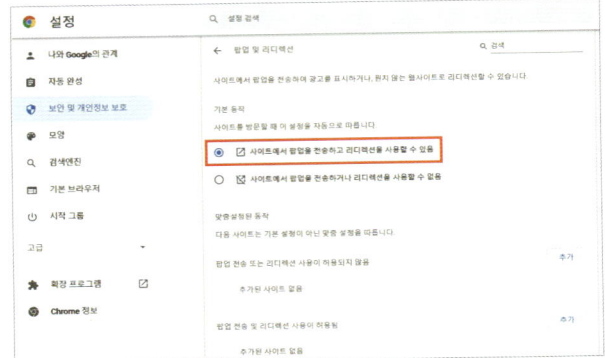

Plus Tip

'팝업 전송 또는 리디렉션 사용이 허용되지 않음' 또는 '팝업 전송 또는 리디렉션 사용이 허용됨'의 [추가] 버튼을 클릭하면 전체 설정과는 관련 없이 팝업을 허용하거나 차단할 웹사이트를 직접 입력하여 추가할 수 있습니다. 웹사이트의 '팝업 차단됨' 창에서 팝업을 허용한 경우 자동으로 '팝업 전송 또는 리디렉션 사용이 허용됨' 웹사이트 목록에 추가됩니다.

Upgrade 웹사이트별 권한 보기

웹사이트별 원활한 사용을 위해서는 요구되는 권한들이 있습니다. 예를 들어, Google Meet에서는 카메라와 마이크 권한이 필요합니다. 권한을 요구하는 웹사이트에서는 '###에서 다음 권한을 요청합니다.' 창이 나타나는데, 여기에서 [허용] 버튼을 클릭하면 권한을 허용하게 되고, [차단] 버튼을 클릭하면 권한을 차단하게 됩니다.

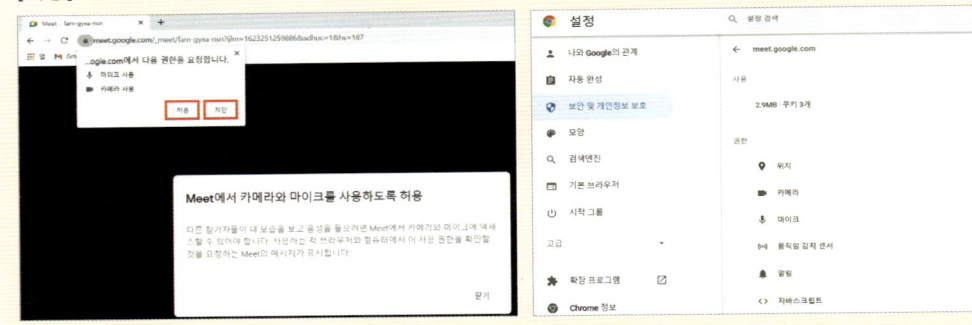

[설정] 탭에서 [보안 및 개인정보 보호]를 선택한 후 [사이트 설정]-[사이트 전체에 저장된 권한 및 데이터 보기]를 클릭하면 웹사이트별 허용하고 차단한 권한들을 확인할 수 있고, 권한을 변경할 수도 있습니다. 또한, '권한'에서 원하는 항목을 선택하고. 권한을 변경할 웹사이트의 이동(▶) 아이콘을 클릭하면 권한을 변경할 수 있습니다.

Section 11 홈 버튼과 시작 페이지 설정하기

홈 버튼 설정 후 홈페이지 설정하기

1 [설정] 탭에서 [모양]을 선택합니다.

> **Plus Tip**
>
> [모양]에서는 Chrome 브라우저의 테마를 변경하거나, 홈 버튼과 북마크바를 활성화하거나, 글꼴을 설정하거나, 페이지 확대/축소를 조정하는 등 Chrome 브라우저의 모양을 변경할 수 있습니다.

2 모양의 '홈 버튼 표시'를 활성화하고, 맞춤 웹 주소 입력란에 홈페이지로 설정할 웹페이지의 URL을 입력합니다.

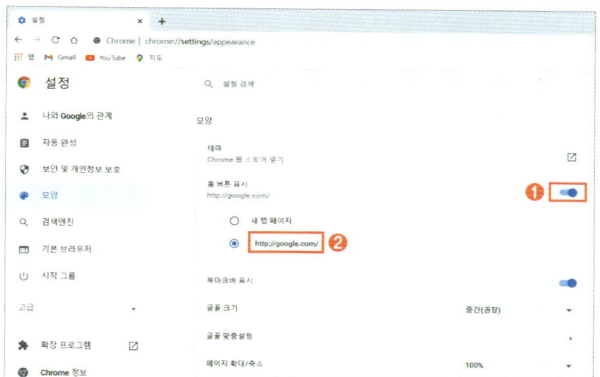

> **Plus Tip**
>
> '새 탭 페이지'를 선택하면 Chrome 브라우저에서 홈페이지 열기(⌂) 아이콘을 클릭했을 때 새 탭 페이지가 나타납니다. '맞춤 웹 주소 입력'을 선택하면 홈페이지 열기(⌂) 아이콘을 클릭했을 때 입력했던 URL로 이동합니다.

Chrome 브라우저 시작 페이지 변경하기

1 [설정] 탭에서 [시작 그룹]을 선택한 후 '특정 페이지 또는 페이지 모음 열기'를 선택하고, [새 페이지 추가]를 클릭합니다.

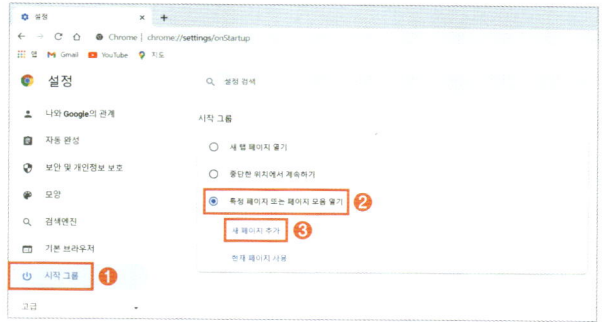

> **Plus Tip**
>
> 기본 설정은 '새 탭 페이지 열기'로 Chrome 시작 시 새 탭이 열립니다. '중단한 위치에서 계속하기'를 선택하면 이전에 마지막으로 사용했던 탭이 열립니다. [현재 페이지 사용]을 클릭하는 경우 현재 열려있는 탭 중에서 시작 페이지를 설정할 수 있습니다.

2 '새 페이지 추가' 팝업 창에서 사이트 URL에 시작 페이지로 사용할 사이트의 URL을 입력하고, [추가] 버튼을 클릭합니다.

💡 Plus Tip

추가된 페이지는 추가 작업(⋮) 아이콘을 클릭하여 URL을 수정하거나 삭제할 수 있습니다.

Upgrade 기본 브라우저 설정하기

Chrome 브라우저 시작 단계에서 기본 브라우저 설정을 건너뛰었거나 현재 Chrome이 기본 브라우저가 아니라면 [설정] 탭에서 [기본 브라우저]를 선택하여 설정할 수 있습니다. [기본으로 설정] 버튼을 클릭하면 '기본 앱' 창이 나타나는데 여기에서 '웹 브라우저'의 [Microsoft Edge]를 클릭한 후 앱 선택에서 [Chrome]을 선택합니다.

Section 12   검색엔진 설정과 다운로드한 파일 보기

주소 표시줄의 검색엔진 변경하기

1 [설정] 탭에서 [검색엔진]을 선택하고, '주소 표시줄에서 사용되는 검색엔진'에서 Google의 목록 단추(▼)를 클릭합니다.

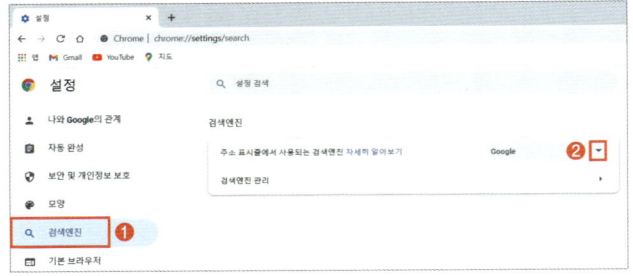

💡 Plus Tip

주소 표시줄은 검색 창으로 이용할 수 있습니다. Google 검색이 기본적으로 설정되어 있으며, 검색엔진을 변경하면 주소 표시줄에서 사용되는 검색엔진이 변경됩니다.

2 목록에서 원하는 검색엔진을 선택합니다.

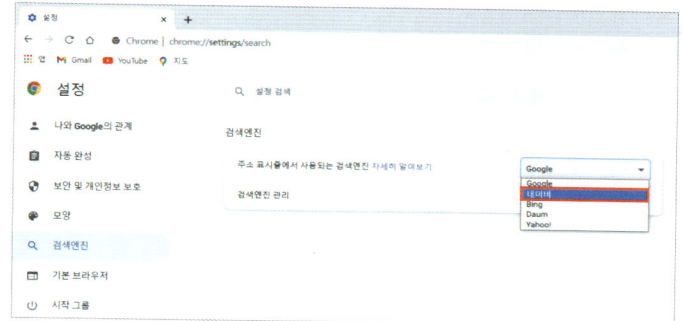

3 주소 표시줄에 검색할 키워드를 입력하고, Enter 키를 누르면 설정한 검색엔진으로 검색할 수 있습니다.

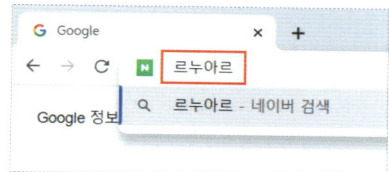

Upgrade 검색엔진 관리하기

'검색엔진'에서 [검색엔진 관리]를 선택하면 검색엔진을 추가하거나 사용할 검색엔진을 편집할 수 있습니다. 검색엔진을 수정 또는 삭제하려면 해당 검색엔진의 추가 작업(⋮) 아이콘을 클릭하고, [수정]을 선택하거나 [삭제]를 선택합니다. 검색엔진을 추가하려면 [추가] 버튼을 클릭하고, 팝업 창의 '검색엔진'에는 검색엔진의 이름을, '키워드'에는 사용할 텍스트 단축어를 입력합니다. '키워드'에 입력한 텍스트 단축어를 주소 표시줄에 입력하고 SpaceBar 또는 Tab 키를 누르면 검색엔진을 빠르게 사용할 수 있습니다. 'URL(검색어 자리에 %s 입력)'에는 해당 검색엔진의 검색 결과가 나타난 웹페이지 주소에서 검색어를 '%s'로 대체하여 입력합니다. 예를 들어, Daum에서 '구글'을 검색한 결과 URL이 "https://search.daum.net/search?nil_suggest=btn&w=tot&DA=SBC&q=구글"이라면 "https://search.daum.net/search?nil_suggest=btn&w=tot&DA=SBC&q=%s"를 입력합니다. 이후 [추가] 버튼을 클릭하면 주소 표시줄에서 사용할 검색엔진이 새롭게 추가됩니다.

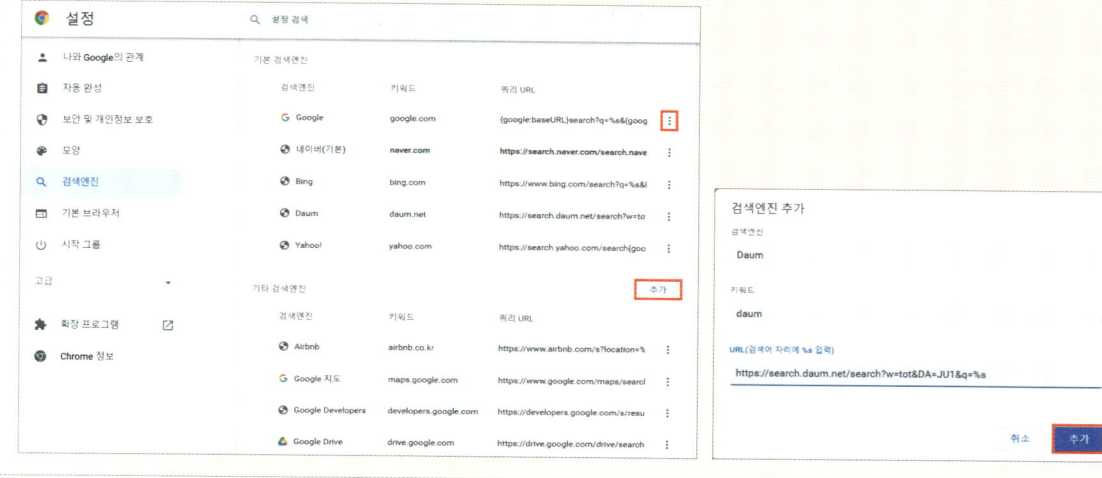

[다운로드] 탭에서 다운로드한 파일 보기

Chrome 브라우저에서 Chrome 맞춤설정 및 제어(⋮) 아이콘을 클릭하고, [다운로드]를 선택하거나 단축키(Ctrl+J)를 누릅니다.

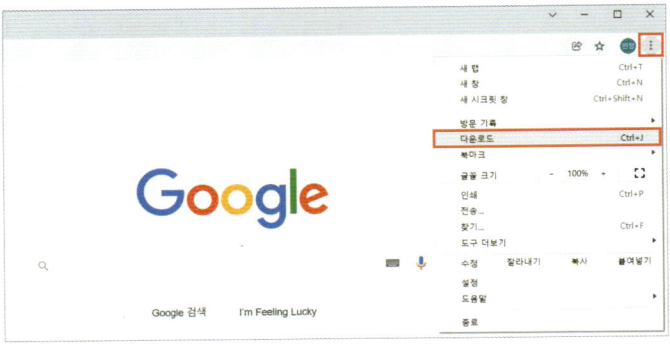

[다운로드] 탭에서는 다운로드한 파일 목록을 시간별로 확인할 수 있지만 다른 기기에서 저장한 파일은 나타나지 않습니다. 오른쪽 상단의 추가 작업(⋮) 아이콘을 클릭하면 기록을 모두 삭제하거나 파일이 저장된 폴더를 열 수 있습니다. 파일 이름을 클릭하면 컴퓨터에 기본으로 설정된 앱에서 파일이 열립니다. 파일 오른쪽에서 목록에서 삭제(✕) 아이콘을 클릭하면 해당 기록을 삭제할 수 있으나 컴퓨터에 저장된 파일은 사라지지 않습니다. [폴더 열기]를 클릭하면 해당 파일이 저장된 폴더가 열립니다.

Upgrade 다운로드 위치 변경하기

[설정] 탭에서 [고급]의 목록 단추(▼)를 클릭하고, [다운로드]를 선택하면 파일을 다운로드할 위치를 변경할 수 있습니다. 위치에 현재 설정되어 있는 폴더가 나타나며, [변경] 버튼을 클릭하면 파일의 다운로드 위치를 지정할 수 있습니다. 또한, '다운로드 전에 각 파일의 저장 위치 확인'을 활성화하면 파일을 다운로드할 때마다 파일의 저장할 위치를 선택할 수 있습니다.

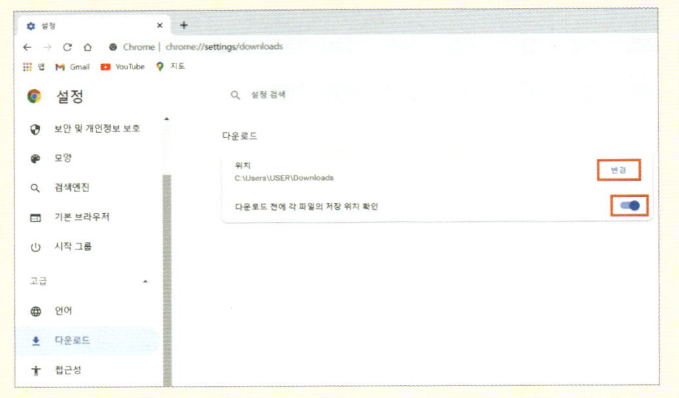

Chapter 02 Google 계정 관리하기

Google의 다양한 앱들을 활용하기 위해서는 반드시 Google 계정이 필요합니다. Google 계정을 생성하는 방법부터 계정을 설정하고, 보안을 강화하는 방법에 대해 알아보겠습니다.

Section 01 Google 계정 생성하기

개인용 Google 계정 만들기

1 Google 계정 만들기 웹페이지(accounts.google.com/signup)에서 '성'과 '이름'을 입력하고, '사용자 이름' 입력란에 사용할 아이디를 입력합니다.

> **Plus Tip**
> 현재 사용하고 있는 이메일 주소가 있다면 '대신 현재 이메일 주소 사용'을 클릭하여 기존 이메일 주소를 아이디로 사용할 수도 있습니다. 이러한 경우 해당 이메일로 코드가 전송되면 이를 이용하여 이메일 주소를 인증해야 합니다.

2 '비밀번호' 입력란에 사용할 비밀번호를 입력하고, '확인'란에서 비밀번호를 다시 한 번 입력한 후 [다음] 버튼을 클릭합니다.

> **Plus Tip**
> '대신 로그인하기'를 클릭하면 로그인 페이지로 이동합니다.

3 'Google에 오신 것을 환영합니다'에서 '생일'과 '성별'을 입력하고, [다음] 버튼을 클릭합니다.

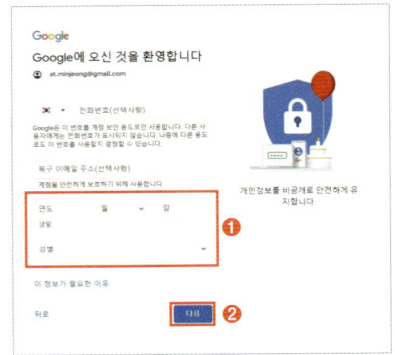

> **Plus Tip**
>
> '전화번호(선택사항)'와 '복구 이메일 주소(선택사항)'는 계정 보안을 강화하거나 비밀번호를 잃어 버린 경우 등에 사용되며, 필요에 따라 추후 추가할 수 있습니다. 자세한 내용은 56쪽을 참고하세요.

4 '개인정보 보호 및 약관'에서 서비스 약관을 확인하고, 'Google 서비스 약관에 동의함'과 '위와 같은 주요 사항을 비롯하여 ~ 이용약관에 동의합니다.'에 체크한 후 [계정 만들기] 버튼을 클릭합니다.

> **Plus Tip**
>
> '옵션 더보기'를 클릭하면 웹 및 앱 활동 정보 저장 여부, 개인 맞춤 광고 표시 여부, Youtube 기록 저장 여부를 선택할 수 있습니다.

Upgrade Google Workspace 계정

직장 또는 학교에서 Google Workspace로 계정을 발급받은 경우는 개인 계정과 다른 부분이 있습니다. Google Workspace는 조직을 대상으로 하는 유료 서비스입니다. 클라우드를 기반으로 하여 Gmail, Google 드라이브, Google 문서, Google MEET 등 다양한 앱을 사용할 수 있고, 관리자가 앱 사용을 관리할 수 있으며, 직장 또는 학교의 개별 도메인을 활용한 아이디(예 : company@company.com)를 사용할 수 있습니다.

Section 02 | Google 계정 정보 변경하기

개인정보 변경하기

Google 계정에 관련된 모든 정보와 설정은 Google 계정 홈페이지(myaccount.google.com)에서 변경할 수 있습니다. Google 계정 홈페이지는 로그인한 후 Chrome 브라우저에서 프로필(민정) 아이콘을 클릭하고, [Google 계정 관리]를 선택하거나 Google 앱 사용 시 Google 계정(민정) 아이콘을 클릭한 후 [Google 계정 관리] 버튼을 클릭하면 나타납니다.

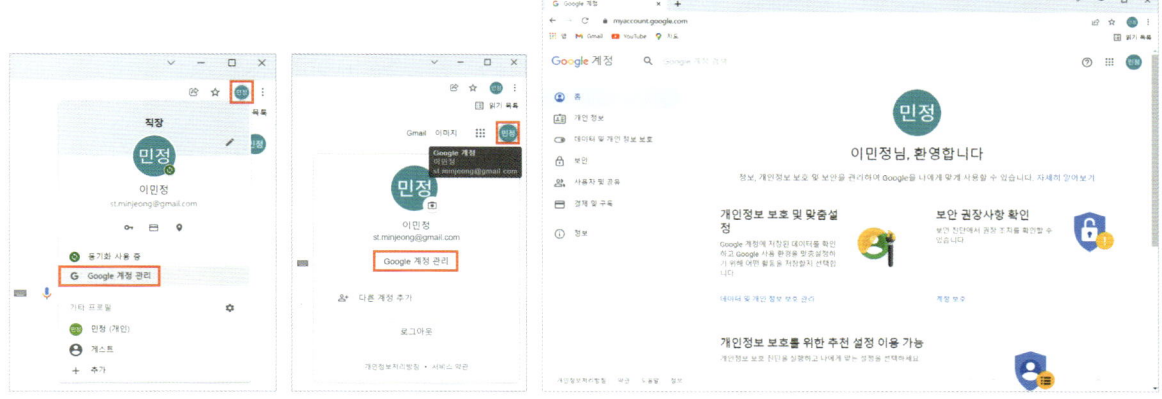

Google 계정 홈페이지에서 [개인 정보]를 선택하면 계정에 저장된 개인 정보를 확인할 수 있습니다. 사진, 이름, 생년월일, 성별 및 비밀번호를 클릭하면 해당 내용을 변경할 수 있습니다.

또한, '연락처 정보'에서는 계정에 추가한 이메일 주소와 휴대전화 번호가 나타납니다. [이메일], [휴대전화]를 클릭하여 이메일 주소와 휴대전화 번호를 추가할 수 있으며, 비밀번호를 잊어버리는 경우를 대비하여 이메일과 휴대전화 번호를 추가하면 계정 복구에 활용됩니다. '다른 사용자에게 표시되는 내 정보 선택'에서 [내 정보로 이동]을 클릭하면 개인 정보를 변경할 수 있을 뿐만 아니라 개인 정보의 공개 여부도 설정할 수 있습니다.

Upgrade — Google 계정에 추가된 이메일 주소

Google 계정에서는 Google 계정 이메일 이외에도 용도별로 여러 개의 이메일 주소를 추가할 수 있습니다. Google 계정 홈페이지에서 [개인 정보]를 선택하고, '연락처 정보'에서 [이메일]을 클릭하면 용도별로 이메일 주소를 추가하거나 변경할 수 있습니다. 특히, [복구 이메일 추가] 버튼을 클릭하여 복구 이메일을 등록하는 경우 비밀번호를 잊었거나 타인이 계정에 접근하여 로그인할 수 없을 때 해당 이메일을 이용하여 계정을 복구할 수 있습니다.

Section 03 — Google 활동 기록 관리와 광고 맞춤 설정하기

Google 활동 기록 관리하기

Google 앱에서는 웹 및 앱 활동 기록, 위치 기록, Youtube 시청 및 검색 기록을 바탕으로 맞춤 설정된 사용 환경을 제공합니다. Google 계정 웹페이지에서 [데이터 및 개인 정보 보호]를 선택하면 '기록 설정'에서 활동 기록 저장 여부를 변경하고, 기록을 확인하거나 삭제할 수 있습니다.

Plus Tip

웹 및 앱 활동을 사용하면 Google 앱 사용 기록과 검색 내역이 저장되어 추후 검색에 도움을 받거나 앱 및 콘텐츠 추천을 받을 수 있습니다. 위치 기록은 기본적으로 사용 중지로 설정되어 있습니다.

Upgrade **내 활동, 지도 타임라인, YouTube 시청 및 검색 기록**

[내 활동] 버튼을 클릭하면 검색한 내용, 방문한 웹사이트를 날짜와 시간에 따라 확인하거나 삭제할 수 있고, [지도 타임라인] 버튼을 클릭하면 Google 지도에서 실제로 방문했던 장소와 이동 경로를 확인할 수 있습니다. 이때, 위치 기록을 사용하면 자동으로 타임라인에 위치 정보와 이동 경로를 저장합니다. [Youtube 시청 및 검색 기록] 버튼을 클릭하면 시청한 Youtube 영상과 Youtube에서 검색했던 내용을 날짜와 시간별로 확인할 수 있습니다.

광고 개인 최적화 해제하기

Google에서는 입력한 개인 정보, 웹사이트의 쿠키, Google 계정의 활동 정보 등을 바탕으로 맞춤형 광고를 표시합니다. 광고 개인 최적화 기능을 비활성화 하고 싶다면 Google 계정 홈페이지에서 [데이터 및 개인 정보 보호]를 선택하고, '광고 설정'에서 [광고 개인 최적화]를 클릭합니다. 이후 '광고 개인 최적화 사용'을 비활성화 하면 광고 개인 최적화가 사용 중지됩니다.

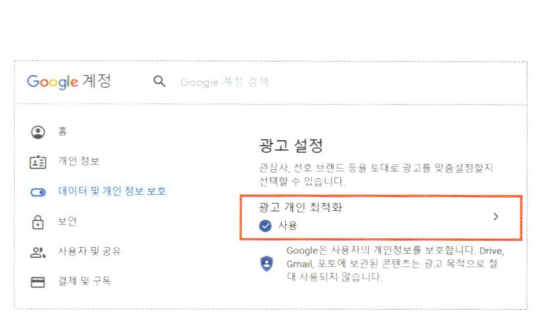 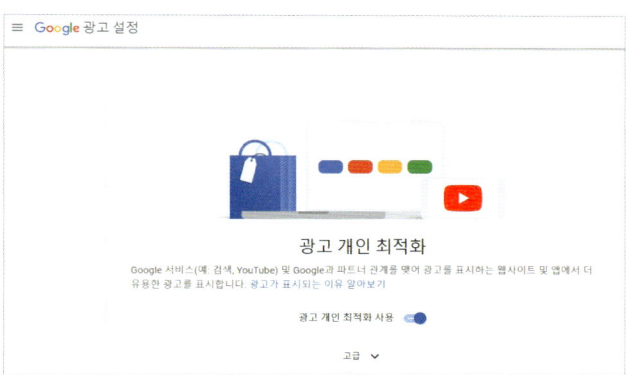

개인 검색 결과 사용 중지하기

개인 검색 결과가 설정되어 있다면 이전 검색 기록과 활동을 바탕으로 Google 검색 시 맞춤 예상 검색어 및 추천이 표시됩니다. 개인 검색 결과를 사용 중지하려면 Google 계정 홈페이지에서 [데이터 및 개인 정보 보호]를 선택하고, [Google 검색의 개인 검색결과]를 클릭한 후 '개인 정보 검색결과 표시'를 비활성화합니다.

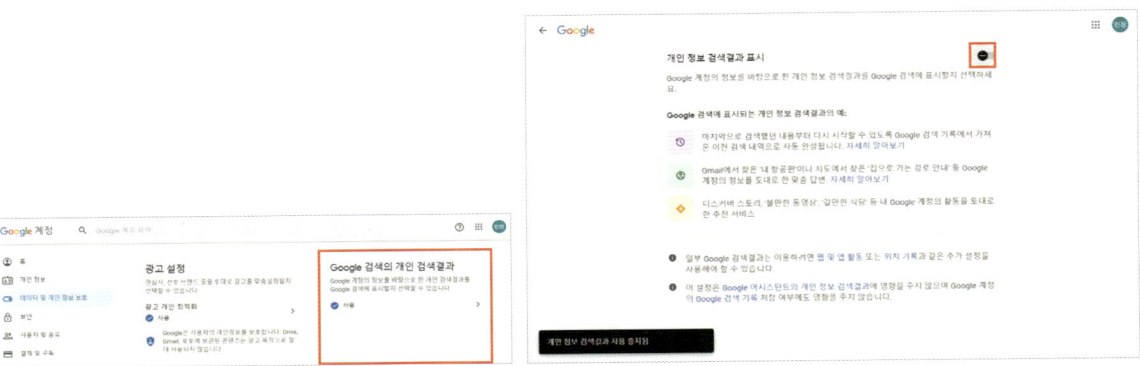

Section 04 | Google 계정 데이터 관리하기

데이터 다운로드하기

1 Google 계정 홈페이지에서 [데이터 및 개인 정보 보호]를 선택하고, '데이터 다운로드 또는 삭제'에서 [데이터 다운로드]를 클릭합니다.

2 '포함할 데이터 선택'에서 백업할 데이터를 모두 선택하고, [다음 단계] 버튼을 클릭합니다.

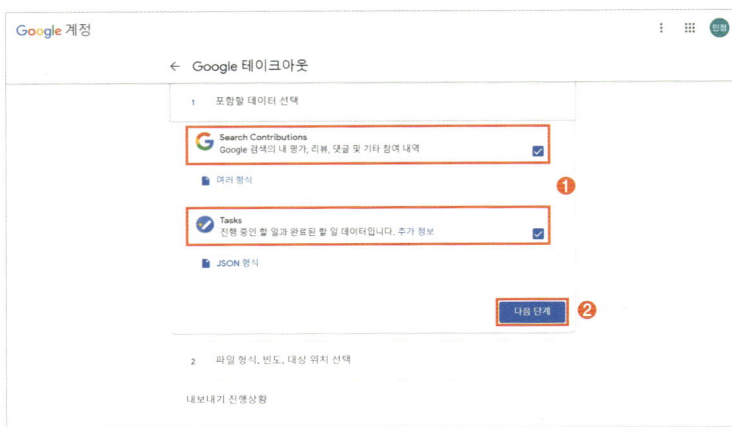

3 '파일 형식, 빈도, 대상 위치 선택'에서 전송 방법을 '이메일을 통해 다운로드 링크 전송'으로 설정하고, 실행 빈도에서 '한 번만 내보내기'를 선택합니다.

Plus Tip
전송 방법은 데이터를 다운로드할 링크에서 이메일을 통해 받는 것 이외에도 드라이브, OneDrive, Dropbox, Box에 데이터를 저장할 수 있습니다. 또한, 실행 빈도에서 1년간 2개월마다 내보내기'를 선택하는 경우 데이터가 1년 동안 자동으로 6회 전송됩니다.

4 '파일 형식 및 크기'에서 파일 형식을 '.zip'으로, 파일 크기를 '2GB'로 설정하고, [내보내기 생성] 버튼을 클릭합니다.

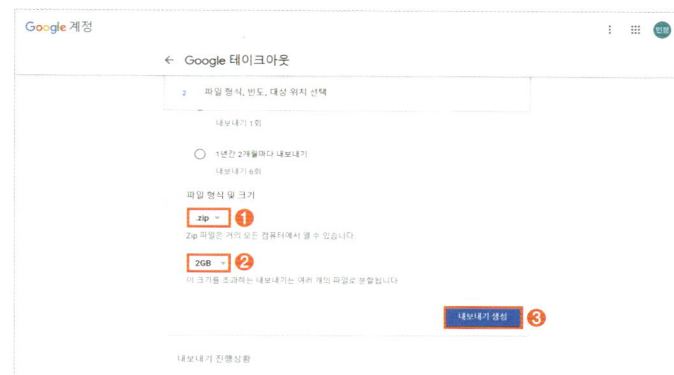

Plus Tip
파일 크기를 2GB로 지정하면 데이터가 2GB를 초과하는 경우 여러 개로 분할되어 저장됩니다.

5 자동으로 내보내기가 진행되고, 데이터 사본을 Gmail로 받아볼 수 있습니다.

> **Upgrade** 대시보드에서 나의 데이터 한눈에 확인하기

Google 계정 홈페이지에서 [데이터 및 개인 정보 보호]를 선택하고, '앱 및 서비스'에서 [Google 서비스에서 저장된 데이터]를 클릭하면 앱별로 이용 중인 데이터를 한눈에 살펴보고, 필요 시 다운로드할 수 있습니다. 또한, 앱별로 설정을 변경하거나 고객센터에서 문제 해결을 위한 도움말을 찾을 수 있습니다.

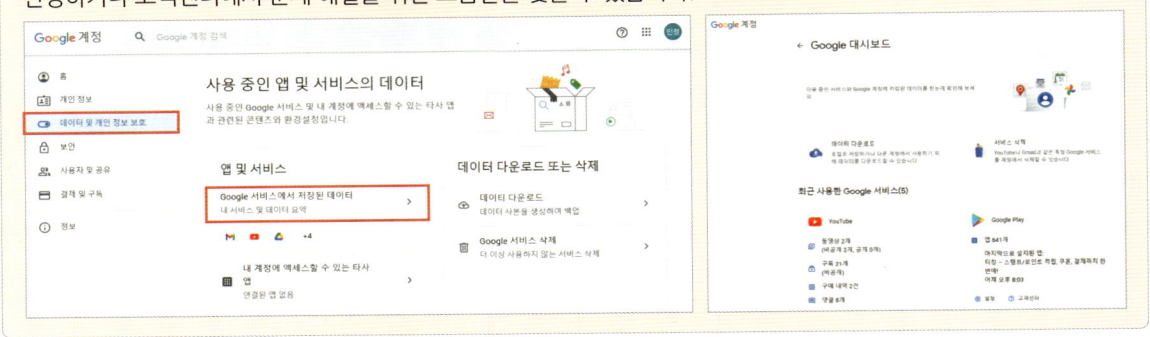

스토리지 관리자로 데이터 공간 확보하기

1 Google 계정 홈페이지에서 [결제 및 구독]을 선택하고, '계정 저장용량'에서 [저장용량 관리]를 클릭합니다.

💡 Plus Tip
Google에서는 계정당 15GB의 무료 저장 용량을 제공합니다.

2 [Google One 스토리지] 탭의 '정리하여 공간 확보하기'에서 [계정 스토리지 확보하기]를 클릭합니다.

💡 Plus Tip
[Google One 스토리지] 탭에서는 Google 드라이브, Gmail, Google 포토에서 사용하고 있는 데이터 용량을 한눈에 살펴볼 수 있습니다.

3 '계정 스토리지 관리'에서 삭제된 항목 또는 대용량 항목의 [검토 후 ###의 여유 공간 확보]를 클릭하여 데이터의 여유 공간을 확보합니다.

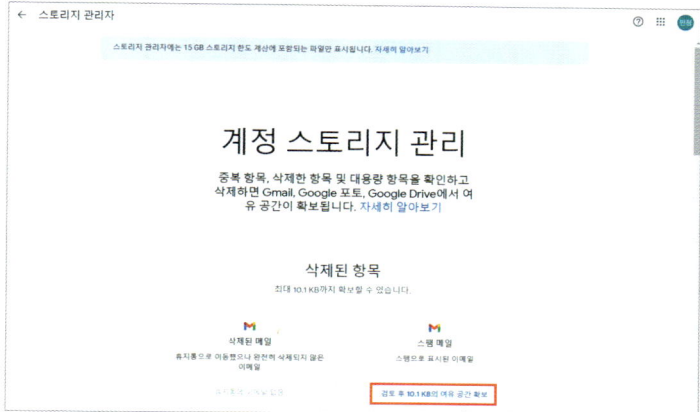

계정 삭제하기

1 Google 계정 홈페이지에서 [데이터 및 개인 정보 보호]를 선택하고, '옵션 더보기'에서 [Google 계정 삭제]를 클릭합니다.

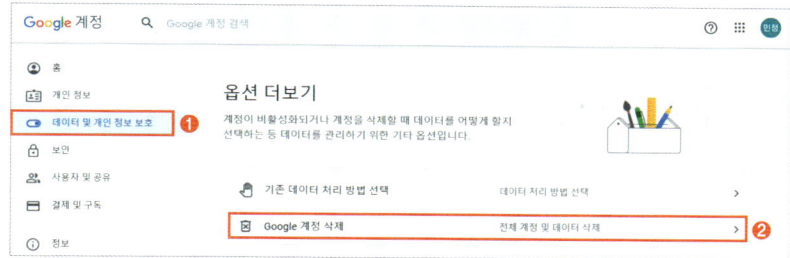

2 계정의 비밀번호를 입력하여 본인임을 인증한 후 청구 금액 안내 체크박스와 계정 삭제 안내 체크박스를 모두 선택(체크)하고, [계정 삭제] 버튼을 클릭합니다.

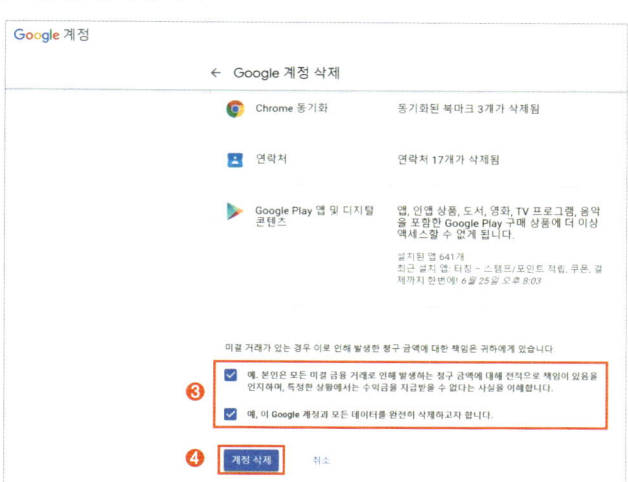

> **Upgrade** 계정 복원하기
>
> 계정을 삭제하면 Google에서 데이터를 완전히 삭제하는데 2개월이 소요됩니다. Google에서는 실수로 계정을 삭제하는 경우를 대비하여 삭제 후 1개월 이내에는 다시 계정 복원이 가능하도록 서비스를 제공합니다. 로그인 시 삭제한 계정의 이메일 주소와 마지막으로 사용했던 비밀번호를 입력하면 됩니다. 만약, 삭제 후 1개월이 지난 시점이라면 Google 계정 복원 요청 웹페이지(support.google.com/accounts/contact/disabled2)에서 계정 복구 양식을 입력하여 제출합니다.

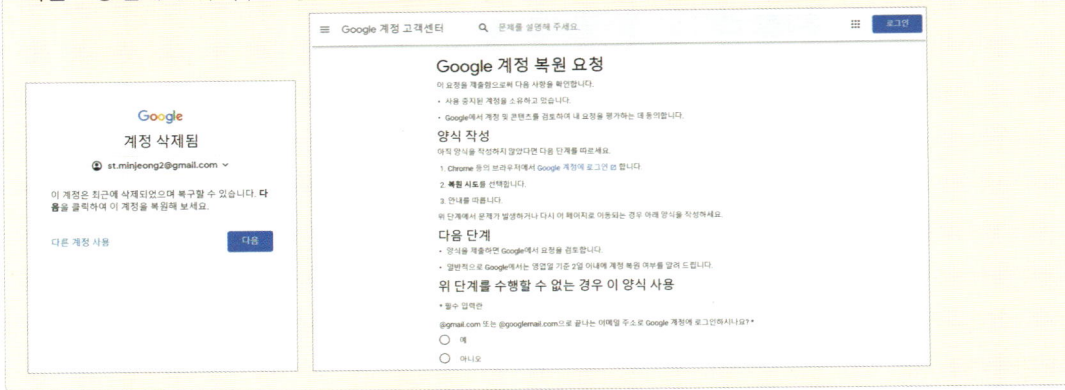

Section 05 | Google 계정 보안 강화하기

보안 권장사항 확인하기

1 Google 계정 홈페이지에서 [보안]을 선택하고, '보안 권장사항 확인'에서 [계정 보호]를 클릭합니다.

2 로그인 및 복구, 기기, 보안 활동, 비밀번호와 관련하여 Google에서 권장하는 조치가 나타납니다.

2단계 인증 사용하기

1 Google 계정 홈페이지에서 [보안]을 선택하고, 'Google에 로그인'에서 [2단계 인증]을 클릭합니다.

> **Plus Tip**
>
> 2단계 인증을 사용하면 로그인할 때마다 문자 메시지 또는 전화로 코드가 전송되며, 이를 입력해야 합니다.

2 '2단계 인증으로 계정 보호'에서 [시작하기] 버튼을 클릭하고, 계정의 비밀번호를 입력한 후 [다음] 버튼을 클릭합니다.

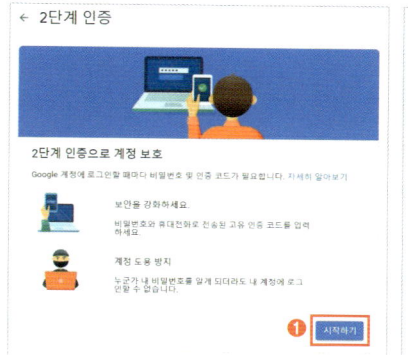 

3 '휴대전화 설정'에서 국가를 [대한민국]으로 선택하고, 휴대전화번호를 입력한 후 '문자 메시지'를 선택하고, [다음]을 클릭합니다.

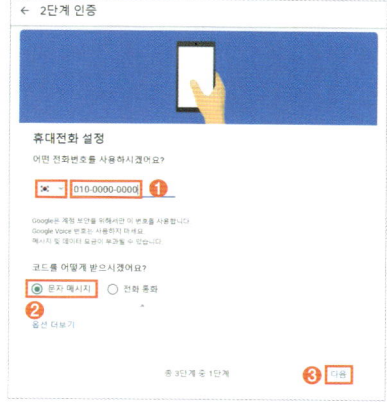

4 '작동 여부 확인'에서 코드 입력에 휴대폰으로 전송된 코드를 입력하고, [다음]을 클릭합니다.

Plus Tip
'휴대전화 설정' 단계에서 코드를 받는 방법을 '전화 통화'로 선택한 경우는 인증 코드를 알리는 전화가 걸려옵니다.

5 '완료되었습니다. 2단계 인증을 사용하도록 설정하시겠습니까?'에서 [사용]을 클릭하여 2단계 인증 사용 설정을 마칩니다.

Plus Tip
반대로 2단계 인증을 중지하려면 Google 계정 웹페이지에서 [보안]을 선택하고, 'Google에 로그인'에서 [2단계 인증]을 클릭한 후 비밀번호를 입력하여 본인 인증을 한 다음 [사용 안함] 버튼을 클릭합니다.

복구 전화번호 사용하기

1 Google 계정 웹페이지에서 [보안]을 선택하고, '본인 확인 방법'에서 [복구 전화번호]를 클릭합니다.

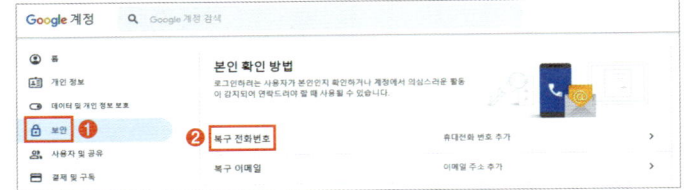

Plus Tip
복구 전화번호 또는 복구 이메일을 추가하면 비밀번호를 잊었을 때 활용할 수 있고, 계정에 의심스러운 활동이 있으면 알림을 받을 수 있습니다.

2 계정의 비밀번호를 입력하여 본인 인증을 한 후 [복구 전화번호 추가]를 클릭합니다.

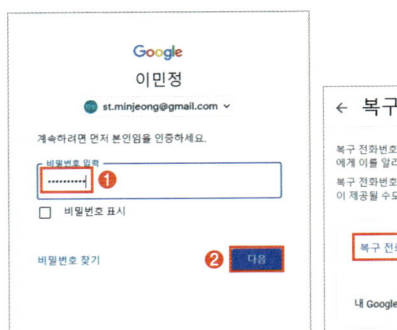
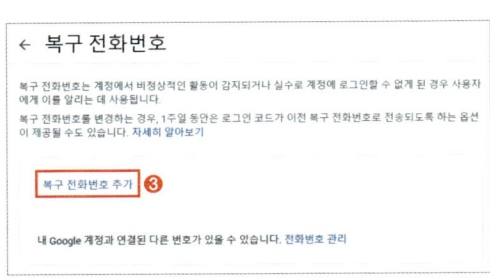

3 '전화번호 추가' 팝업 창에서 국가를 [대한민국]으로 선택하고, 휴대전화번호를 입력한 후 [다음]을 클릭합니다.

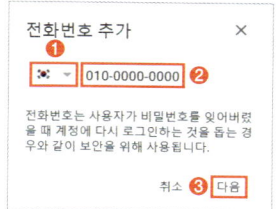

4 [코드 받기]를 클릭한 후 '코드 입력'란에 문자 메시지로 전송된 코드를 입력하고, [인증]을 클릭하면 복구 전화번호 추가가 완료됩니다.

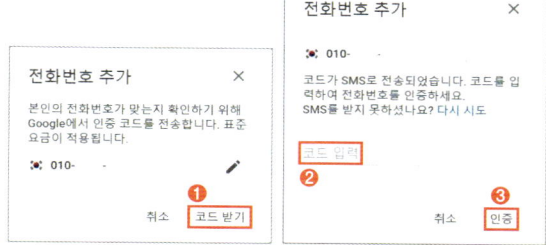

Plus Tip
복구 이메일을 추가하는 과정은 복구 전화번호를 추가하는 것과 비슷합니다.

로그인된 다른 기기에서 로그아웃하기

1 Google 계정 웹페이지에서 [보안]을 선택하고, '내 기기'에서 [기기 관리]를 클릭합니다.

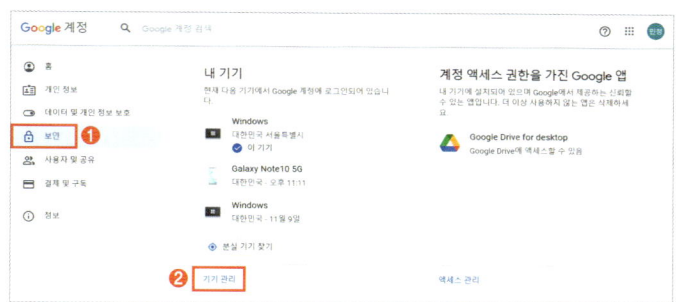

2 '로그인한 기기'에서 로그아웃할 기기를 찾고, 추가 작업(⋮) 아이콘을 클릭한 후 [로그아웃]을 선택합니다.

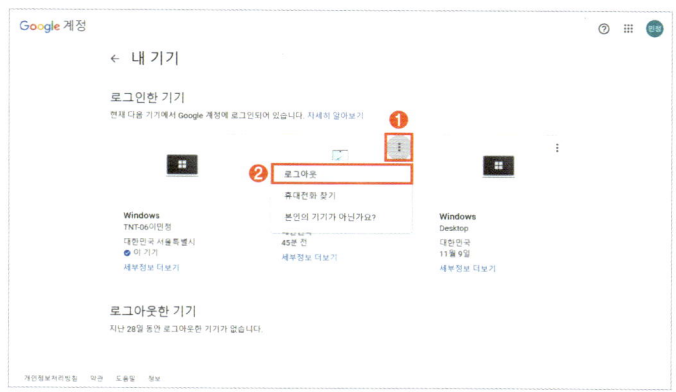

> **Upgrade** **Google 계정으로 로그인한 사이트 확인하기**
>
> Google 계정 웹페이지에서 [보안]을 선택하고, '다른 사이트 로그인 수단'에서 [Google 계정을 통한 로그인]을 클릭하면 해당 Google 계정으로 로그인한 사이트와 앱을 확인할 수 있습니다. 더 이상 타사 사이트와 앱에서 Google 계정으로 로그인하는 것을 원하지 않는다면 목록에서 사이트를 클릭하고, [액세스 권한 삭제] 버튼을 클릭합니다.

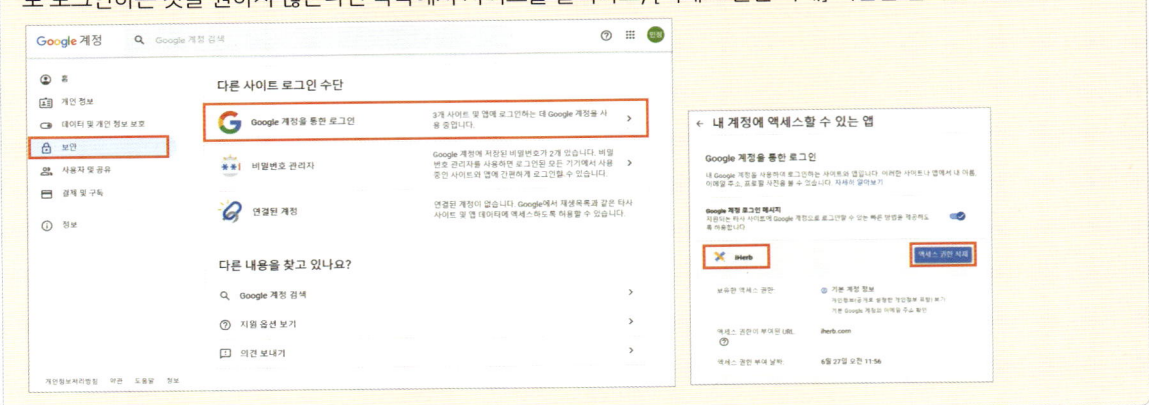

분실한 모바일 기기 찾기

1 Google 계정 웹페이지에서 [보안]을 선택하고, '내 기기'에서 [분실 기기 찾기] 버튼을 클릭합니다.

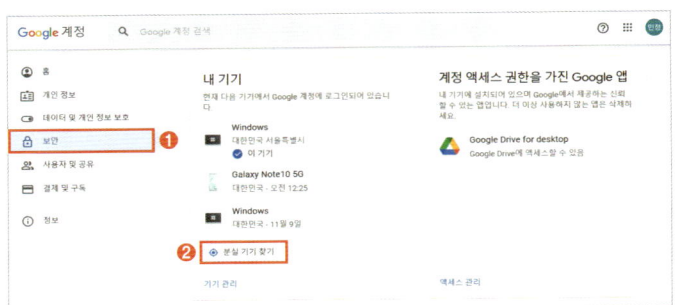

💡 **Plus Tip**

내 기기 찾기 서비스를 이용하면 해당 계정으로 Google에 로그인한 모바일 기기의 위치를 찾을 수 있습니다.

2 '스마트폰 또는 태블릿 선택'에서 분실한 기기를 선택합니다.

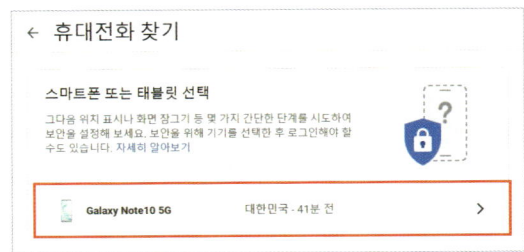

3 [내 기기 찾기] 탭이 열리면 '내 기기 찾기' 팝업 창에서 [수락] 버튼을 클릭합니다.

Plus Tip
내 기기 찾기 서비스를 이용하려면 Google에서 위치 정보, 기기 정보, 연결 이벤트를 사용하도록 허용해야 합니다.

4 자동으로 기기가 연결되면 지도에서 모바일 기기의 대략적인 위치를 파악하고, [소리 재생]을 클릭하면 기기에서 벨 소리가 5분간 울려 기기를 찾는 데 도움을 받을 수 있습니다.

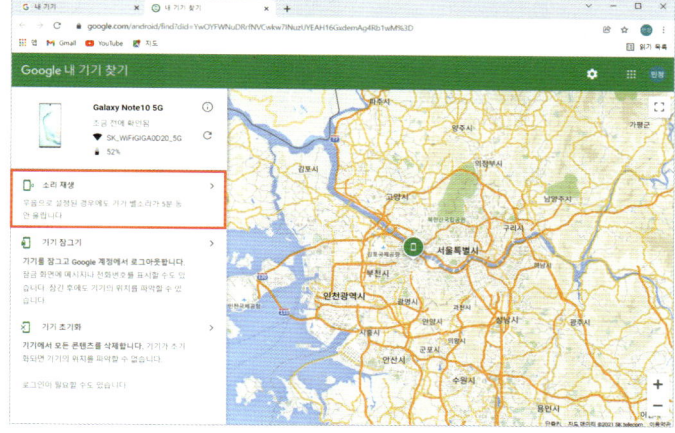

Plus Tip
필요에 따라 [기기 잠그기] 또는 [기기 초기화]를 클릭하여 모바일 기기의 보안을 유지할 수 있습니다.

PART 02

Google 검색과 커뮤니케이션

Google 검색은 전 세계에서 가장 많이 쓰이는 검색엔진으로 원하는 자료를 손쉽게 얻을 수 있는 훌륭한 도구입니다. 또한, Google의 다양한 앱들은 사용자간 원활한 커뮤니케이션을 도와주는데, Gmail과 Meet를 이용하면 의견과 자료를 빠르게 공유할 수 있고, 주소록을 이용하면 다른 사람의 연락처를 쉽게 활용할 수 있습니다. 이번 Part에서는 Google 검색을 통해 효율적으로 정보를 탐색하는 방법과 Gmail, Meet 그리고 주소록을 사용하는 방법에 대하여 알아보겠습니다.

Chapter 01

Google 검색 효율적으로 활용하기

Chapter 02

Gmail 활용하기

Chapter 03

Meet로 화상 회의하기

Chapter 04

주소록으로 연락처 관리하기

Chapter 01 Google 검색 효율적으로 활용하기

Google 검색은 수많은 정보로 이어지는 통로이지만 정보가 많은 만큼 효율적으로 사용할 수 있어야 합니다. 이미지 검색과 음성 검색의 사용 방법부터 검색 도구와 고급 검색 활용 방법, 검색 기록을 관리하는 방법까지 알아보겠습니다.

Section 01 Google 검색 사용하기

컴퓨터에 저장된 이미지로 검색하기

1. Google 홈페이지(google.com)에서 오른쪽 상단의 [이미지]를 클릭합니다.

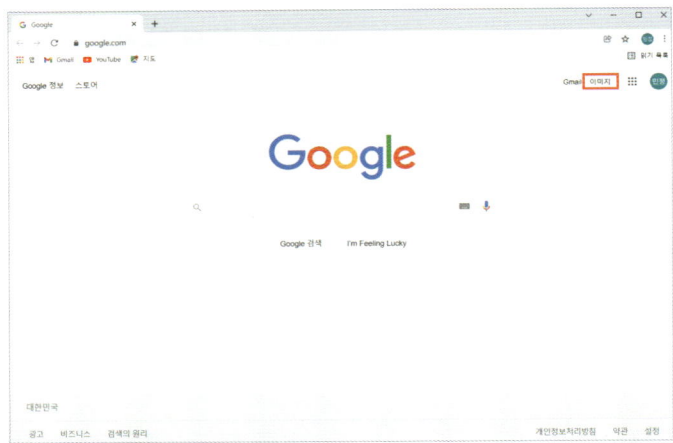

2. 자동으로 열리는 Google 이미지 웹페이지(images.google.com)에서 이미지로 검색(◎) 아이콘을 클릭합니다.

3 [이미지로 검색] 대화 상자의 [이미지 업로드 중] 탭에서 [파일 선택] 버튼을 클릭하고, 컴퓨터에 저장된 이미지를 업로드하여 검색합니다.

Plus Tip
[이미지 URL 붙여넣기] 탭에서는 웹페이지에 있는 이미지의 URL을 이용하여 해당 이미지를 검색할 수 있고, [이미지 업로드 중] 탭에서는 컴퓨터에 저장된 이미지를 검색할 수 있습니다.

웹페이지 이미지 검색하기

1 Google 이미지 웹페이지에서 임의의 내용을 검색한 후 특정 이미지에서 마우스 오른쪽 버튼으로 클릭하고, [이미지 주소 복사]를 선택합니다.

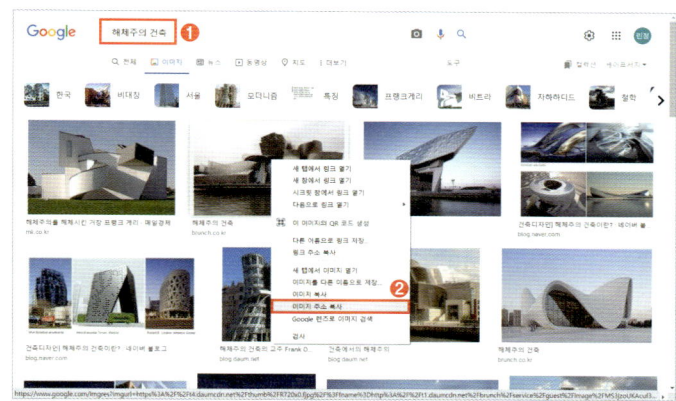

Plus Tip
바로가기 메뉴에서 [Google 렌즈로 이미지 검색]을 선택하면 Google 렌즈 앱을 이용하여 이미지에 대한 정보를 검색할 수 있습니다.

2 다시 Google 이미지 웹페이지에서 이미지로 검색(📷) 아이콘을 클릭한 후 [이미지로 검색] 대화 상자의 [이미지 URL 붙여넣기] 탭에서 입력란에 복사한 이미지의 URL을 붙여넣고, [이미지로 검색] 버튼을 클릭합니다.

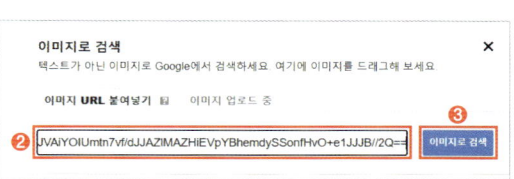

3 검색 결과 해당 이미지에 대한 정보를 확인할 수 있습니다.

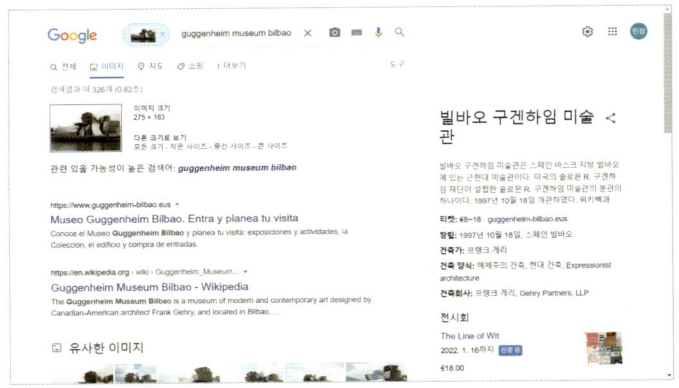

음성 검색 사용하기

1 Google 홈페이지(google.com)에서 검색란 오른쪽에 음성 검색(🎤) 아이콘을 클릭합니다.

> 💡 **Plus Tip**
>
> 음성 검색을 사용하기 위해서는 컴퓨터에 마이크가 연결되어 있어야 하고, 마이크 권한을 허용해야 합니다. 권한 허용 설정에 대한 자세한 내용은 40쪽을 참고하세요.

2 '말하세요'가 나타나면 마이크를 이용하여 원하는 내용을 음성으로 검색합니다.

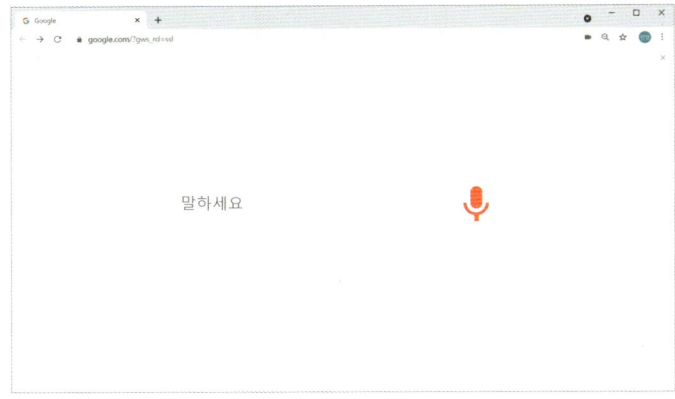

Upgrade 검색 연산자 사용하기

Google에서 검색 시 검색 연산자를 사용하면 보다 정확한 결과를 얻을 수 있습니다. 검색 연산자는 검색 결과를 조건에 따라 수정해주는 역할을 합니다. 검색 연산자 사용 시 연산자와 검색어 사이에 공백이 있어서는 안 됩니다.

검색 연산자	기능
" "	• 큰따옴표 내 단어가 반드시 포함된 사이트만을 보여줍니다. • [예] 서울 "한식"맛집 : 검색 결과에 '한식'이 포함된 내용만을 보여줍니다.
OR	• 반드시 대문자로 입력하며, 두 가지 검색어 중 하나라도 일치하는 검색 결과를 보여줍니다. • [예] 서울OR부산 : 서울 또는 부산의 검색 결과를 보여줍니다.
-	• 해당 문구가 제외된 검색 결과를 보여줍니다. • [예] 제주맛집 -애월 : 내용에 '애월'이 포함되지 않은 제주맛집의 검색 결과를 보여줍니다.
~	• 해당 문구의 유의어 검색 결과도 함께 보여줍니다. • [예] 서울 ~깔끔한 호텔 : '청결한' 등 '깔끔한'과 유사한 내용이 들어간 서울 호텔의 검색 결과를 보여줍니다.
*	• 검색할 문구가 떠오르지 않을 때 자동으로 Google이 * 부분을 채워서 검색합니다. • [예] 뉴턴*법칙 : 뉴턴의 운동 법칙 등 * 부분을 자동으로 채운 검색 결과를 보여줍니다.
123+123=	• 수식 입력 시 계산한 결과를 보여줍니다. • [예] 123+123= : 계산기를 사용하여 계산한 결과 246을 보여줍니다.
..	• 숫자 범위 내의 검색 결과를 보여줍니다. • [예] 태풍 2019..2021 : 2019년과 2021년 사이의 태풍 검색 결과를 보여줍니다.
define:	• Google의 사전 기능을 이용하여 검색어의 정의를 보여줍니다. • [예] define:인상주의 : '인상주의'의 사전적 정의를 보여줍니다.
site:	• 특정 사이트에서 검색하여 결과를 보여줍니다. • [예] site:youtube.com 고흐 : youtube.com에서 '고흐'를 검색하여 보여줍니다.
filetype:	• 검색 결과를 특정 파일 형식으로 제한합니다. • [예] filetype:pdf 고흐 : 고흐와 관련된 pdf 파일의 검색 결과를 보여줍니다.
related:	• 특정 웹사이트와 비슷한 웹사이트를 검색하여 보여줍니다. • [예] related:youtube.com : 'youtube.com'과 비슷한 웹사이트를 보여줍니다.

Section 02 검색 도구와 고급 검색 활용하기

검색 도구로 검색 결과 필터링하기

검색 도구는 원하는 정보를 찾기 위해 검색 결과를 좁히는데 사용되는 필터입니다. 검색 후 [도구] 버튼을 클릭하면 언어, 업로드 날짜, 결과 일치 여부 등 다양한 필터를 이용하여 검색 결과를 필터링할 수 있어 효율성을 높여줍니다. 웹, 이미지, 동영상, 뉴스 등 콘텐츠 유형별 사용할 수 있는 검색 도구가 달라집니다. 이미지 검색 결과에서는 이미지 크기, 색상, 유형, 업로드 시간, 사용권(라이선스 정보)으로 필터링할 수 있으며, 동영상 검색 결과에서는 동영상 길이, 게시 시간, 화질, 자막 여부, 동영상 출처 사이트로 검색 결과를 필터링할 수 있습니다.

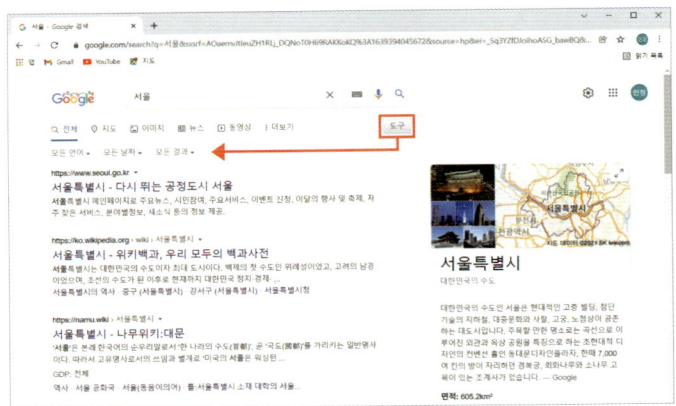

고급 검색으로 복잡한 검색 쉽게 하기

1 Google 홈페이지(google.com)에서 오른쪽 하단에 있는 [설정]을 클릭하고, 메뉴에서 [고급검색]을 선택합니다.

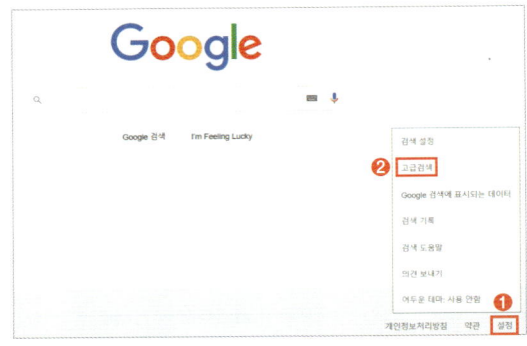

💡 Plus Tip

고급검색은 검색 연산자와 검색 도구를 쉽게 사용할 수 있도록 모아 놓은 것입니다. 주소 표시줄에서 "google.com/advanced_search"을 입력하면 바로 고급검색 웹페이지로 이동할 수 있습니다.

2 고급검색의 '다음 기준으로 페이지 검색...'에서 검색 시 포함할 단어, 제외할 단어 등 조건을 추가로 입력합니다.

3 '다음 기준으로 검색결과 좁히기...'에서 언어, 지역, 기간, 사이트, 검색어 표시 위치 등 필요에 따라 조건을 변경하고, [고급검색] 버튼을 클릭합니다.

4 고급검색 결과 설정한 필터 조건에 맞게 관련된 내용만 검색됩니다.

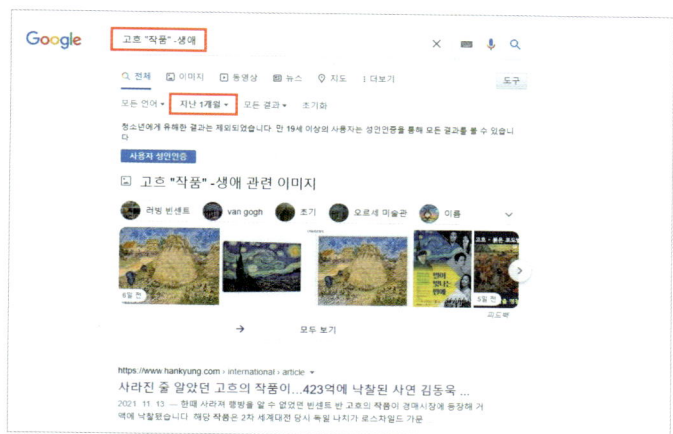

Section 03 계정 검색 기록 관리하기

시간별 계정 검색 기록 삭제하기

1 Google 홈페이지(google.com)에서 [설정]을 클릭하고, [검색 기록]을 선택합니다.

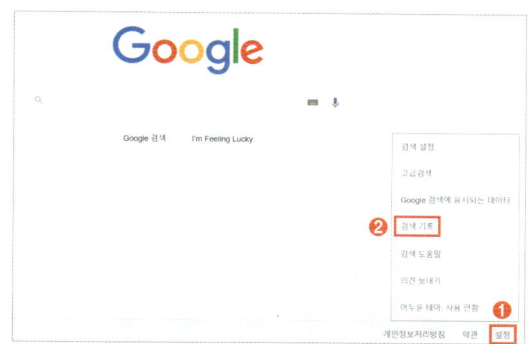

2 검색 기록에서 [삭제] 버튼을 클릭하고, 검색 기록을 삭제할 기간(예 : 오늘 삭제)을 선택합니다.

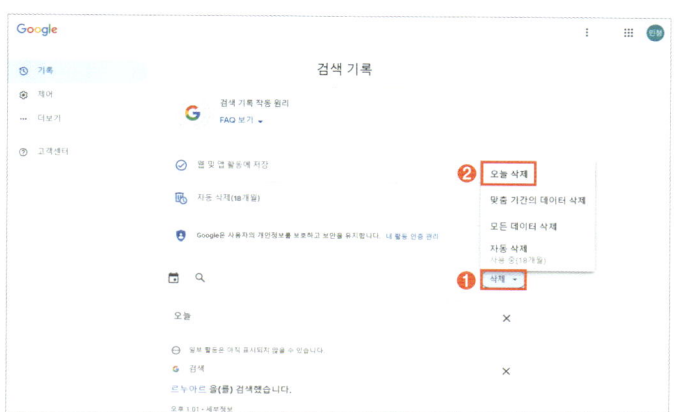

💡 **Plus Tip**

날짜(📅) 아이콘을 클릭하면 원하는 날짜 이전의 검색 기록을 조회하고, 검색(🔍) 아이콘을 클릭하면 검색 기록을 키워드로 찾아볼 수 있습니다. 삭제(✕) 아이콘을 클릭하면 검색 기록 중 원하는 항목만을 삭제할 수 있습니다.

3 '삭제 완료' 팝업 창에서 [확인] 버튼을 클릭합니다.

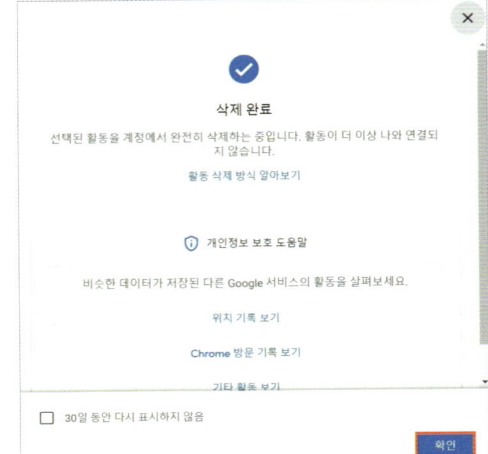

> 💡 **Plus Tip**
>
> 계정의 검색 기록을 삭제해도 브라우저에는 기록이 남을 수 있습니다. Chrome 브라우저에서 방문 기록을 삭제하는 방법은 37쪽을 참고하세요.

검색 기록 사용 중단하기

1 검색 기록 웹페이지에서 [웹 및 앱 활동에 저장]을 클릭합니다.

2 '웹 및 앱 활동'에서 [사용 중지] 버튼을 클릭합니다.

> 💡 **Plus Tip**
>
> 검색 기록 사용을 중단하려면 웹 및 앱 활동 기록을 모두 중지해야 합니다. 웹 및 앱 활동 사용 중지는 계정 설정에서도 가능합니다. 자세한 내용은 48쪽을 참고하세요.

3 '웹 및 앱 활동 일시중지' 팝업 창에서 [일시중지] 버튼을 클릭합니다.

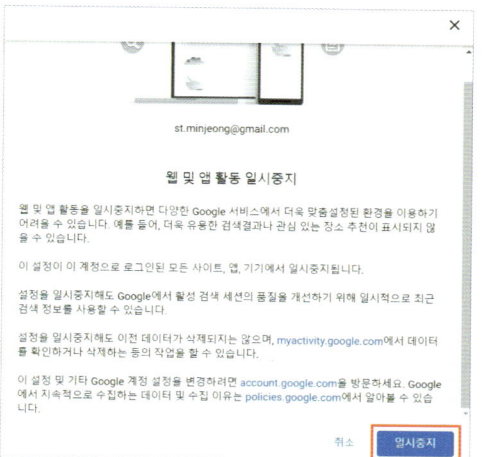

Upgrade　검색 기록 자동 삭제 설정

검색 기록은 자동 삭제되도록 설정되어 있는데 삭제 주기를 변경하거나 자동 삭제를 중지할 수 있습니다. 검색 기록은 18개월이 지나면 자동 삭제되도록 기본으로 설정되어 있습니다. 검색 기록 웹페이지에서 [자동 삭제]를 클릭하면 나타나는 '웹 및 앱 활동 자동 삭제 옵션 선택' 팝업 창에서 '활동 자동 삭제 기준'을 3개월 또는 36개월로 변경할 수 있고, '활동 자동 삭제 안함'을 선택하여 자동 삭제를 중지할 수 있습니다.

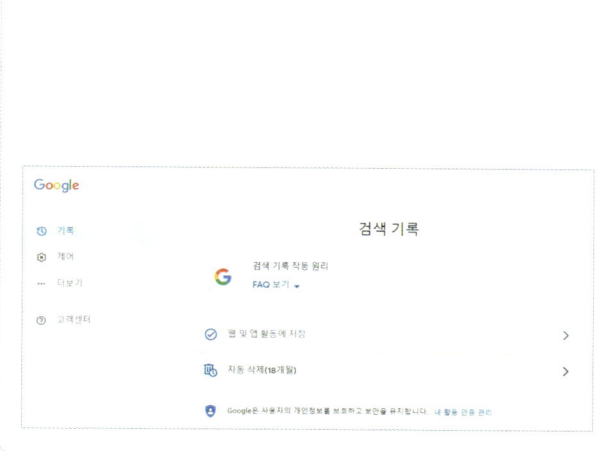
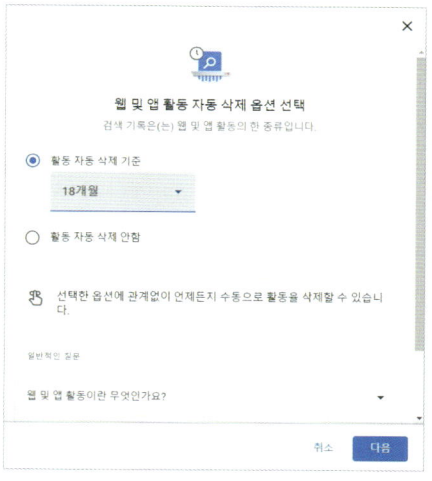

Chapter 02 Gmail 활용하기

Gmail은 Google이 제공하는 강력한 무료 이메일 서비스입니다. Gmail의 검색 기능과 대화 형식 구성을 바탕으로 다른 사용자와 연락을 자유롭게 주고받을 수 있고, 공동 작업을 수행할 수 있습니다. Gmail의 기본 구성과 함께 빠르고 효율적으로 사용할 수 있는 방법을 알아보겠습니다.

Section 01 Gmail 화면 구성 이해하기

Gmail 화면 살펴보기

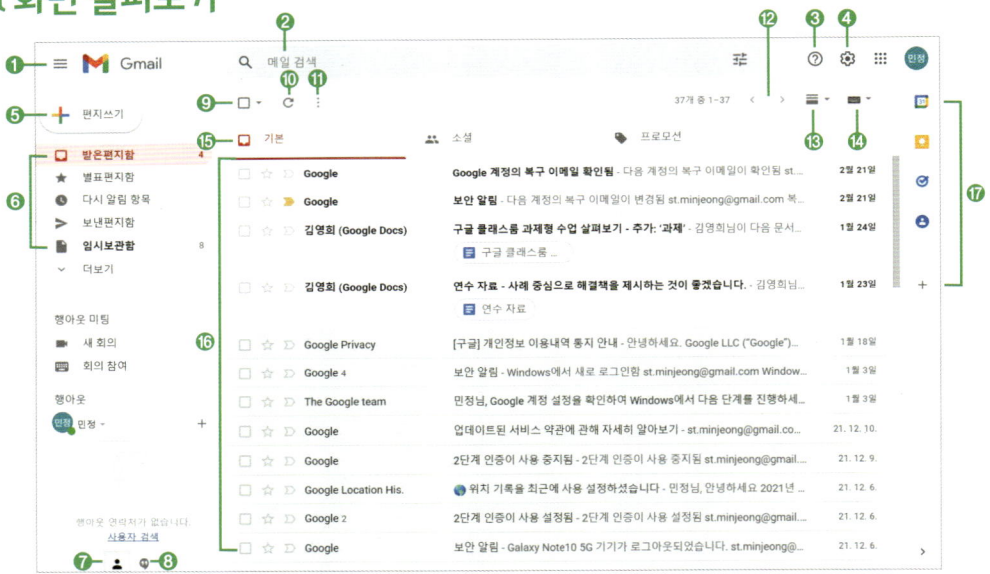

❶ **기본 메뉴** : Gmail의 메뉴 패널을 열고 닫습니다.
❷ **메일 검색** : 편지함에 저장된 메일을 검색합니다. 검색옵션 표시(🎚) 아이콘을 클릭하면 조건을 추가하여 검색할 수 있습니다.
❸ **지원** : Gmail을 사용하는데 필요한 도움말을 검색하거나, 업데이트 사항을 확인하거나, Google에 의견을 보낼 수 있습니다.
❹ **설정** : Gmail의 설정을 변경합니다. Gmail 설정에 대한 자세한 내용은 82쪽을 참고하세요.
❺ **편지쓰기** : 새 메일을 작성합니다.
❻ **편지함 및 라벨** : 편지함 목록과 라벨 목록이 나타납니다. 메일은 다양한 방법으로 분류되어 편지함에 저장됩니다.

70 PART 02 Google 검색과 커뮤니케이션

❼ **행아웃 주소록** : 행아웃 연락처를 추가하여 채팅하거나 Meet 화상 회의에 참여합니다.

❽ **행아웃 대화** : 행아웃 채팅 기록이 나타납니다.

❾ **선택** : 클릭 시 해당 페이지의 모든 메일을 선택합니다. [선택]의 목록(▼) 단추를 클릭하면 읽은 메일, 읽지 않은 메일, 별표 표시한 메일 등 선택할 메일 종류를 지정할 수 있습니다.

❿ **새로고침** : Gmail을 새로고침하여 새롭게 수신한 메일을 확인합니다.

⓫ **더보기** : 모든 메일을 읽은 상태로 표시할 수 있습니다. 특정 메일을 체크하고 더보기(⋮) 아이콘을 클릭하면 다양한 추가 작업을 수행할 수 있습니다.

⓬ **페이지 이동** : 다음(〈), 이전(〉) 아이콘을 클릭하여 편지함에서 페이지를 이동합니다. [#개 중 #-#]를 클릭하면 처음 페이지와 가장 최근 페이지로 이동할 수 있습니다.

⓭ **분할 창 모드 전환** : 화면을 가로 또는 세로로 분할하여 메일 목록과 메일 내용을 한 번에 봅니다. [분할 창 모드 전환]의 목록(▼) 단추를 클릭하면 화면 분할 형태를 가로 또는 세로로 설정할 수 있습니다.

⓮ **입력 도구 사용/사용 안함** : 키보드 또는 필기 입력 도구를 사용합니다. [입력 도구 선택]의 목록(▼) 단추를 클릭하면 [입력 도구 사용/사용 안함] 클릭 시 나타나는 입력 도구를 변경할 수 있습니다.

⓯ **카테고리** : [기본], [소셜], [프로모션] 탭으로 구성되며, 이메일의 유형에 따라 자동으로 분류됩니다. 카테고리 탭은 Gmail 설정에서 추가할 수 있습니다.

⓰ **메일 목록** : 편지함에 저장된 메일들이 나타납니다.

⓱ **측면 패널** : 캘린더, Keep, Tasks, 연락처 등 Gmail과 연계된 다양한 앱들이 나타나며, 부가기능 설치하기 (+) 아이콘을 클릭하면 부가기능을 측면 패널에 추가할 수 있습니다. 측면 패널 표시하기(〈)/측면 패널 숨기기(〉) 아이콘을 클릭하여 열고 닫습니다.

새 메일 창 살펴보기

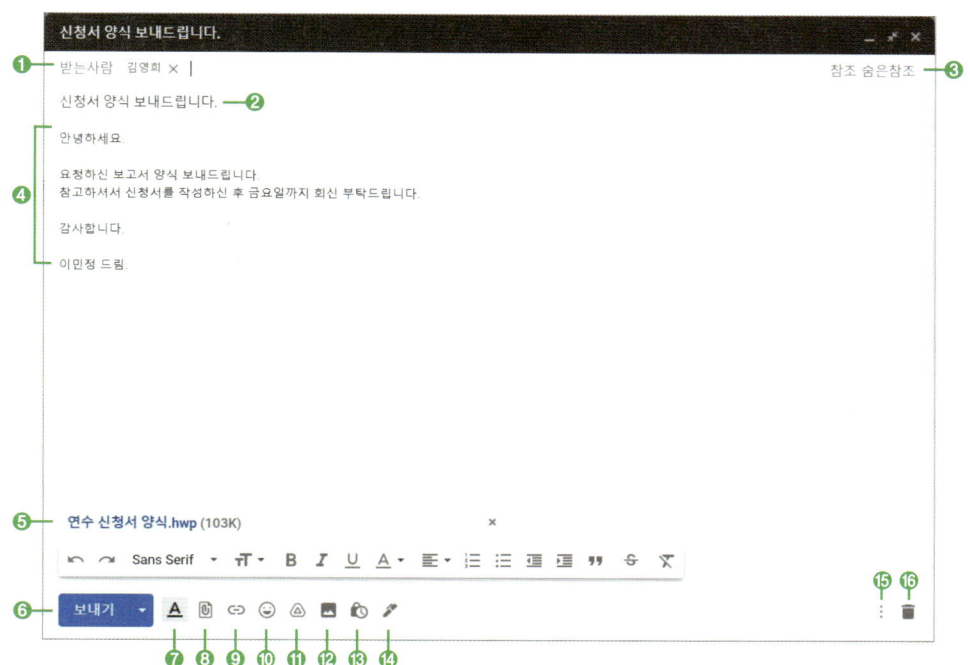

❶ **수신자(받는사람)** : 메일의 수신인을 입력합니다. 여러 명을 입력할 수 있고, 이메일 주소를 입력한 후 Enter 키를 누르면 자동으로 인식됩니다.
❷ **제목** : 메일의 제목을 입력합니다.
❸ **참조/숨은참조** : 메일의 참조인을 입력합니다. 수신자(받는사람)의 입력란을 클릭하면 나타납니다.
❹ **메일 내용** : 메일의 본문 내용을 입력합니다.
❺ **첨부 파일** : 메일에 첨부한 파일 목록이 나타납니다. 첨부 파일의 총 용량이 25MB가 넘는 경우 Google 드라이브에 업로드된 후 다운로드 링크가 첨부됩니다.
❻ **보내기** : 메일을 전송합니다. [보내기 옵션 더보기(▾)] 버튼을 클릭하면 예약 전송이 가능합니다.
❼ **서식 지정 옵션** : 메일 본문의 폰트 종류, 크기, 정렬 등 서식을 변경합니다.
❽ **파일 첨부** : 컴퓨터에 저장된 파일을 메일에 첨부합니다.
❾ **링크 삽입** : 웹 주소, 이메일 주소 링크를 본문에 삽입합니다.
❿ **그림 이모티콘 삽입** : 이모티콘을 메일 본문에 추가합니다.
⓫ **드라이브에 저장된 파일 삽입** : Google 드라이브에 저장된 파일을 메일에 첨부합니다.
⓬ **사진 삽입** : Google 포토에 저장된 사진이나 컴퓨터에 저장된 사진을 본문에 삽입하거나 웹페이지에 있는 사진의 URL 주소를 이용하여 사진을 본문 내용에 삽입합니다.
⓭ **비밀 모드 전환** : 비밀 모드를 사용하여 메일 만료일을 설정하거나 메일의 비밀번호를 설정합니다.
⓮ **서명 삽입** : 메일에 서명을 삽입합니다. 서명을 사용하려면 설정에서 미리 서명을 만들어야 합니다.
⓯ **옵션 더보기** : 메일의 라벨 설정, 일반 텍스트 모드 설정, 메일 인쇄, 맞춤법 검사 등을 선택할 수 있습니다.
⓰ **임시보관 메일 삭제** : 작성한 메일을 삭제합니다.

메일 관리 메뉴 살펴보기

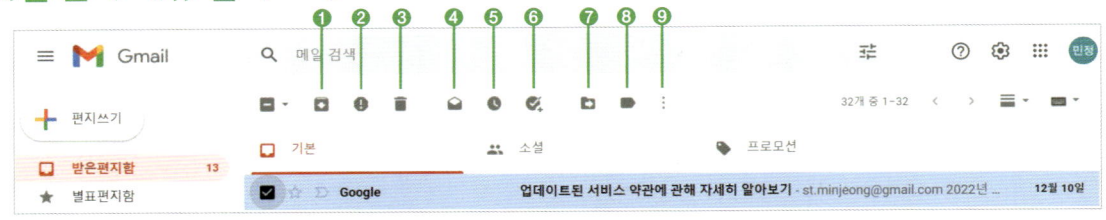

❶ **보관처리** : 선택한 메일을 전체 보관함으로 분류해 이동시킵니다. 보관처리 한 메일은 받은편지함에서 보이지 않습니다.
❷ **스팸신고** : 선택한 메일을 스팸함으로 이동시키고, 스팸 신고를 합니다. 스팸 신고를 하면 해당 메일의 발신자가 보내는 비슷한 유형의 메일을 자동으로 스팸 분류하여 차단하고, Google에 메일 사본이 전송됩니다.
❸ **삭제** : 선택한 메일을 삭제하여 휴지통으로 이동시킵니다.
❹ **읽은 상태로 표시/읽지 않은 상태로 표시** : 선택한 메일을 읽음 상태로 변경하거나 읽지 않음 상태로 변경합니다.
❺ **다시 알림** : 선택한 메일을 다시 알림 항목으로 이동시키고, 선택한 시간에 다시 알림을 보내줍니다.

❻ **Tasks에 추가** : 선택한 메일을 Tasks에 할 일로 추가합니다.
❼ **이동** : 선택한 메일을 다른 라벨 또는 편지함으로 이동시킵니다.
❽ **라벨** : 선택한 메일에 라벨을 적용합니다.
❾ **더보기** : 선택한 메일을 중요 대화로 표시하거나, 별표로 표시하거나, 선택한 메일과 유사한 메일을 필터링하거나, 메일을 숨기거나, 첨부 파일로 전달합니다.

> **Plus Tip**
> 메일 관리 메뉴는 메일 목록에서 특정 메일의 '선택' 체크박스를 클릭하는 경우 상단에 나타납니다.

Section 02 다양한 방법으로 메일 보내기

참조 추가하기

 새 메일 창에서 받는 사람을 입력하고, [참조]를 클릭합니다.

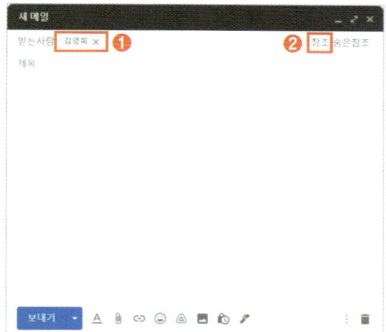

> **Plus Tip**
> [숨은참조]를 클릭하여 받는 사람이 참조인을 모르게 할 수도 있습니다.

2 '참조' 입력란에 참조인의 이메일을 입력합니다.

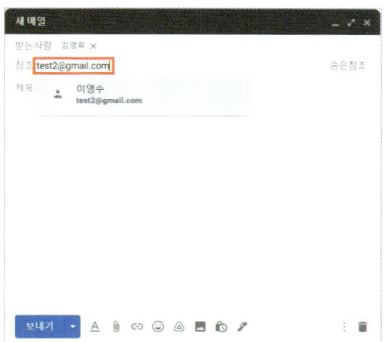

대용량 파일 첨부하여 메일 보내기

1 메일 창에서 받는 사람과 이메일 제목, 내용을 각각 입력한 후 파일 첨부(📎) 아이콘을 클릭합니다.

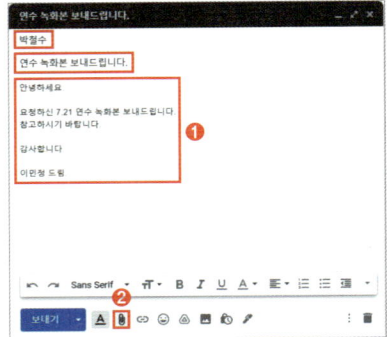

> 💡 **Plus Tip**
>
> 파일이 컴퓨터에 저장된 것이 아니라 이미 Google 드라이브에 업로드 되어 있다면 드라이브에 저장된 파일 삽입(△) 아이콘을 클릭합니다.

2 [열기] 대화 상자에서 컴퓨터에 저장된 파일을 선택하고, [열기] 버튼을 클릭합니다.

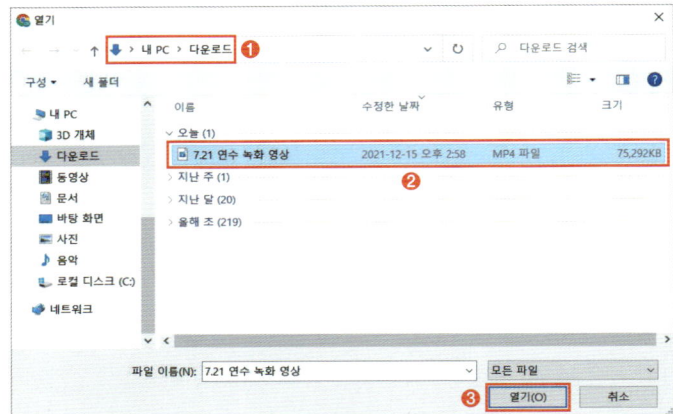

3 '큰 파일은 Google Drive로 공유해야 합니다' 팝업 창에서 [확인] 버튼을 클릭합니다.

> 💡 **Plus Tip**
>
> 팝업 창은 최초 1회만 나타납니다. 25MB 미만의 첨부 파일은 메일에 드라이브 링크가 아닌 원본 파일이 첨부됩니다.

4 파일이 Google 드라이브에 자동으로 업로드됩니다.

5 메일에 해당 파일의 Google 드라이브 링크가 첨부되면 [보내기] 버튼을 클릭합니다.

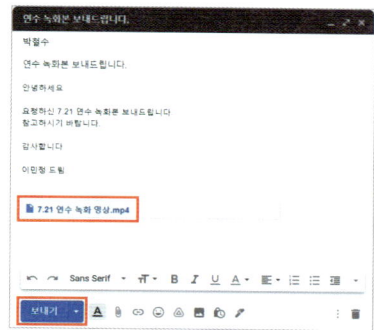

6 '수신자에게 파일 액세스 권한을 부여해야 함' 팝업 창에서 1명과 공유: 보기' 권한으로 설정되어 있는지 확인한 후 [보내기]를 클릭합니다.

Plus Tip
공유 시 '보기' 또는 '댓글', '수정' 권한을 부여할 수 있습니다. 파일 액세스 권한에 대한 자세한 내용은 184쪽을 참고하세요. '링크 공유 사용'은 수신자의 이메일 주소가 네이버, 다음 등의 Gmail이 아닌 경우 사용합니다.

비밀 모드로 메일 보내기

1 메일 창에서 받는 사람과 이메일 제목, 내용을 각각 입력한 후 비밀 모드 전환( ) 아이콘을 클릭합니다.

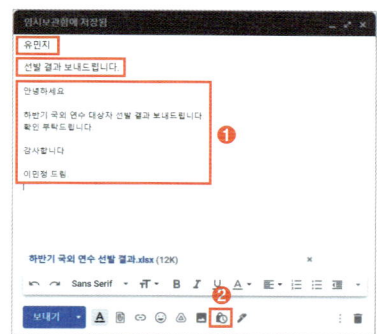

Plus Tip
Hwp(한글) 파일을 첨부할 경우는 비밀 모드를 사용할 수 없습니다. 또한, 비밀 모드에서는 첨부 파일을 다운로드할 수 없고 미리 보기만 가능합니다.

2 '비밀 모드' 팝업 창에서 만료일을 [1주 후에 만료됨]으로 설정하고, 'SMS 비밀번호 사용 안함'을 선택한 후 [저장] 버튼을 클릭합니다.

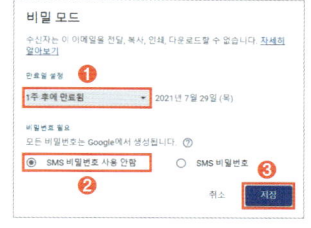

Plus Tip
만료일은 1일, 1주, 1달, 3달, 5년 이후로 설정할 수 있으며, 만료일 이후에는 수신자가 이메일을 확인할 수 없습니다.

3 새 메일 창이 파란색으로 변경되면 콘텐츠 만료일을 확인하고, [보내기] 버튼을 클릭합니다.

| Upgrade | '비밀번호 필요' 설정 |

'SMS 비밀번호 사용 안함'을 선택하는 경우 수신자가 Gmail 계정 사용자인지, 외부 이메일 사용자인지에 따라 절차가 달라집니다. 수신자가 Gmail 계정이라면 메일을 바로 볼 수 있지만 수신자가 외부 이메일 사용자라면 이메일로 전송된 링크를 클릭하고 Google 계정으로 로그인해야 합니다. 'SMS 비밀번호'를 선택하는 경우 수신자는 비밀번호를 핸드폰 메시지로 받게 되는데 메일 전송 전 추가로 '전화번호 확인' 팝업 창에서 수신자의 전화번호를 입력해야 합니다.

예약 메일 보내기

1 메일 창에서 받는 사람, 이메일 제목, 내용을 각각 입력하고, 파일 첨부를 마친 후 [보내기 옵션 더보기(▼)] 버튼을 클릭한 다음 [보내기 예약]을 선택합니다.

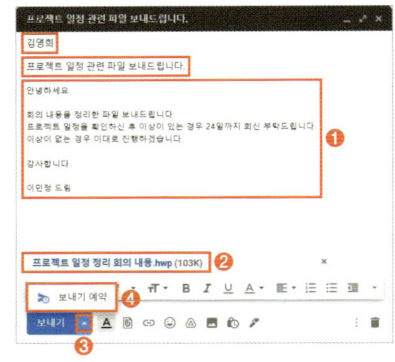

💡 **Plus Tip**
비밀 모드에서는 예약 전송이 불가능합니다.

2 '보내기 예약' 팝업 창에서 [오늘 아침]을 클릭하면 해당 시간에 메일이 예약 전송됩니다.

💡 **Plus Tip**
[날짜 및 시간 선택]을 클릭하면 예약 전송할 특정 날짜와 시간을 지정할 수 있습니다.

> **Upgrade** 메일 보내기 취소

메일을 보내면 '메시지 전송됨'이라는 메시지가 팝업 창으로 나타납니다. 해당 팝업 창에서 [실행취소]를 클릭하면 메일 전송이 취소되고, 다시 메일 작성 창으로 돌아갑니다. 메일 전송 취소 시간은 기본적으로 5초 이내로 설정되어 있고, 메일 설정에서 시간을 변경할 수 있습니다. 또한, 예약 전송한 메일을 취소하려면 편지함 및 라벨 목록에서 [예약됨]을 클릭하고, 취소할 메일을 선택한 후 [보내기 취소]를 클릭하면 됩니다.

Section 03 라벨로 메일 분류하기

라벨 추가하기

1 Gmail 홈페이지(mail.google.com)의 편지함 및 라벨 목록에서 [더보기]를 클릭하고, [새 라벨 만들기]를 선택합니다.

2 '새 라벨' 팝업 창에서 '새 라벨 이름' 입력란에 "Google 알림"을 입력하고, [만들기] 버튼을 클릭합니다.

3 추가한 라벨이 편지함 및 라벨 목록에 나타납니다.

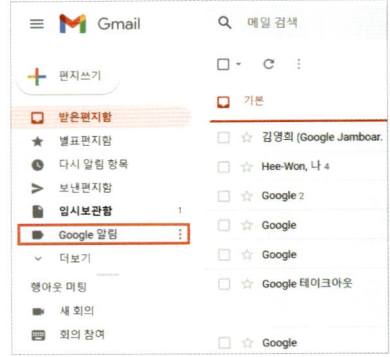

Upgrade 라벨 관리하기

편지함 및 라벨 목록에서 추가한 라벨의 더보기(⋮) 아이콘을 클릭하면 라벨의 색상을 변경할 수 있습니다. [라벨 목록에 적용]에서는 라벨을 편지함 및 라벨 목록에 표시할지의 여부를 선택할 수 있으며, [메일 목록에 적용]에서 [숨기기]를 선택하면 메일 목록에서 라벨을 숨길 수 있습니다. 또한, [수정]을 선택하면 라벨 이름을 변경할 수 있고, [라벨 제거]를 선택하면 라벨을 삭제할 수 있습니다.

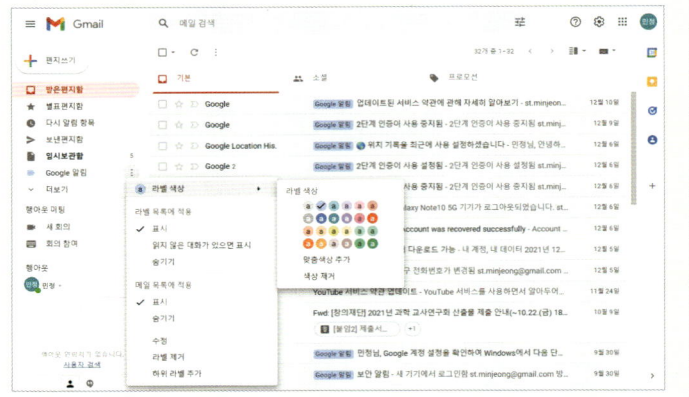

메일을 라벨로 분류하기

1 메일 목록에서 라벨로 분류할 메일을 체크(선택)합니다.

2 메일 관리 메뉴에서 라벨(■) 아이콘을 클릭하고, [Google 알림] 라벨을 선택합니다.

3 선택한 메일들이 'Google 알림' 라벨로 분류됩니다.

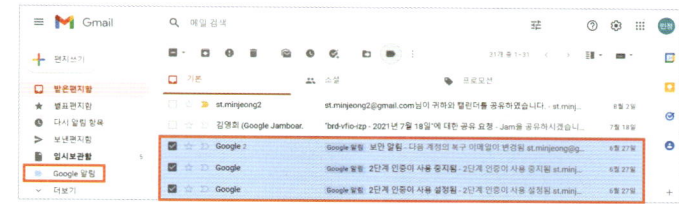

 **Plus Tip**

메일을 라벨로 자동 분류하는 방법은 81쪽을 참고하세요.

Section 04 | 메일 검색과 필터로 자동 분류하기

메일 검색 옵션 사용하기

1 Gmail 홈페이지(mail.google.com)에서 메일 검색란에 있는 검색옵션 표시(≅) 아이콘을 클릭합니다.

2 검색 옵션에서 '보낸사람'에는 "Google for Education"을, '포함하는 단어'에는 "Certification"을 각각 입력하고, [검색] 버튼을 클릭합니다.

3 검색 결과 발신인이 'Google for Education'이면서 'Certification' 단어가 포함된 메일을 확인할 수 있습니다.

Plus Tip

[전체 기간], [첨부파일 있음], [받은 메일] 버튼을 클릭하면 검색 결과 내에서도 각 조건에 맞는 메일만 검색됩니다.

Upgrade 메일 검색 연산자 사용하기

Google 검색에서 검색 연산자를 사용하여 정확한 검색 결과를 얻었던 것처럼 Gmail에서도 검색 연산자를 이용하여 메일 검색 결과를 세부적으로 얻을 수 있습니다.

검색 연산자	검색 옵션
from:	보낸 사람의 이름, 이메일 주소([예] from:test1@gmail.com)
to:	받는 사람의 이름, 이메일 주소([예] to:test2@gmail.com)
cc:	참조인 이름, 이메일 주소([예] cc:민정)
bcc:	숨은 참조인 이름, 이메일 주소([예] bcc:민정)
subject:	메일 제목에 포함된 단어([예] subject:보안 알림)
in:inbox is:inbox	받은편지함의 메일
in:sent is:sent	보낸편지함의 메일
in:read is:read	읽은 메일
in:unread is:unread	읽지 않은 메일
in:anywhere	스팸 및 휴지통을 포함한 모든 폴더에 있는 메일 검색([예] in:anywhere 알림)
OR 또는 { }	여러 검색어 검색([예1] subject:(보안 알림) OR subject:(데이터), [예2] subject:(보안 알림) subject:(데이터))
-	특정 단어가 포함된 결과 제외([예] 보안 알림 -전화번호)
label:	특정 라벨이 있는 메일([예] label:업무)
has:attachment	첨부 파일이 있는 메일
filename:	특정 이름, 특정 파일 형식의 첨부 파일([예1] filename:pdf, [예2] filename:연수준비.pdf)
has:drive has:document has:spreadsheet has:presentation	Google 드라이브, 문서, 스프레드시트, 프레젠테이션 첨부 파일이나 링크가 있는 메일
has:youtube	Youtube 동영상이 있는 메일([예] has:youtube)
" "	정확한 단어, 문구 검색([예] subject:"보안")
before: older:	해당일 이전 메일 검색([예1] before:2021/7/22, [예2] older:2021/7/22)
after: newer:	해당일 이후 메일 검색([예1] after:2021/7/22, [예2] newer:2021/7/22)

받은 메일 자동으로 라벨 분류하기

1 Gmail 홈페이지(mail.google.com)의 메일 검색란에서 검색옵션 표시(🔧) 아이콘을 클릭한 후 '보낸사람'에 "Google"을 입력하고, [필터 만들기] 버튼을 클릭합니다.

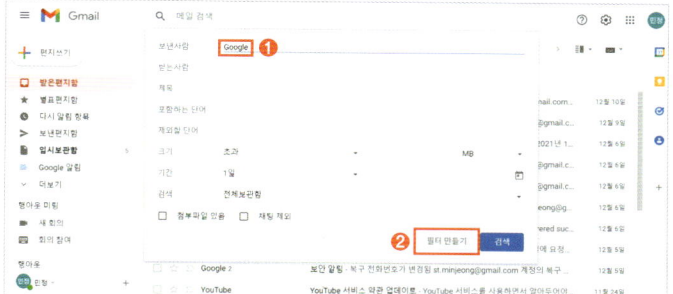

💡 Plus Tip
필터를 만들면 조건에 따라 메일을 보관 처리하거나, 읽은 상태로 표시하거나, 별표 표시하는 등 자동으로 메일을 분류할 수 있습니다.

2 '다음 라벨 적용'을 선택하고, [라벨 선택...]의 목록 단추(▼)를 클릭하여 [Google 알림] 라벨을 선택합니다.

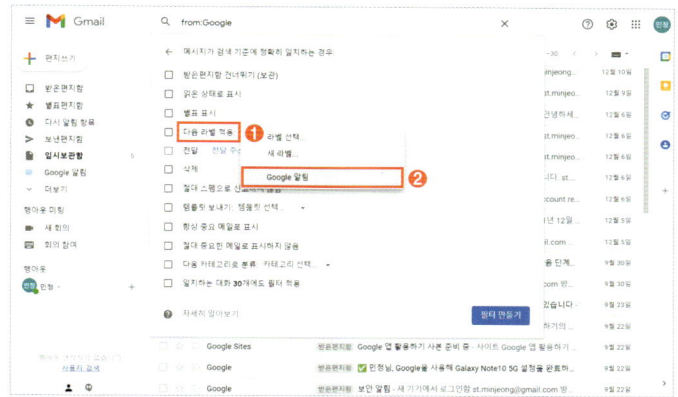

💡 Plus Tip
라벨을 미리 만들어두지 않았다면 [새 라벨...]을 선택하여 라벨을 생성합니다.

3 '일치하는 대화 #개에도 필터 적용'을 선택한 후 [필터 만들기] 버튼을 클릭합니다.

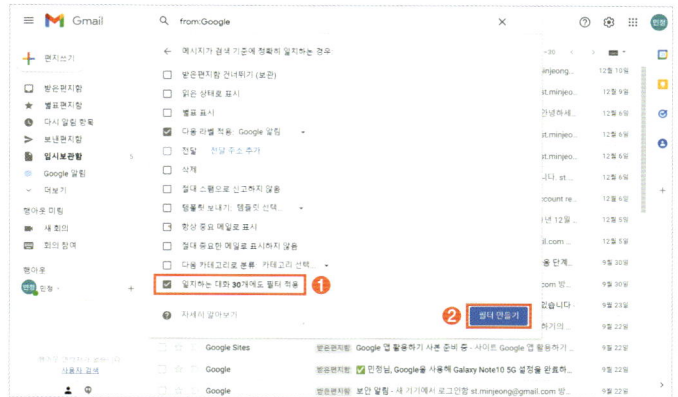

4 발신인이 'Google'인 경우 자동으로 'Google 알림' 라벨이 설정됩니다.

Section 05 | Gmail 테마 변경과 상세 설정하기

빠른 설정에서 Gmail 테마 변경하기

1 Gmail 홈페이지(mail.google.com)에서 설정(⚙) 아이콘을 클릭하고, '테마'의 [모두 보기]를 선택합니다.

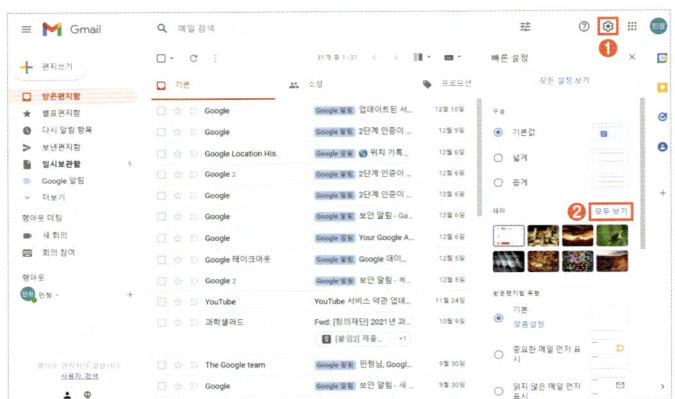

2 '테마 선택' 팝업 창에서 원하는 테마를 선택하고, [저장] 버튼을 클릭합니다.

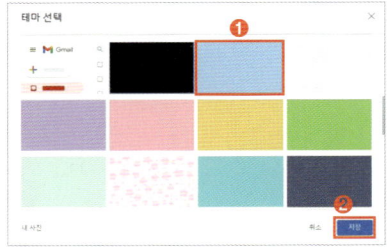

> 💡 **Plus Tip**
>
> [내 사진]을 클릭하면 Google 포토에 업로드한 이미지를 배경으로 사용할 수 있습니다.

Upgrade 빠른 설정 활용하기

빠른 설정에서는 Gmail 화면을 쉽게 변경할 수 있습니다. '구성'에서는 메일 목록 간격을 넓게 또는 좁게 설정할 수 있고, '테마'에서는 여러 테마 중 한 가지를 선택하여 Gmail 배경을 변경할 수 있습니다. 또한, '받은편지함 유형'에서는 [받은편지함] 메일 표시 순서의 기준을 변경할 수 있습니다. '읽기 창'에서는 화면을 분할하여 상세 메일 내용을 표시할지를 선택할 수 있으며, '이메일 대화목록 표시 방법'에서 '대화형식으로 보기'를 해제하면 대화 형식 보기의 사용을 중지할 수도 있습니다.

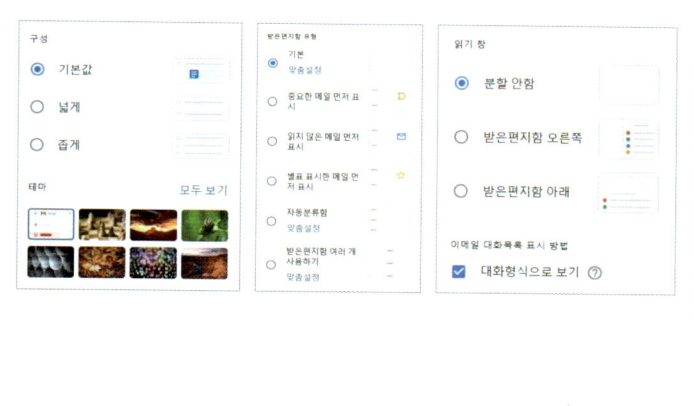

Gmail 상세 설정하기

1. Gmail 홈페이지(mail.google.com)에서 설정(⚙) 아이콘을 클릭하고, [모든 설정 보기] 버튼을 클릭합니다.

2. 설정 페이지에서는 라벨, 받은편지함, 계정, 필터 등 Gmail의 여러 기능과 화면을 설정할 수 있습니다.

보내기 취소 시간 변경하기

메일 전송의 취소 시간은 기본적으로 5초 이내로 설정되어 있는데 [설정 페이지]-[기본설정] 탭의 '보내기 취소'에서 메일 전송의 취소 시간을 변경할 수 있습니다. 전송 취소가 가능한 기간의 목록 단추(⌄)를 클릭하여 원하는 초(10, 20, 30초)를 선택한 후 페이지 하단에서 [변경사항 저장] 버튼을 클릭합니다.

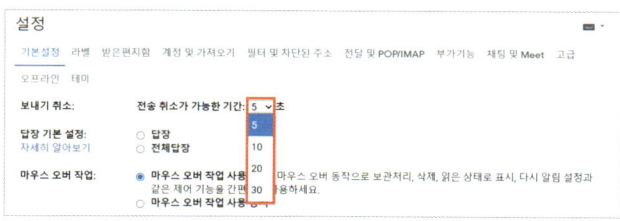

대화형식으로 보기 사용 중지하기

Gmail에서는 기본적으로 보낸 메일, 답장, 재답장을 그룹화하여 하나의 대화형식으로 묶어서 보여줍니다. 만약, 대화형식으로 보기를 중지하면 주고받은 메일을 묶어서 보여주지 않고, 모든 메일을 개별적으로 나타냅니다.

대화형식 사용을 중지하려면 [설정 페이지]-[기본설정] 탭의 '대화형식으로 보기'에서 '대화형식으로 보기 사용 중지'를 선택하고, 페이지 하단에서 [변경사항 저장] 버튼을 클릭합니다.

> **Plus Tip**
>
> 대화형식 사용 여부는 '빠른 설정'의 '이메일 대화목록 표시 방법'에서도 변경할 수 있습니다. 빠른 설정에 대한 자세한 내용은 83쪽을 참고하세요.

데스크톱 알림 사용하기

데스크톱 알림을 사용하면 새 메일이 도착했을 때 컴퓨터 바탕화면에 팝업 알림이 나타납니다. 해당 기능을 사용하려면 Gmail에 로그인이 되어 있어야 하고, Chrome 브라우저에서 Gmail 웹페이지를 열어두어야 합니다.

> **Plus Tip**
>
> Windows 10을 사용하는 경우 [Windows 설정]-[시스템]-[알림 및 작업] 창에서 '앱 알림 받기'의 'Chrome'이 '켬' 상태로 활성화되어 있어야 합니다.

데스크톱 알림을 설정하기 위해서는 [설정 페이지]-[기본설정] 탭의 '데스크톱 알림'에서 [Gmail에서 바탕화면 알림을 사용하려면 여기를 클릭하세요.]를 클릭한 후 나타나는 권한 요청 팝업 창에서 [허용] 버튼을 클릭합니다.

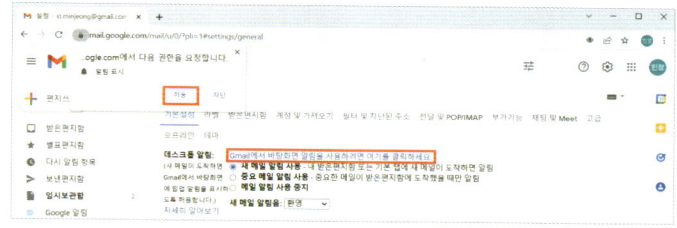

이어서 '데스크톱 알림'에서 '새 메일 알림 사용' 또는 '중요 메일 알림 사용'을 선택한 후 페이지 하단에서 [변경사항 저장] 버튼을 클릭합니다.

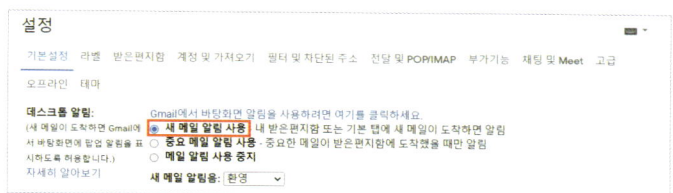

 **Plus Tip**

새 메일 알림음의 목록 단추(∨)를 클릭하면 새 메일 알림음을 변경할 수 있습니다.

오프라인 환경에서 Gmail 사용 설정하기

[설정 페이지]-[오프라인] 탭에서 '오프라인 메일 사용'을 체크하면 오프라인 환경에서도 메일을 확인하고, 전송할 수 있습니다. 오프라인 환경에서 메일을 보냈다면 작성한 메일은 인터넷이 연결된 이후 전송됩니다. 오프라인 Gmail은 Chrome 브라우저에서만 사용할 수 있고, 90일 이내의 메일만 저장되는데 '동기화 설정'에서 메일을 저장할 수 있는 기간을 변경할 수 있습니다. 개인 컴퓨터라면 '보안'에서 '컴퓨터에 오프라인 데이터 보관'을 선택하여 로그아웃 이후에도 데이터를 보관하는 것이 좋습니다. 공용 컴퓨터라면 보안에 취약할 수 있으니 '컴퓨터에서 오프라인 데이터 삭제'를 선택하여 로그아웃 이후 데이터를 삭제하는 것이 좋습니다. '컴퓨터에서 오프라인 데이터 삭제'를 선택하면 로그인 할 때마다 동기화 해야 하기 때문에 시간이 소요된다는 점을 감안해야 합니다. [변경사항 저장] 버튼을 클릭하여 사용 설정을 마치면 오프라인 환경에서도 Gmail을 사용할 수 있습니다.

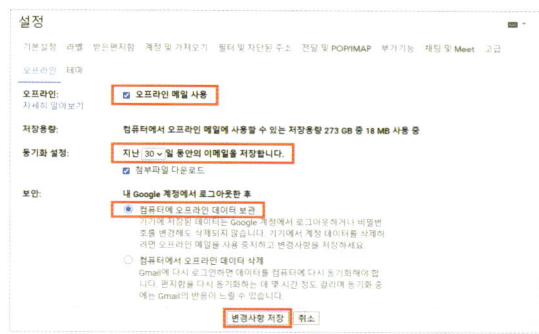

 **Plus Tip**

'오프라인 메일 사용'을 설정한 후 오프라인 상태에서 Gmail을 사용하려면 받은편지함에서(Ctrl+D) 키를 눌러 북마크로 처리하는 것이 좋습니다. 북마크에 대한 자세한 내용은 26쪽을 참고하세요.

Upgrade — Gmail 연락처 자동 저장

Gmail로 연락처를 주고받으면 기본적으로 연락처가 주소록의 '기타 연락처'에 저장됩니다. 따라서 Gmail에서 이메일 주소를 입력할 때 기타 연락처에 저장된 이메일 주소들이 자동 완성으로 나타나게 됩니다. 연락처가 자동으로 주소록의 '기타 연락처'에 저장되지 않게 하려면 [기본설정] 탭에서 '자동 완성을 위해 연락처 자동 추가'를 '내가 직접 연락처 추가'로 설정한 후 페이지 하단에서 [변경사항 저장] 버튼을 클릭합니다.

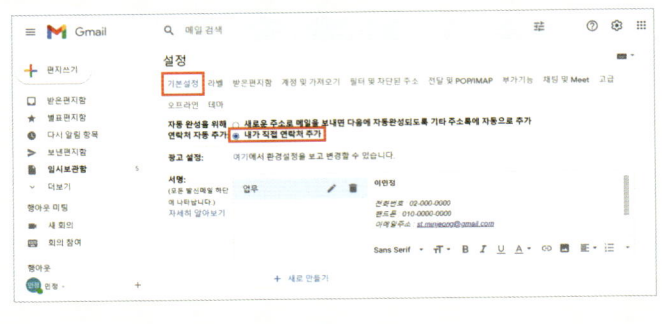

Section 06 서명/자동응답/템플릿 활용하기

이메일 서명 만들기

1 설정 페이지의 [기본설정] 탭에서 '서명'에 있는 [새로 만들기] 버튼을 클릭합니다.

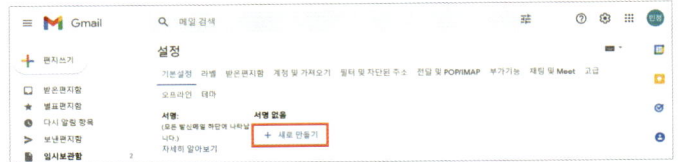

2 [새 서명 이름 지정] 대화 상자에서 '서명 이름' 입력란에 "업무"를 입력하고, [만들기] 버튼을 클릭합니다.

3 서명 이름 옆에 이메일 서명 내용을 입력하고, '서명 기본값'을 모두 [업무]로 설정한 후 페이지 하단에서 [변경사항 저장] 버튼을 클릭합니다.

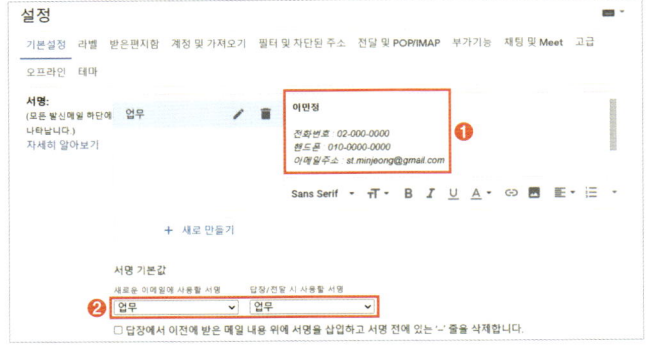

💡 Plus Tip

여러 개의 서명을 한 번에 만들려면 [새로 만들기] 버튼을 클릭합니다. 서명의 이름을 변경하려면 서명 이름 수정(✏) 아이콘을 클릭하고, 서명을 완전히 삭제하려면 서명 삭제(🗑) 아이콘을 클릭합니다.

 새 메일 작성 시 서명 내용이 자동으로 입력됩니다.

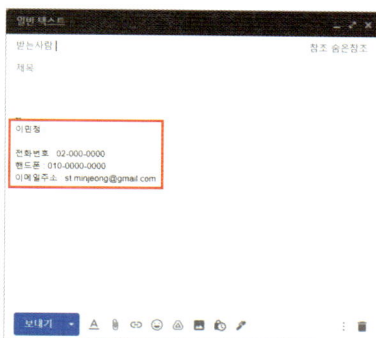

Plus Tip
여러 개의 서명을 만든 경우는 새 메일 창 하단의 서명 삽입( ) 아이콘을 클릭한 후 여러 개의 서명 중 한 가지를 선택하여 삽입합니다.

자동응답 기능 사용하기

 설정 페이지의 [기본설정] 탭에서 '부재중 자동응답'에 있는 '부재중 자동응답 켜기'를 선택하고, 시작일과 종료일을 설정합니다.

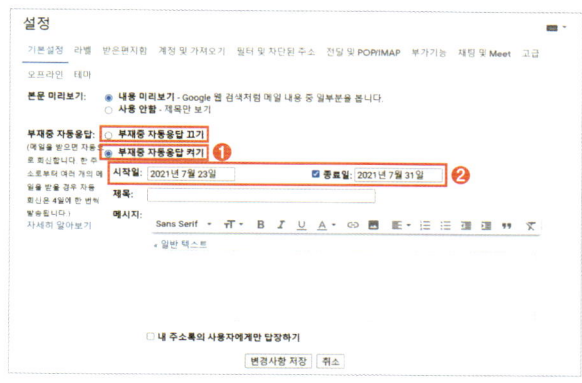

Plus Tip
시작일은 기본적으로 당일로 설정되며, 종료일은 선택 사항입니다.

2 자동응답 메일의 제목과 메시지 내용을 입력하고, [변경사항 저장] 버튼을 클릭합니다.

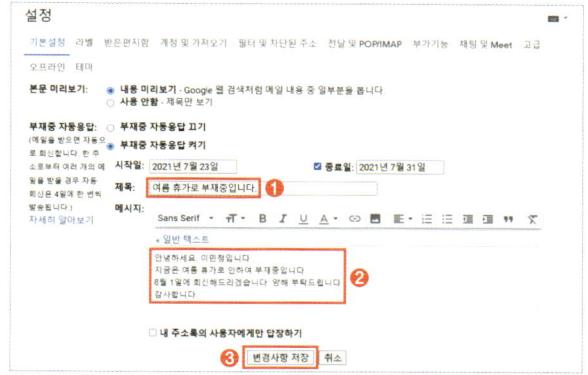

3 자동응답을 설정하면 Gmail 상단에 자동응답이 나타나는데 [지금 종료]를 클릭하면 자동응답이 종료되고, [부재중 자동응답]을 클릭하면 설정 페이지에서 자동응답 메일 내용을 수정할 수 있습니다.

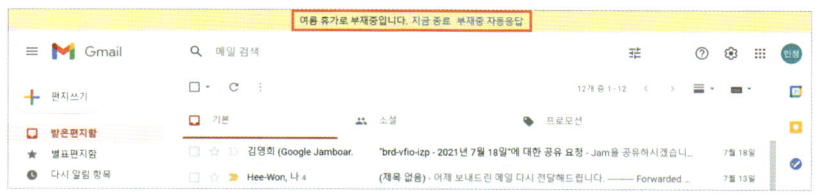

템플릿 만들기

1 설정 페이지의 [고급] 탭에서 '템플릿'에 있는 '사용'을 선택하고, [변경사항 저장] 버튼을 클릭합니다.

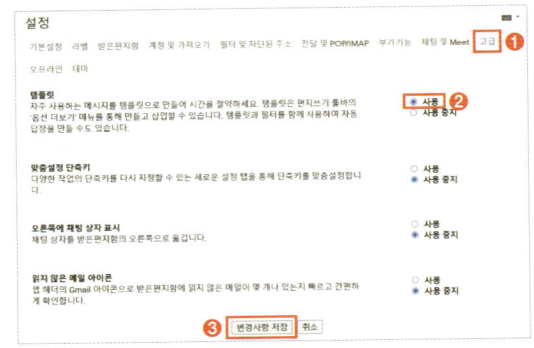

> **Plus Tip**
> 자주 쓰는 문구나 내용을 템플릿으로 지정하면 일일이 입력하는 번거로움을 줄여줍니다.

2 새 메일 창에서 템플릿으로 저장할 내용을 입력한 후 옵션 더보기(:) 아이콘을 클릭하고, [템플릿]-[템플릿으로 임시보관 메일 저장]-[새 템플릿으로 저장]을 선택합니다.

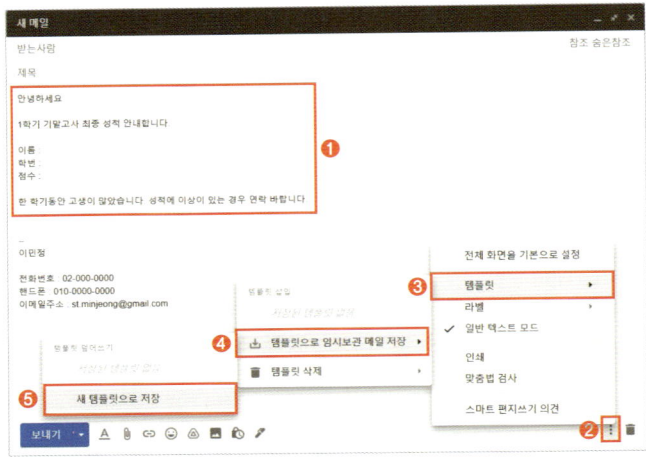

3 [새 템플릿 이름 입력] 대화 상자에서 템플릿 이름으로 "1학기 기말고사 성적 안내"를 입력하고, [저장] 버튼을 클릭합니다.

4 메일을 보낼 때 새 메일 창에서 옵션 더보기(:) 아이콘을 클릭하고, [템플릿]-[1학기 기말고사 성적 안내]를 선택하면 템플릿으로 지정한 내용이 자동으로 입력됩니다.

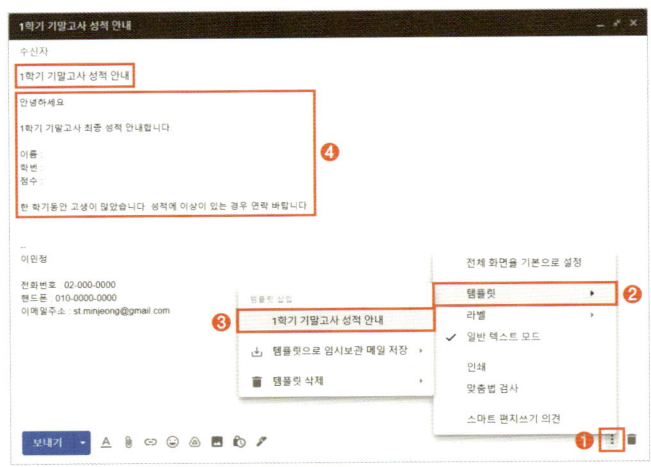

Chapter 03 Meet로 화상 회의하기

비대면 시대에서 Meet와 함께라면 언제 어디서든 전 세계 사람들과 안부를 나누고 원격 회의를 진행할 수 있습니다. 원격 업무에 가장 효율적으로 사용할 수 있는 화상 통화 앱인 Meet의 다양한 사용 방법을 알아보겠습니다.

Section 01 회의 시작하기 및 참여하기

새 회의 시작하기

1 Meet 홈페이지(meet.google.com)에서 [새 회의] 버튼을 클릭합니다.

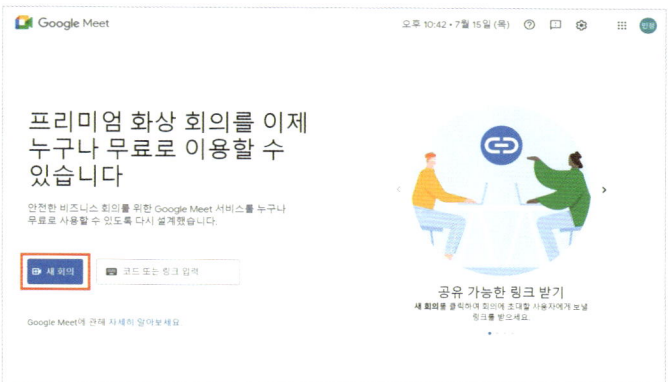

2 바로 가기 메뉴가 나타나면 [즉석 회의 시작]을 선택하여 Meet 회의실을 생성합니다.

 **Plus Tip**

[나중에 진행할 회의 만들기]를 선택하면 회의 링크가 생성되어 나중에 사용할 수 있는데 해당 링크를 복사하여 다른 회의 참가자에게 전달하면 됩니다.

Upgrade Google Calendar에서 일정 예약

[새 회의]-[Google Calendar에서 일정 예약]을 선택하면 Google 캘린더에서 Meet 링크가 포함된 일정을 추가할 수 있습니다. 이때, '참석자 추가' 입력란에 회의 참석자의 이메일 주소를 입력하면 참석자의 캘린더에도 Meet 링크가 포함된 일정이 추가됩니다. 또한, 참석자에게 이메일을 발송하여 일정을 알릴 수 있으며, 회의에 필요한 자료를 첨부 파일로 추가할 수도 있습니다. Meet 링크가 포함된 Google 캘린더 일정에 대한 자세한 내용은 122쪽을 참고하세요.

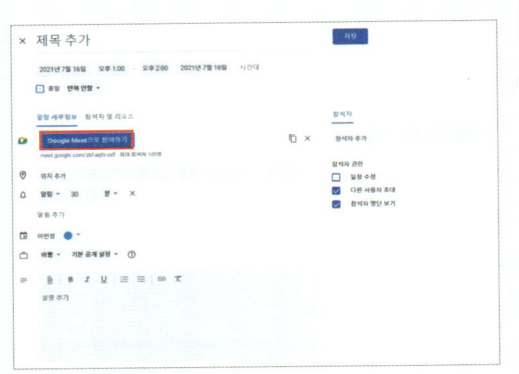

복사해 둔 링크로 회의 참여하기

1 Meet 홈페이지(meet.google.com)에서 '코드 또는 링크 입력'에 복사해 둔 Meet 링크를 입력하거나 회의 코드를 입력하고, [참여]를 클릭합니다.

 **Plus Tip**

회의 코드는 '-'를 빼고 입력해도 되며, Meet 링크를 주소 창에 붙여넣어도 Meet 회의실에 참여할 수 있습니다. 캘린더에 예약된 회의가 있다면 Meet 홈페이지에 일정이 나타나므로 클릭 시 바로 참여할 수 있습니다.

2 입장 화면에서 [오디오 및 영상 확인] 버튼을 이용하여 마이크와 카메라를 점검하고, [지금 참여하기] 버튼을 클릭하여 회의실에 입장합니다.

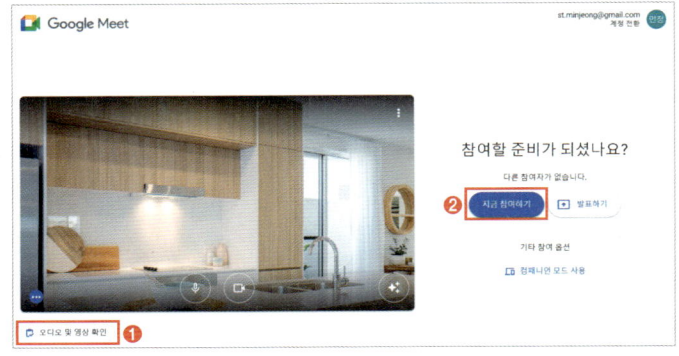

💡 Plus Tip

시각 효과 적용() 아이콘을 클릭하면 배경 화면을 바꾸거나 배경을 블러 처리할 수 있습니다. [발표하기] 버튼을 클릭하면 카메라 화면이 나타나지 않고 나의 화면을 공유합니다. [발표하기] 버튼을 클릭하여 회의에 참여한 경우 다른 사람들의 화면을 볼 수 없고, 기능이 제한됩니다. [컴패니언 모드 사용]을 클릭하면 마이크와 카메라 기능이 꺼진 상태로 회의에 참여하며 화면 공유, 채팅 등을 사용할 수 있습니다. 따라서 여러 기기가 함께 있는 공간에서 대표 기기는 컴패니언 모드를 사용하지 않고, 나머지 기기는 컴패니언 모드를 사용하면 에코(오디오 피드백) 없이 회의를 할 수 있습니다.

Upgrade 회의실 호스트와 참가자

캘린더에 회의를 예약하거나 최초로 회의실을 오픈한 호스트는 사용자 초대, 사용자 퇴장, 사용자 음소거 등의 권한을 가집니다. 호스트가 주최한 회의에 참여하기 위해서는 입장 화면에서 [참여 요청] 버튼을 클릭하고, 호스트가 입장 수락을 한 다음에 참여할 수 있습니다. 단, Meet 회의실에서 [사용자 추가]를 통해 참가자를 초대한 경우는 별도의 요청 과정 없이 바로 참여할 수 있습니다.

Meet 회의실 화면 살펴보기

❶ **참석자 화면** : 회의 참석자들의 카메라 영상을 보여줍니다. 참석자가 여러 명일 경우 마우스 포인터를 올리면 나타나는 기본 화면에 #님의 영상을 고정합니다(📌) 아이콘을 이용하여 레이아웃을 변경할 수 있습니다. 또한, 회의 호스트는 마우스 포인터를 올리면 나타나는 음소거(🎤) 아이콘, 통화에서 #님 퇴장시키기(➖) 아이콘을 이용하여 참석자들을 음소거하거나 퇴장시킬 수 있습니다.

❷ **내 화면** : 나의 카메라 영상을 보여줍니다. 마우스 포인터를 올리면 나타나는 기본 화면에 내 영상을 고정합니다(📌) 아이콘과 타일로 표시(⚏) 아이콘, 최소화(✱) 아이콘을 이용하여 내 화면의 레이아웃을 변경할 수 있습니다. 화면 레이아웃에 대한 자세한 내용은 99쪽을 참고하세요.

❸ **회의코드** : 현재 Meet 회의실의 회의코드를 보여줍니다.

❹ **마이크 켜기/마이크 끄기** : 클릭 시 마이크를 켜고 끌 수 있습니다.

❺ **카메라 켜기/카메라 끄기** : 클릭 시 카메라를 켜고 끌 수 있습니다.

❻ **자막 사용** : Meet 회의에서 자막을 사용합니다. 한국어 자막은 지원되지 않습니다.

❼ **발표 시작** : 내 컴퓨터의 전체 화면/창/탭 화면을 참석자들과 공유합니다. 화면 발표에 대한 자세한 내용은 103쪽을 참고하세요.

❽ **옵션 더보기** : 화이트보드를 사용하거나, 레이아웃을 변경하거나, 배경을 변경하는 등 다양한 옵션을 사용할 수 있습니다. 옵션 더보기의 다양한 기능에 대한 자세한 내용은 97, 101, 102쪽을 참고하세요.

❾ **통화에서 나가기** : Meet 회의실에서 퇴장합니다.

❿ **회의 세부정보** : Meet 회의실 링크가 나타납니다. Google 캘린더에 예약된 회의 중 첨부 파일이 있는 회의는 첨부 파일이 나타납니다.

⓫ **모두 표시** : 통화중인 사용자 목록을 보여주며, 회의 호스트는 이메일 주소를 이용해 참석자를 초대하거나, 참석자를 음소거하거나, 퇴장시킬 수 있습니다.

⓬ **모든 사용자와 채팅** : 채팅 창을 열고 채팅을 시작합니다.

⓭ **활동** : 회의 참석자와 공유하는 화이트보드를 생성합니다. Google Workspace 사용자라면 다양한 기능이 나타납니다.

⓮ **주최자 컨트롤** : 회의 호스트에게만 나타납니다. 화면 공유, 채팅 메시지 보내기, 마이크 또는 영상 켜기 등 회의 중 호스트를 제외한 회의 참석자가 할 수 있는 작업을 설정합니다. 주최자 컨트롤에 대한 자세한 내용은 96쪽을 참고하세요.

> **Upgrade** Google Workspace에 포함된 프리미엄 Meet 기능

조직을 대상으로 하는 Google Workspace에는 프리미엄 Meet 기능이 포함되어 있습니다. Google Workspace for Business, Google Workspace for Education에는 개인 사용자가 사용할 수 없는 녹화 기능, 손들기 기능, 설문 조사 및 Q&A 기능, 소그룹 채팅방 등의 기능이 포함됩니다. Google Workspace 요금제에 따라 사용할 수 있는 기능의 범위가 달라집니다. 또한, 개인 계정은 1시간 동안만 3명 이상의 그룹 회의가 가능하지만 Google Workspace 계정은 24시간이 가능하며, 개인 계정에서보다 더 많은 인원이 그룹 회의에 참여할 수 있습니다.

구분	개인 계정	Business Standard	Enterprise Standard	Education Fundamentals	Education Plus
3명 이상 그룹 회의 최대 길이	1시간	24시간	24시간	24시간	24시간
참석 인원 제한	100명	150명	500명	100명	500명
회의 녹화		○	○		○
손들기		○	○	○	○
설문 조사		○	○		○
Q&A		○	○		○
소그룹 채팅방		○	○		○
주변 소음 제거		○	○		○
출석 보고서 작성			○		○
실시간 스트리밍			○		○

Section 02 사용자 관리하기

사용자 초대하기

1 Meet 회의실 오른쪽 하단에서 모두 표시() 아이콘을 클릭합니다.

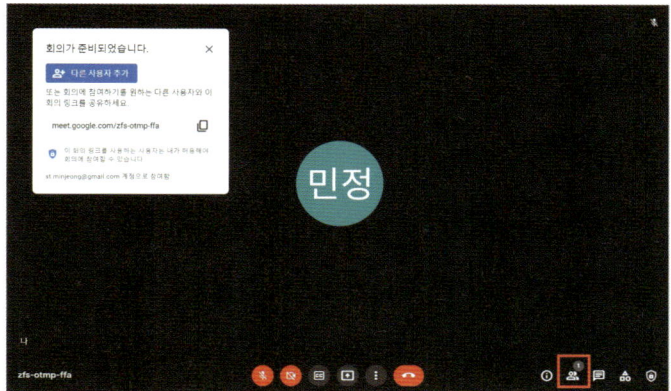

> 💡 **Plus Tip**
> 회의가 시작되면 나타나는 '회의가 준비되었습니다.' 창에서 [다른 사용자 추가] 버튼을 클릭해도 사용자를 추가할 수 있습니다.

2 '사용자' 창에서 [사용자 추가]를 클릭합니다.

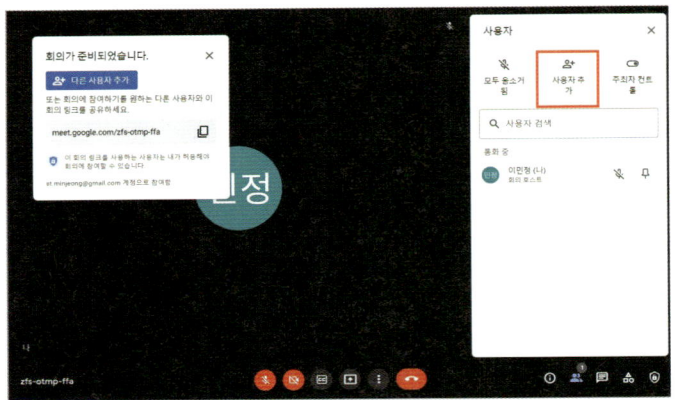

3 '사용자 추가' 팝업 창에서 '이름 또는 이메일 입력' 입력란에 초대할 사용자의 이메일을 입력하고, [수신자 추가]를 클릭한 후 [이메일 보내기] 버튼을 클릭합니다.

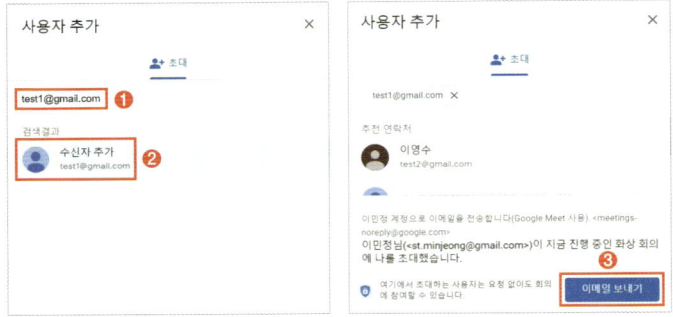

💡 **Plus Tip**

'추천 연락처'에는 이전에 자주 연락했던 사람의 이메일 주소가 나타납니다.

4 초대된 사용자는 이메일로 Meet 회의실 링크를 받게 되며, [컨퍼런스콜 참여] 버튼을 클릭하여 회의실에 바로 입장할 수 있습니다.

💡 **Plus Tip**

이메일로 초대를 받은 경우 회의 참여 시 별도의 요청 과정 없이 바로 회의실로 입장할 수 있습니다.

참석자 음소거하기

1 Meet 회의실 오른쪽 하단에서 모두 표시(👥) 아이콘을 클릭합니다.

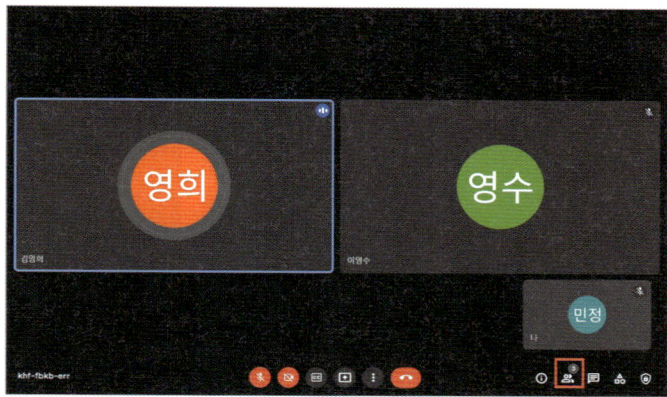

2 '사용자' 창에서 음소거할 사용자 오른쪽에 있는 ###님의 마이크 음소거(🔊) 아이콘을 클릭한 후 팝업 창이 나타나면 [음소거]를 클릭합니다.

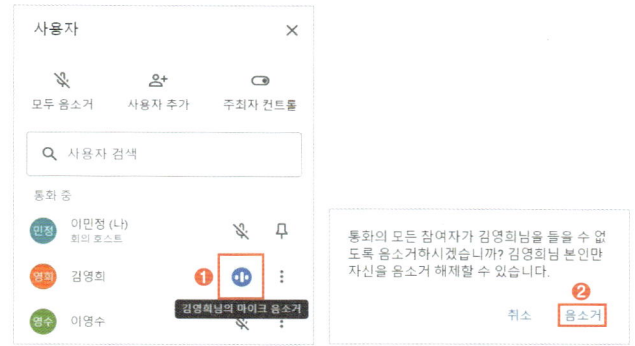

💡 Plus Tip

[모두 음소거]를 클릭하면 회의에 참석한 모든 사용자들을 한 번에 음소거 할 수 있습니다. 회의 호스트는 사용자의 마이크를 음소거 할 수는 있지만 음소거 해제는 할 수 없습니다. 음소거를 해제하려면 개별 사용자가 직접 음소거를 해제해야 합니다.

참석자 퇴장시키기

1 Meet 회의실 오른쪽 하단에서 모두 표시(👥) 아이콘을 클릭합니다.

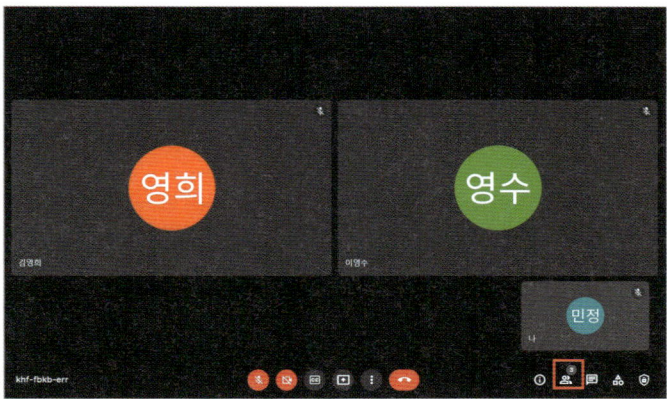

2 '사용자' 창에서 퇴장시킬 참석자의 추가 작업(:) 아이콘을 클릭합니다.

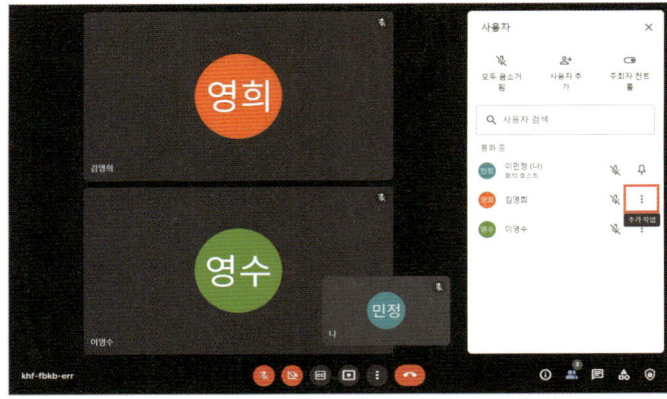

3 메뉴가 나타나면 [통화에서 퇴장시키기]를 선택하고, 팝업 창에서 [퇴장]을 클릭합니다.

주최자 컨트롤 사용하기

회의를 주최한 호스트는 다른 사용자의 화면 공유, 채팅, 마이크와 영상 켜기를 제한할 수 있습니다. Meet 회의실 오른쪽 하단에서 주최자 컨트롤( ) 아이콘을 클릭하면 '주최자 컨트롤' 창이 나타납니다. 주최자 컨트롤( ) 아이콘은 호스트에게만 나타납니다. '주최자 컨트롤' 창에서 '모든 사용자'의 '참여자 화면 공유'를 비활성화하면 호스트를 제외한 다른 사용자들은 탭, 창, 전체 화면 발표가 불가능합니다. '채팅 메시지 보내기'를 비활성화하면 다른 사용자들은 채팅할 수 없습니다. '마이크 켜기'와 '영상 켜기'를 비활성화하면 다른 사용자들은 마이크와 카메라를 켤 수 없습니다. '호스트 관리'를 비활성화하면 다른 사용자의 회의 참여를 허가하거나, 다른 사용자를 퇴장시키거나, 다른 사용자의 마이크를 끄는 등 모든 참여자가 호스트의 역할을 수행할 수 있습니다.

 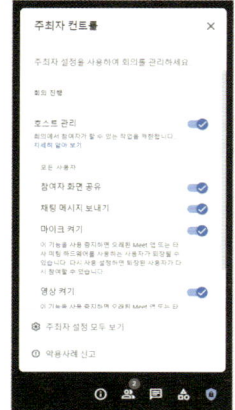

Section 03   회의 중 채팅과 화이트보드 사용하기

회의 중 메시지 보내기

1 Meet 회의실 오른쪽 하단에서 모든 사용자와 채팅(▣) 아이콘을 클릭합니다.

2 '모든 사용자에게 메시지 보내기' 입력란에 전송할 메시지를 입력하고, 메시지 보내기(▷) 아이콘을 클릭합니다.

💡 Plus Tip

화상 회의 중 채팅 내용은 저장되지 않습니다. 회의 호스트는 '모든 사용자가 메시지를 보낼 수 있도록 허용'을 활성화하거나 비활성화하여 회의 참석자들의 채팅 가능 여부를 설정할 수 있습니다.

화이트보드(Jam) 사용하기

1 Meet 회의실 하단에서 옵션 더보기 (⋮) 아이콘을 클릭하고, 메뉴에서 [화이트보드]를 선택합니다.

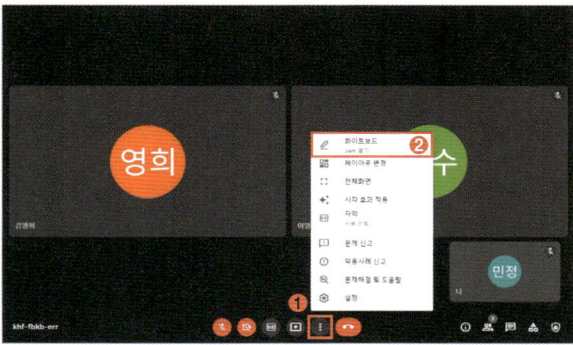

2 '화이트보드' 창에서 [새 화이트보드 시작] 버튼을 클릭하면 Jamboard 창이 열립니다.

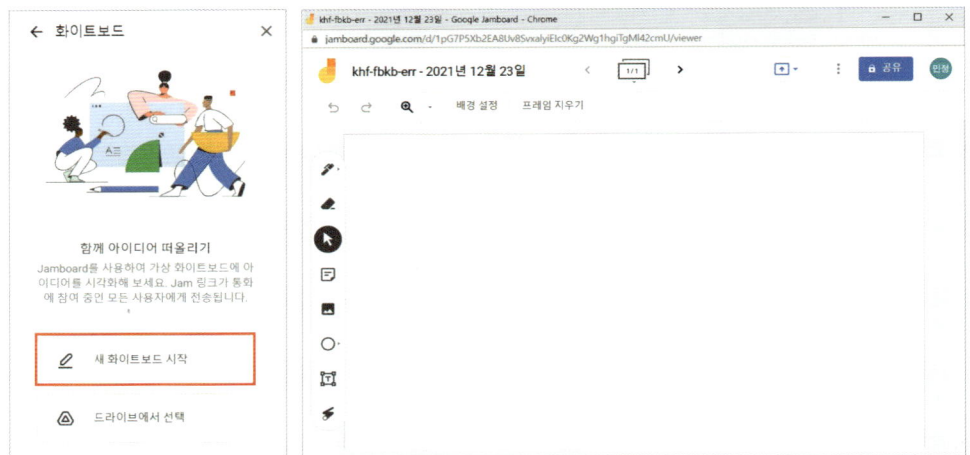

💡 Plus Tip

[드라이브에서 선택] 버튼을 클릭하면 Google 드라이브에 저장된 Jamboard 파일을 불러올 수 있습니다. [새 화이트보드 시작] 버튼을 클릭한 후 [수신자에게 파일 액세스 권한을 부여해야 함] 대화 상자가 나타나면 회의 참석자에게 [수정] 권한을 부여합니다. 회의에서 표시(▣) 버튼을 클릭하면 Jamboard 화면을 Meet 회의실에 공유하여 참석자들과 함께 볼 수 있습니다.

3 화면 오른쪽 상단에서 [공유] 버튼을 클릭한 후 '사용자 및 그룹과 공유' 팝업 창에서 '사용자 및 그룹 추가' 입력란에 회의 참가자의 이메일을 입력하고, Enter 키를 누릅니다.

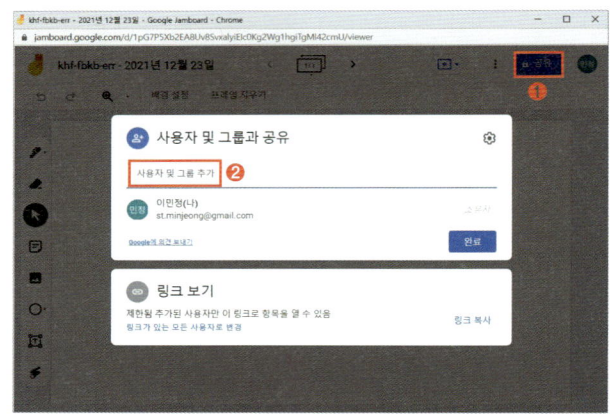

4 '편집자' 권한이 설정되어 있는지 확인하고, [보내기] 버튼을 클릭합니다.

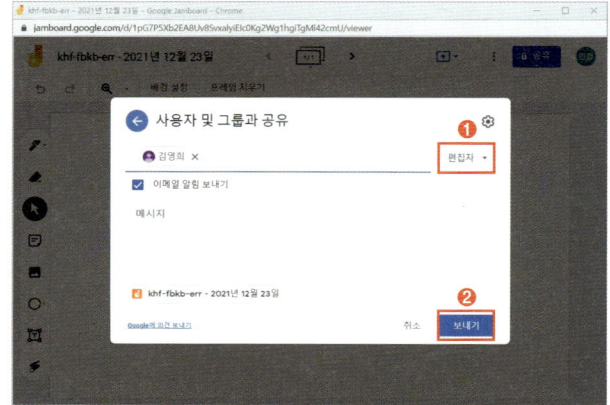

5 참석자는 회의 중 메시지에서 Jamboard 링크를 클릭하여 화이트보드를 사용할 수 있습니다.

> **Upgrade**　**Jamboard 편집자 및 뷰어 권한**
>
> 화이트보드를 만든 사람이 다른 참가자에게 편집자 또는 뷰어 권한을 주지 않은 경우 참가자는 화이트보드를 보거나 편집할 수 없습니다. 권한이 없는 참가자가 회의 중 메시지에서 Jamboard 링크를 클릭하면 액세스 권한을 요청하는 페이지가 나타나는데 [액세스 요청] 버튼을 클릭하여 권한을 요청해야 합니다. 이 경우 Jamboard 소유자는 권한을 요청하는 메일을 받게 됩니다. Jamboard 소유자는 참가자를 편집자 또는 뷰어로 추가하거나 [링크가 있는 모든 사용자로 변경]을 클릭하여 링크를 가진 모든 사람들이 Jamboard를 볼 수 있도록 변경해야 합니다. 파일 편집자 권한, 뷰어 권한에 대한 자세한 내용은 184쪽을 참고하세요.
>
>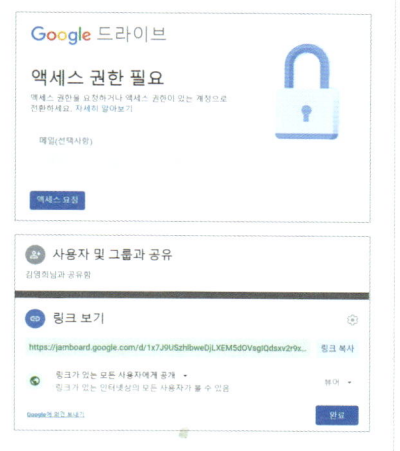

Section 04　레이아웃과 배경 변경하기

내 화면 레이아웃 변경하기

두 명이 화상 회의를 하는 경우 내 화면은 기본적으로 오른쪽 하단에서 플로팅 화면으로 나타납니다. 플로팅 화면은 드래그하여 네 모서리 끝으로 위치를 변경할 수 있고, 가장자리를 드래그하여 화면 크기를 변경할 수도 있습니다.

플로팅 화면에 마우스 포인터를 올리면 세 개의 아이콘이 나타납니다. 기본 화면에 내 영상을 고정합니다(📌) 아이콘을 클릭하면 내 화면이 기본 화면으로 고정됩니다. 타일로 표시(🔳) 아이콘을 클릭하면 다른 참가자들의 화면처럼 내 화면이 타일로 전환됩니다. 최소화(✖) 아이콘을 클릭하면 플로팅 화면 대신 최소화된 화면을 볼 수 있습니다.

💡 Plus Tip
내 화면을 최소화한 경우 다른 참가자는 내 화면이 정상 크기로 보입니다.

세 명 이상의 참가자가 화상 회의를 하거나 발표 화면이 추가되면 내 화면이 다른 참가자들처럼 플로팅 화면 대신 타일로 나타납니다. 플로팅 화면과 타일 화면은 자유자재로 전환할 수 있습니다. 화면에 마우스 포인터를 올렸을 때 나타나는 타일로 표시(🔳) 아이콘과 이 타일 삭제(🔳) 아이콘을 클릭하면 됩니다.

전체 레이아웃 변경하기

Meet 회의실 레이아웃은 회의실 하단에서 옵션 더보기( ) 아이콘을 클릭하고, 메뉴에서 [레이아웃 변경]을 선택하면 변경할 수 있습니다. '레이아웃 변경' 팝업 창에서 '자동', '타일식', '스포트라이트', '사이드바' 중 한 가지를 선택할 수 있으며, '타일식'을 선택했다면 한 번에 표시되는 창의 타일 최대 개수를 변경할 수 있습니다.

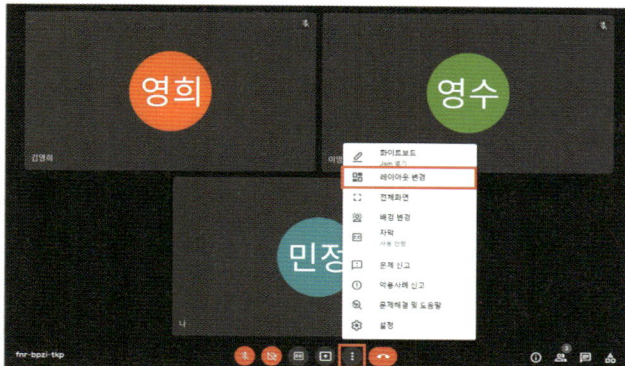

'자동' 레이아웃은 상황에 따라 Meet가 자동으로 레이아웃을 변경하는 것입니다. '타일식' 레이아웃은 최대 49개의 타일을 한 번에 보여줍니다. 한 번에 보이는 타일 개수를 변경하려면 '레이아웃 변경' 팝업 창에서 '타일'의 슬라이더를 좌우로 이동시키면 됩니다.

'스포트라이트' 레이아웃은 발언 중인 참가자의 화면이나 발표 화면이 전체 화면으로 나타납니다. '사이드바' 레이아웃은 발언 중인 참가자의 화면이나 발표 화면이 왼쪽에 크게 나타나고, 나머지 참가자의 화면은 오른쪽에 작게 나타납니다.

> **Upgrade** '타일' 레이아웃인데 '사이드바' 레이아웃처럼 나타나는 경우

Meet 레이아웃을 '타일'로 설정했음에도 불구하고 '사이드바'처럼 나타나는 경우가 있습니다. 화면 공유가 시작되고, 발표 화면이 추가되면 자동으로 발표 화면이 왼쪽에 기본 화면으로 크게 나타나고, 나머지 참가자는 오른쪽에 배열됩니다. 발표 화면을 작게 보고 싶거나 모든 참가자들의 화면을 한눈에 보고 싶다면 발표 화면에 마우스 포인터를 올리고 기본 화면에서 프레젠테이션을 고정 해제합니다( ) 아이콘을 클릭하면 됩니다.

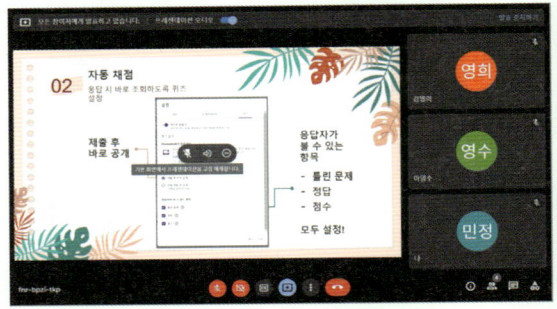 

카메라 배경 변경하기

1 Meet 회의실 하단에서 옵션 더보기 ( ) 아이콘을 클릭하고, 메뉴에서 [시각 효과 적용]을 선택합니다.

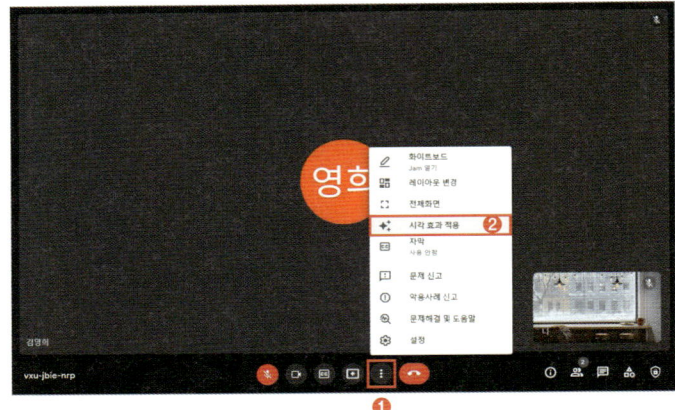

2 '효과' 창에서 원하는 배경을 선택합니다.

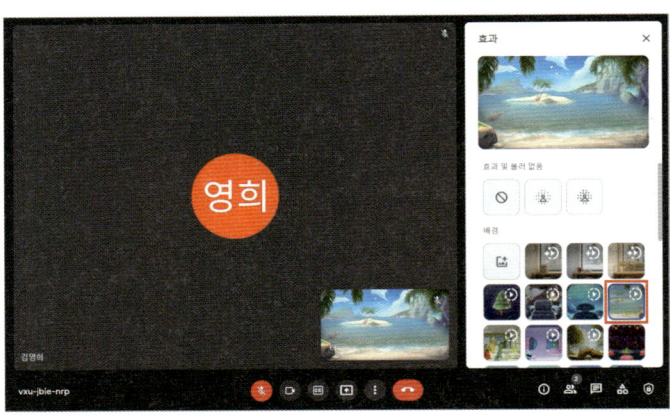

> 💡 **Plus Tip**
>
> [배경 이미지 업로드()] 버튼을 클릭하면 컴퓨터에 저장된 이미지를 배경으로 가져올 수 있습니다. 한 번 가져온 배경은 [맞춤 이미지]로 나타나며, 다른 회의실에서도 사용할 수 있습니다.

Section 05 화면 발표하기

탭 공유하기

1 Meet 회의실 하단에서 발표 시작(▣) 아이콘을 클릭하고, [탭]을 선택합니다.

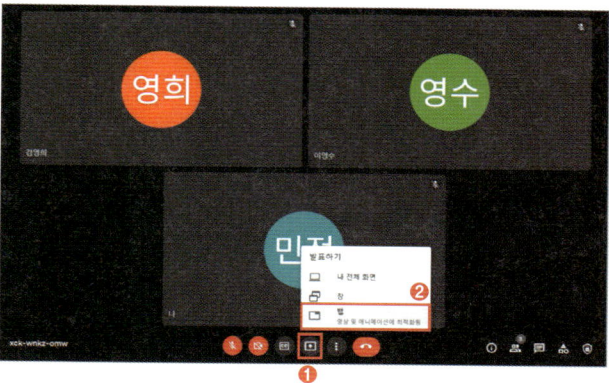

2 'Chrome 탭 공유' 팝업 창에서 화면을 공유할 탭을 선택하고, 미리보기 화면에서 해당 탭이 맞는지 확인한 후 '탭 오디오 공유'가 체크되어 있는지 확인한 다음 [공유] 버튼을 클릭합니다.

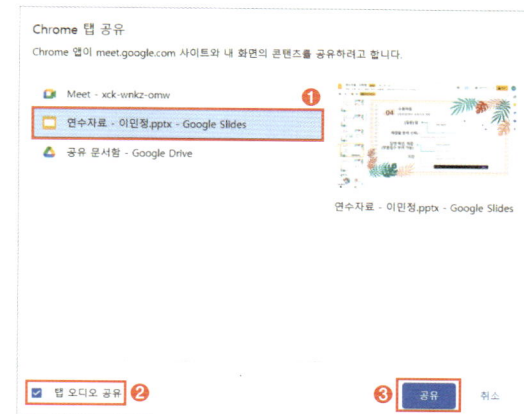

💡 Plus Tip
동영상 등 음악이 포함된 탭을 공유하는 경우 '탭 오디오 공유'가 체크 되어야 음악이 함께 송출됩니다.

3 화면을 공유한 탭이 기본 화면에 고정으로 나타납니다.

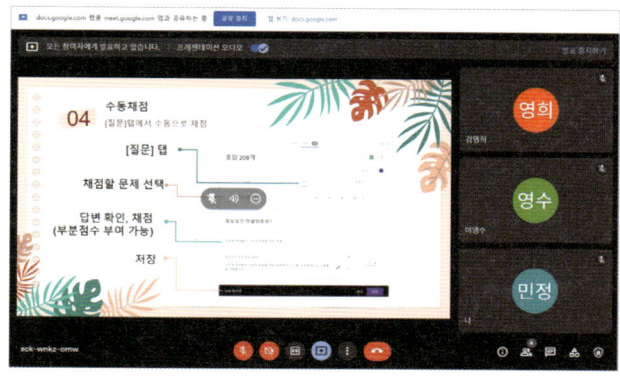

💡 Plus Tip
발표 화면에 마우스 포인터를 올리고 기본 화면에서 프레젠테이션을 고정 해제합니다(📌) 아이콘을 클릭하면 발표 화면을 기본 화면이 아닌 일반 타일로 작게 볼 수 있습니다.

Upgrade 　내 전체 화면, 창, 탭 공유의 차이

발표 시작(▣) 아이콘을 클릭하면 [내 전체 화면], [창], [탭] 중 한 가지를 선택하여 화면 공유를 할 수 있습니다. 상황이나 필요에 따라 선택하여 사용하면 됩니다.

구분	특징
내 전체 화면	내가 보고 있는 컴퓨터 화면을 그대로 공유합니다. 화면에서 다른 창을 열거나 Chrome 브라우저를 열면 보이는 화면을 그대로 공유하는데 오디오를 공유할 수는 없습니다.
창	한글 문서 창, Excel 창 등 특정 창만을 공유합니다. 해당 창 이외에 다른 창을 열거나 Chrome 브라우저를 사용해도 Meet 회의실에는 공유한 창만이 나타나는데 오디오를 공유할 수 없습니다.
탭	Chrome 브라우저의 탭을 공유합니다. 다른 계정으로 로그인한 탭도 공유할 수 있고, 오디오를 공유할 수도 있습니다. 영상 등을 발표해야 할 때 유용합니다.

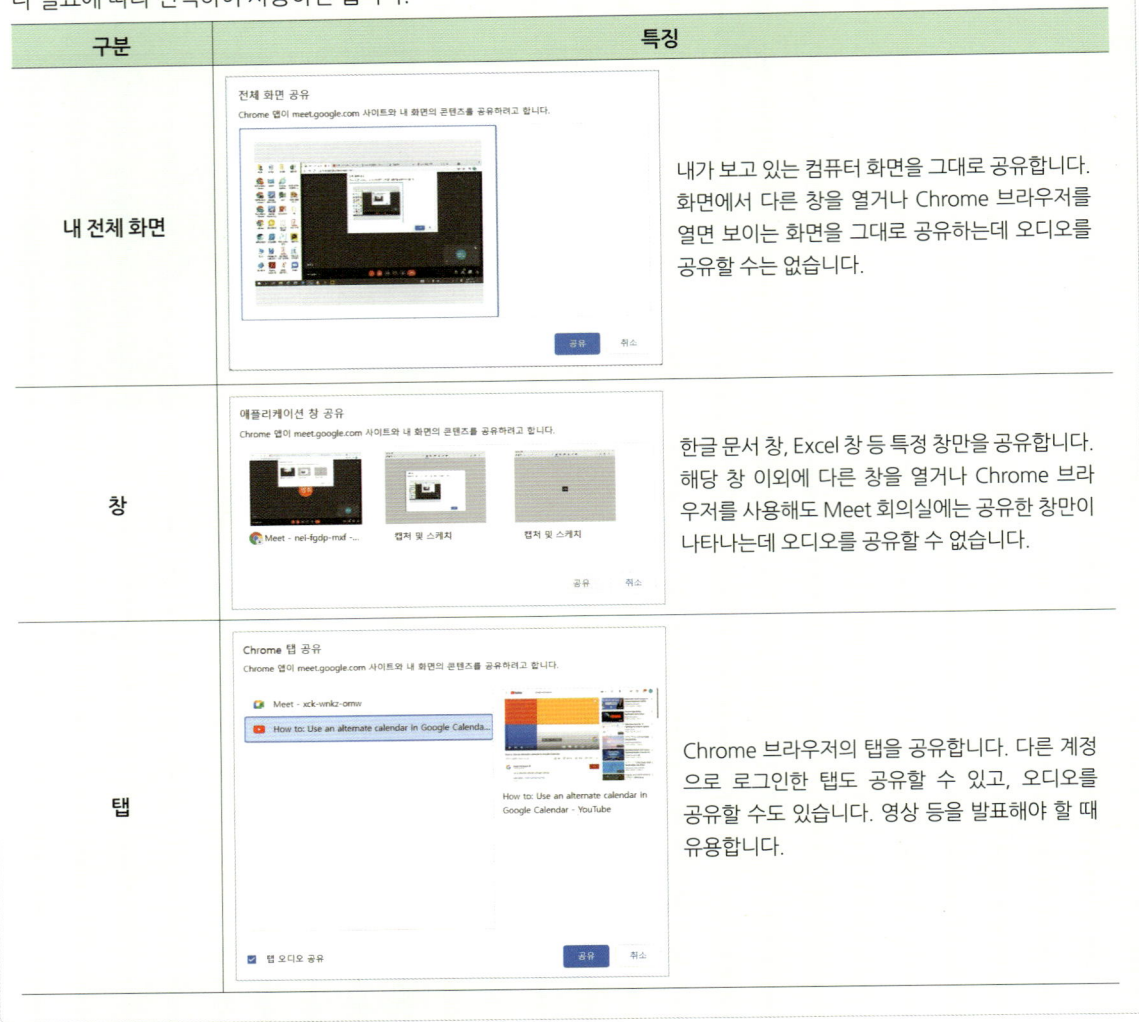

Chapter 04 주소록으로 연락처 관리하기

주소록을 이용하면 많은 사람들의 연락처를 손쉽게 저장하여 다른 Google 앱에서도 활용할 수 있고, 모바일 기기와도 연동하여 사용할 수 있습니다. 이번에는 주소록을 구성하고 연락처를 저장하는 방법부터 연락처를 분류하고, 삭제된 연락처를 복구하는 방법까지 알아보겠습니다.

Section 01 연락처 등록하기

개별 연락처 만들기

1 주소록 홈페이지(contacts.google.com)에서 [연락처 만들기] 버튼을 클릭하고, 메뉴에서 [연락처 만들기]를 선택합니다.

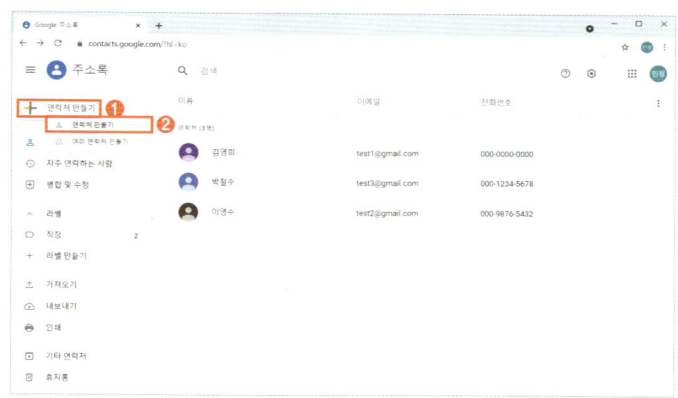

2 '이름', '성', '회사', '직책', '이메일', '전화' 입력란에 내용을 각각 입력하고, [저장] 버튼을 클릭합니다.

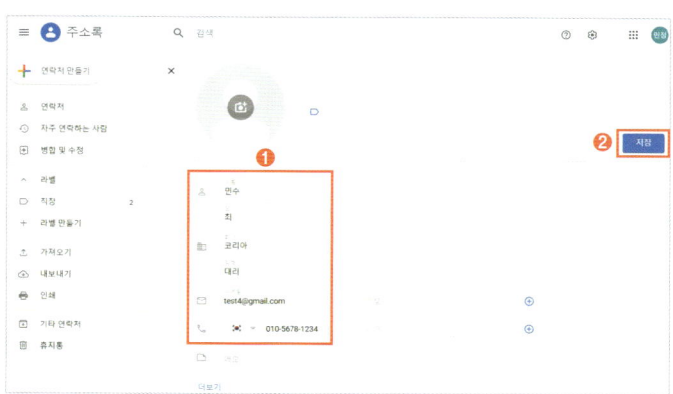

>  **Plus Tip**
>
> 입력란 중 일부만 입력해도 저장이 가능합니다. 추가(⊕) 아이콘을 클릭하여 하나의 연락처에 여러 개의 이메일 주소나 전화번호를 등록할 수 있습니다.

Upgrade 연락처 입력 내용

연락처에는 다양한 내용을 입력할 수 있습니다. 이름과 성, 소속 회사 및 직책, 이메일 주소, 전화번호, 메모뿐만 아니라 하단의 [더보기]를 클릭하면 이름을 상세하게 입력할 수 있고 닉네임, 부서, 거주지, 생일 등 다양한 정보를 추가할 수 있습니다. 또한, 상단의 연락처 사진 설정( ) 아이콘을 클릭하면 사진을 업로드할 수 있고, 라벨 관리( ) 아이콘을 클릭하면 해당 연락처를 라벨로 분류할 수 있습니다. 라벨에 대한 자세한 내용은 113쪽을 참고하세요.

여러 연락처 만들기

1 주소록 홈페이지에서 [연락처 만들기] 버튼을 클릭하고, 메뉴에서 [여러 연락처 만들기]를 선택합니다.

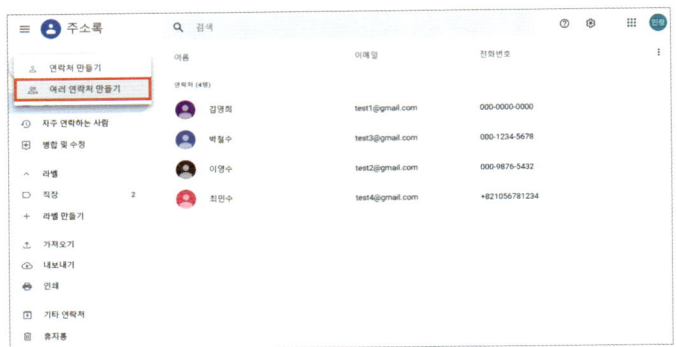

2 '여러 연락처 만들기' 팝업 창에서 '이름, 이메일 주소 또는 둘 다 추가' 입력란에 이름과 이메일 주소를 '이름<이메일주소>' 형식으로 입력합니다.

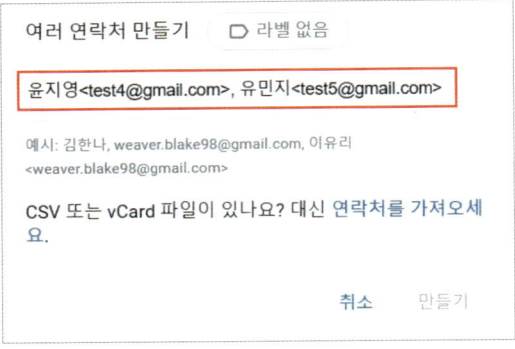

 Plus Tip

여러 연락처들은 '쉼표(,)'로 구분합니다. 미리 만들어 둔 연락처 CSV 파일이 있다면 '연락처를 가져오세요'를 클릭하여 연락처 가져오기를 실행합니다. 연락처 가져오기에 대한 자세한 내용은 111쪽을 참고하세요.

3 입력이 마무리되면 Enter 키를 눌러 연락처가 자동으로 인식되도록 하고, [만들기]를 클릭합니다.

> **Upgrade** 기타 연락처
>
> Google 앱에서 연락을 주고받은 연락처는 자동으로 '기타 연락처'에 저장되어 메일 작성 또는 파일 공유 시 추천 연락처로 나타납니다. 또한, 주소록 연락처 목록에서 숨김 처리한 연락처들은 '기타 연락처'에서 찾을 수 있습니다. 앱에서 연락을 주고받은 연락처가 '기타 연락처'에 자동 저장되는 것을 중지하려면 Google 계정 웹페이지(myaccount.google.com)에서 메뉴의 [사용자 및 공유]를 선택하고, '연락처'에서 [상호작용에서 저장된 연락처 정보]를 클릭한 후 '나와 상호작용한 사용자의 연락처 정보 저장'을 중지해야 합니다. 해당 설정은 Gmail에서 적용되지 않으므로 별도로 설정해야 합니다. Gmail 설정은 86쪽을 참고하세요.

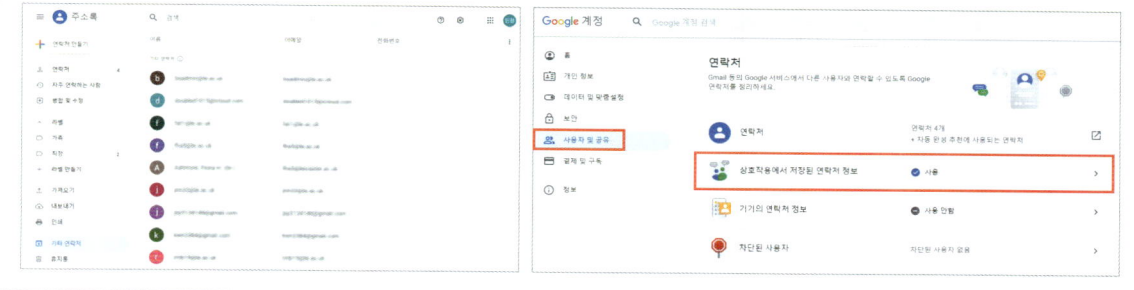

Section 02 연락처 관리하기

저장된 연락처 수정하기

1 주소록 홈페이지에서 정보를 수정할 연락처에 마우스 포인터를 올리면 나타나는 아이콘 중 연락처 수정(✏️) 아이콘을 클릭합니다.

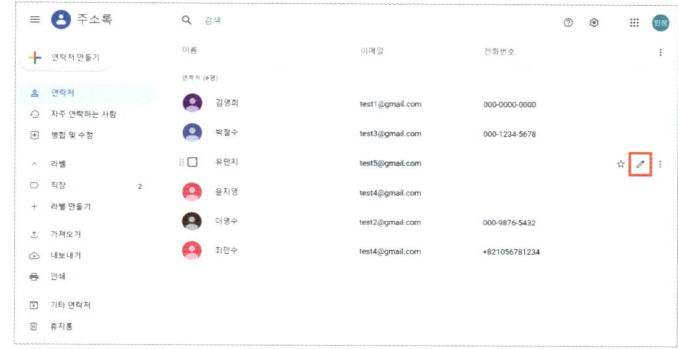

> **Plus Tip**
>
> 도구 보기(:) 아이콘을 클릭하면 선택한 연락처를 인쇄하거나, 내보내거나, 숨김 처리하거나, 삭제하거나, 라벨을 변경할 수 있습니다. 숨김 처리한 연락처는 '기타 연락처'에서 찾을 수 있습니다.

2 수정할 내용을 입력하고, [저장] 버튼을 클릭합니다.

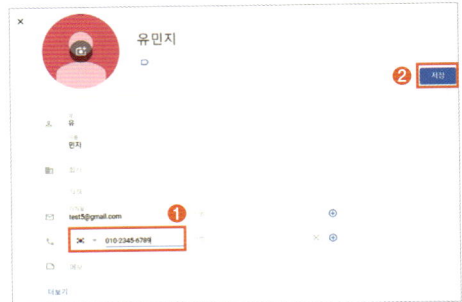

> **Plus Tip**
>
> 정보를 수정 했을때만 [저장] 버튼이 활성화됩니다. 만약, 수정을 취소하려면 왼쪽 상단의 취소(✕) 아이콘을 클릭합니다.

Upgrade 별표 표시한 연락처

연락처에 마우스 포인터를 올리면 나타나는 아이콘 중 연락처 별표 표시(☆) 아이콘을 클릭하면 해당 연락처가 별표 표시된 주소로 분류됩니다. 별표 표시된 연락처는 주소록의 가장 상단에 위치하게 되므로 자주 사용하는 연락처를 별표 표시하면 편리합니다.

여러 연락처 삭제하기

1 주소록 홈페이지에서 삭제할 연락처들을 선택하여 체크한 후 상단에서 도구 보기(:) 아이콘을 클릭하고, [삭제]를 선택합니다.

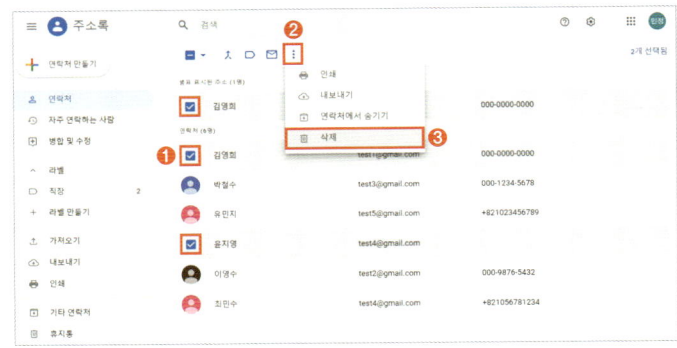

> **Plus Tip**
>
> 선택 작업(▼) 아이콘을 클릭하고, [모두]를 선택하면 모든 연락처가 선택되고, [없음]을 선택하면 모든 연락처의 체크가 해제됩니다.

2 '선택한 연락처를 삭제하시겠습니까?' 팝업 창에서 [삭제]를 클릭합니다.

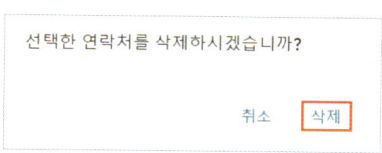

> **Plus Tip**
>
> 삭제한 연락처는 휴지통에 보관되며, 휴지통에 있는 연락처는 30일 후 완전히 삭제됩니다.

Upgrade  **선택한 연락처에 메일 보내기**

연락처를 체크(선택)한 후 상단에서 이메일 보내기(✉) 아이콘을 클릭하면 새 창이 열리면서 Gmail을 보낼 수 있습니다. 여러 명에게 한꺼번에 이메일을 보내기 위해서는 여러 연락처를 체크한 후 이메일 보내기(✉) 아이콘을 클릭하면 됩니다. 연락처에 이메일 주소 정보가 포함되지 않은 경우는 이메일을 보낼 수 없습니다.

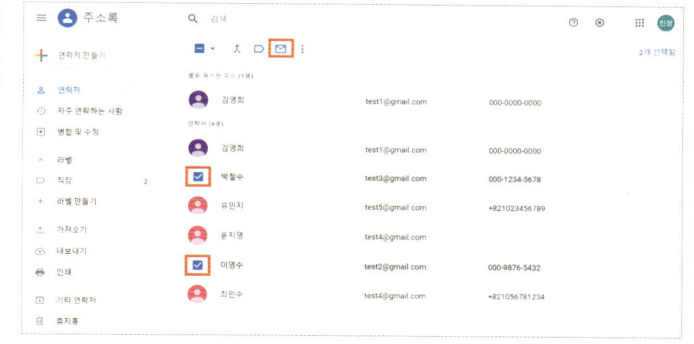 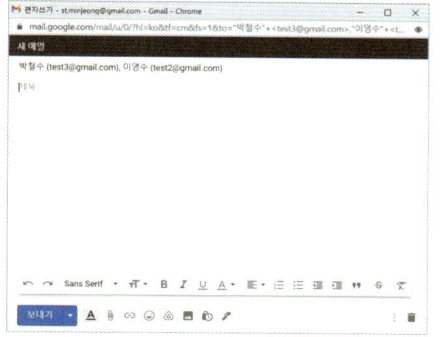

동일한 정보의 연락처 병합하기

1 주소록 홈페이지에서 [병합 및 수정]을 선택합니다.

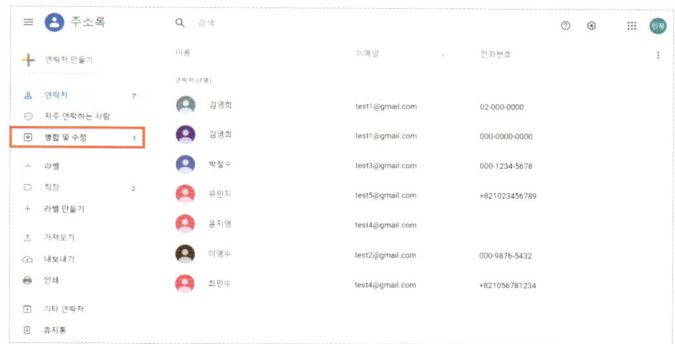

> **Plus Tip**
>
> 중복된 연락처가 있는 경우 [병합 및 수정]에 중복된 연락처의 숫자가 나타납니다.

2 중복된 연락처를 확인하고, [병합]을 클릭하면 병합된 연락처가 나타납니다.

> 💡 **Plus Tip**
> 중복된 연락처 중 한 가지는 휴지통으로 이동합니다.

Upgrade 다른 정보의 연락처 병합하기

동일한 인물의 정보가 나뉘어 여러 개의 연락처로 등록된 경우 해당 연락처를 간편하게 병합할 수 있습니다. 병합할 연락처를 체크(선택)하고, 병합(👤) 아이콘을 클릭하면 연락처 정보가 병합됩니다.

Section 03 연락처 내보내기와 가져오기

연락처 내보내기

1 주소록 홈페이지에서 [내보내기]를 선택합니다.

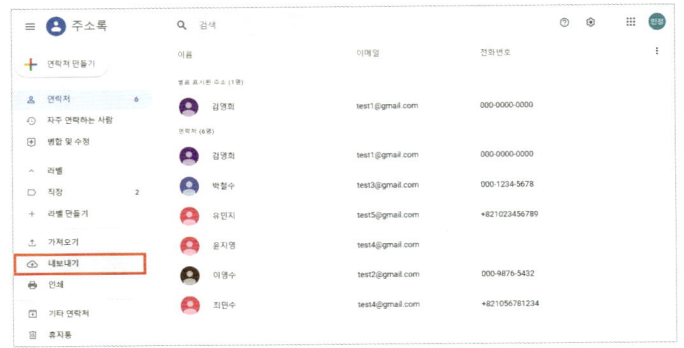

> 💡 **Plus Tip**
> 일부 연락처를 체크한 후 [내보내기]를 선택하면 선택한 연락처 정보만 내보낼 수 있습니다.

2 '연락처 내보내기' 팝업 창에서 '다음 형식으로 내보내기'에 'Google CSV'가 선택되어 있는지 확인하고, [내보내기]를 클릭합니다.

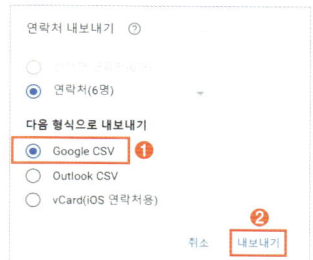

Plus Tip
'연락처(#명)'의 목록 단추(▼)를 클릭하면 별표 표시된 주소, 자주 연락하는 사람, 라벨별 연락처를 선택하여 다운로드 받을 수 있습니다.

3 연락처가 CSV 파일로 다운로드 됩니다.

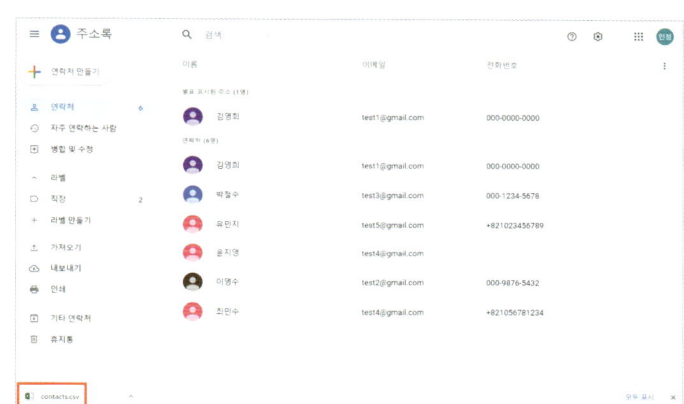

Plus Tip
CSV 파일을 MS Excel로 열어보는 경우 내용이 손상될 수 있습니다. 이런 경우 해당 파일을 Google 드라이브에 업로드하여 내용을 확인합니다.

연락처 가져오기

1 주소록 홈페이지에서 [가져오기]를 선택합니다.

Plus Tip
연락처를 가져오려면 저장된 vCard 또는 CSV 파일이 필요합니다. CSV 파일의 템플릿은 주소록 고객센터 웹페이지(support.google.com/contacts/answer/1069522)의 [연락처 가져오기]-[내 연락처를 가져올 수 없는 경우]-[여기에서 템플릿 다운로드]를 클릭하면 다운로드 할 수 있습니다. 연락처 가져오기를 위해 CSV 파일을 다운로드 받고, 내용을 입력합니다.

Chapter 04 주소록으로 연락처 관리하기 **111**

2 '연락처 가져오기' 팝업 창에서 [라벨 없음] 버튼을 클릭하고, 라벨을 '직장'으로 선택합니다.

 **Plus Tip**

'새 라벨' 입력란에 라벨 이름을 입력하여 새롭게 라벨을 생성한 후 해당 라벨을 지정할 수도 있습니다.

3 [파일 선택] 버튼을 클릭하여 vCard 또는 CSV 파일을 업로드한 후 [가져오기]를 클릭합니다.

4 가져온 연락처들은 날짜가 명시된 새 라벨로 분류되며, 지정한 라벨에도 추가됩니다.

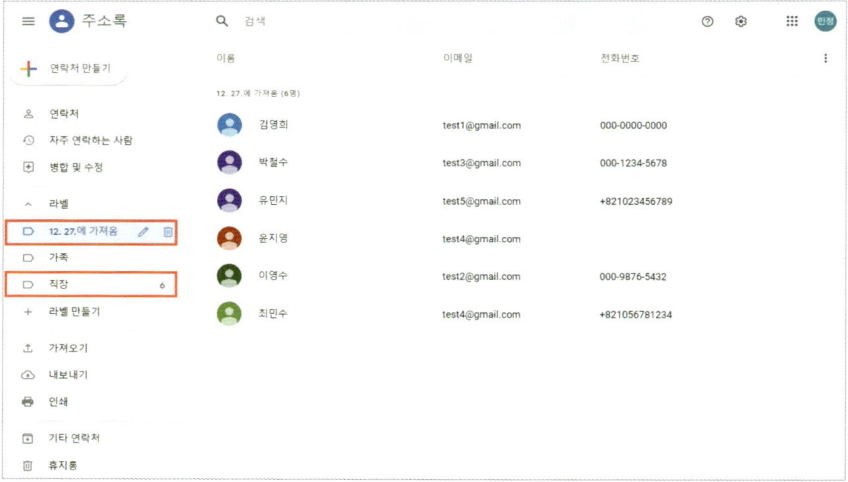

Section 04 라벨로 연락처 분류하기

라벨 만들기

1 주소록 홈페이지에서 [라벨 만들기]를 선택합니다.

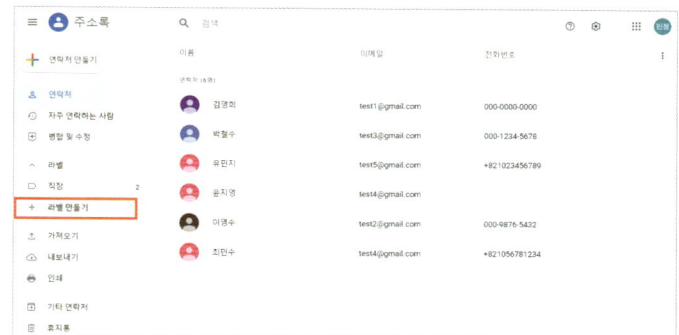

2 '라벨 만들기' 팝업 창에서 "가족"을 입력하고, [저장]을 클릭합니다.

3 라벨 목록에 '가족' 라벨이 추가됩니다.

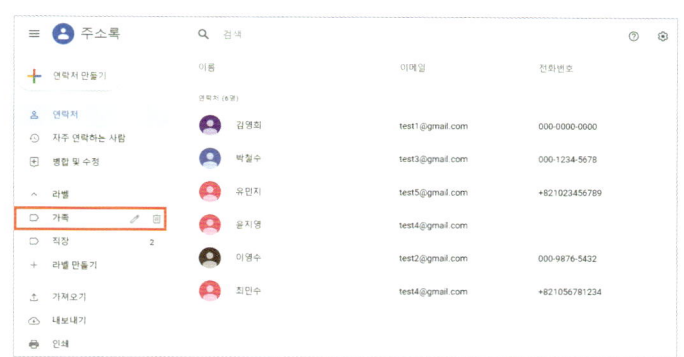

> 💡 **Plus Tip**
>
> [가족] 라벨에 마우스 포인터를 올리면 나타나는 아이콘 중 라벨 이름 변경(✏️) 아이콘을 클릭하면 라벨 이름을 수정할 수 있고, 라벨 삭제(🗑️) 아이콘을 클릭하면 라벨을 삭제할 수 있습니다.

라벨로 연락처 분류하기

1 주소록 홈페이지에서 라벨로 분류할 연락처를 선택하고, 상단의 라벨 관리() 아이콘을 클릭합니다.

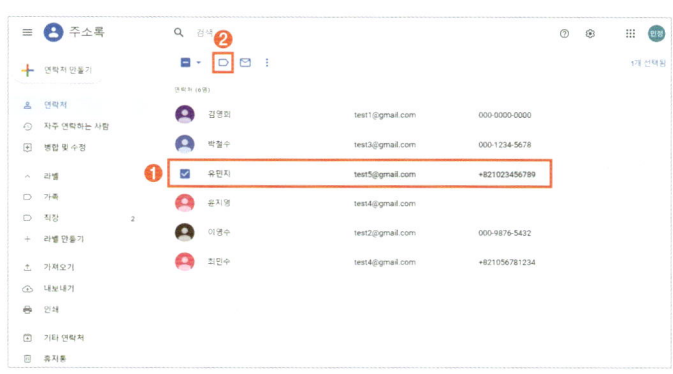

> 💡 **Plus Tip**
>
> 연락처를 등록할 때도 라벨을 추가할 수 있고, 이미 등록한 연락처를 선택하여 라벨 관리(🏷️) 아이콘을 클릭하면 라벨로 분류할 수 있습니다.

2 라벨을 '가족'으로 선택하고, [적용]을 클릭하면 해당 연락처가 '가족' 라벨로 분류됩니다.

Section 05 연락처 복구하기

휴지통에서 연락처 복구하기

1 주소록 홈페이지에서 [휴지통]을 선택합니다.

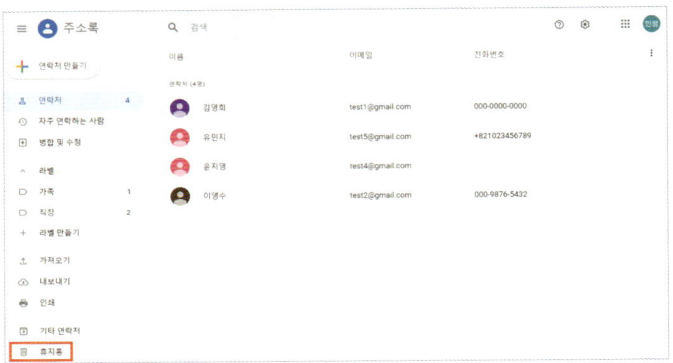

Plus Tip
연락처를 실수로 삭제했거나 30일 이내에 삭제한 연락처를 복구해야 한다면 '휴지통'에서 찾을 수 있습니다.

2 복구할 연락처에 마우스 포인터를 올려놓고, [복구] 버튼을 클릭합니다.

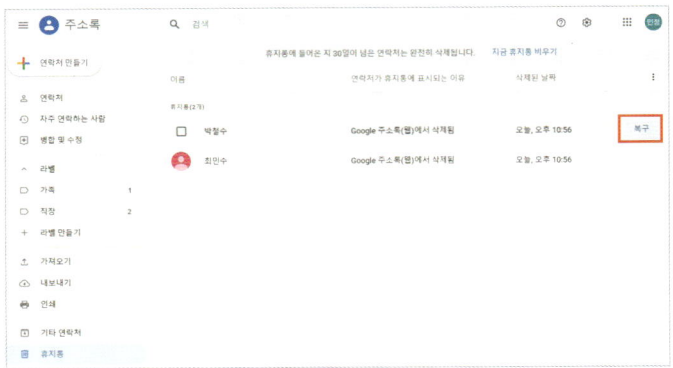

Plus Tip
여러 개의 연락처를 체크(선택)하여 한꺼번에 복구할 수도 있습니다.

특정 시점으로 주소록 복구하기

1 주소록 홈페이지에서 설정 메뉴(⚙) 아이콘을 클릭하고, [변경사항 실행취소]를 선택합니다.

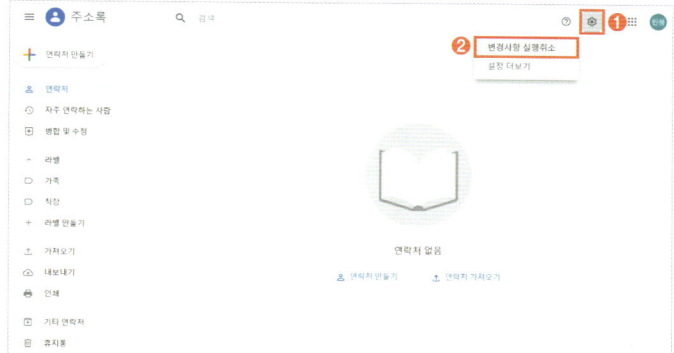

💡 Plus Tip
[변경사항 실행취소]를 통해 주소록을 30일 이내의 시점으로 되돌릴 수 있습니다. 단, 휴지통에서 완전히 삭제한 연락처는 복구되지 않습니다.

2 '변경사항 실행취소' 팝업 창에서 '변경사항 실행취소 시점'을 '1시간 전'으로 선택하고, [실행취소]를 클릭하면 해당 시점으로 주소록이 복구됩니다.

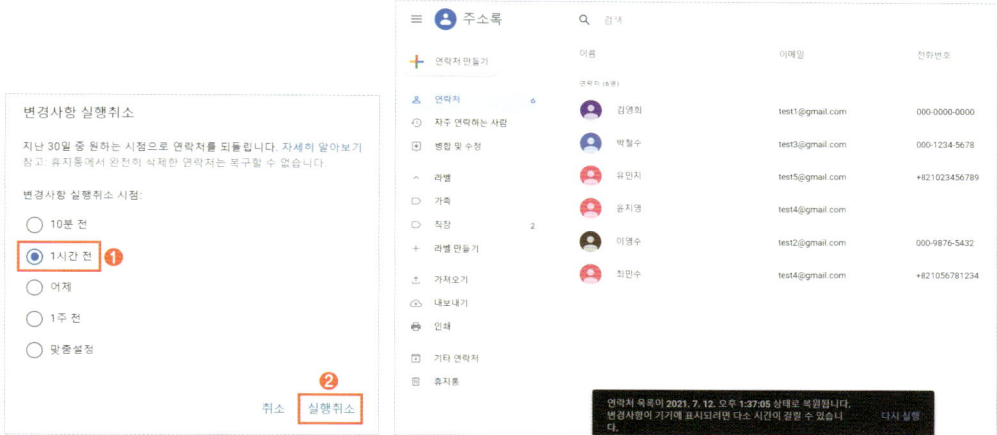

💡 Plus Tip
'맞춤설정'을 선택하면 시점을 지정하여 변경사항 실행취소를 할 수 있습니다.

PART 03

일정 관리

Google의 다양한 앱들을 사용하면 일정 관리가 쉬워집니다. 캘린더를 이용하여 여러 일정들을 한 번에 관리할 수 있고, Keep을 이용하여 메모를 클라우드에 저장할 수 있습니다. 또한, Tasks를 이용하면 해야 할 일들을 관리할 수 있습니다. 이번 Part에서는 다른 앱들과 호환성이 높아 일정 관리에 유용하게 사용되는 캘린더, Keep, Tasks의 활용 방법에 대하여 알아보겠습니다.

Chapter 01

캘린더로 일정 관리하기

Chapter 02

Keep으로 메모 남기기

Chapter 03

Tasks로 할 일 관리하기

Chapter 01 캘린더로 일정 관리하기

Google 캘린더만 있으면 개인 다이어리를 소지할 필요가 없습니다. Google 캘린더는 다른 Google 앱과 연계성이 높고, 모바일 기기와도 연동되는 장점이 있습니다. Google 캘린더를 이용하여 효율적으로 일정을 관리하는 방법에 대해 알아보겠습니다.

Section 01 캘린더 화면 구성 이해하기

캘린더 화면 구성 살펴보기

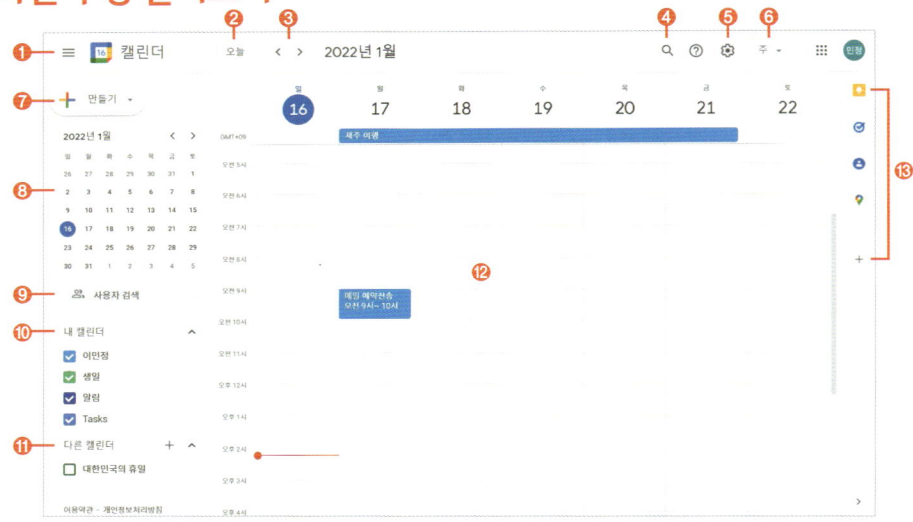

❶ **기본 메뉴** : 캘린더의 왼쪽 패널을 열고 닫습니다.

❷ **오늘** : 클릭 시 오늘 날짜로 이동합니다.

❸ **전 주/다음 주** : 클릭 시 이전 주, 다음 주로 이동합니다. 주 단위가 아닌 월 단위로 설정했을 경우는 전 월, 다음 월로 이동합니다.

❹ **검색** : 제목, 참석자, 장소 등으로 일정을 검색합니다.

❺ **설정 메뉴** : 캘린더 설정을 변경하거나 휴지통으로 이동할 수 있습니다.

❻ **캘린더 뷰** : 일, 주, 월, 연도, 일정, 4일로 캘린더 뷰를 변경합니다. 캘린더 뷰에 대한 자세한 내용은 119쪽을 참고하세요.

❼ **만들기** : 새 일정 또는 할 일을 만듭니다.

❽ **월 캘린더** : 캘린더에 있는 달력을 작게 보여줍니다. 이전 달(<), 다음 달(>) 아이콘을 클릭하여 월 단위로 이동할 수 있습니다.

❾ **사용자 검색** : 캘린더를 공유하는 사용자를 검색합니다.

❿ **내 캘린더** : 내가 소유하고 있는 캘린더를 보여줍니다.

⓫ **다른 캘린더** : 다른 사용자와 공유하고 있는 캘린더를 보여줍니다. 다른 캘린더 추가(+) 아이콘을 클릭하여 캘린더를 구독하거나 새 캘린더를 만들 수 있습니다.

⓬ **캘린더** : 추가한 일정을 확인할 수 있고, 클릭하여 다른 일정을 추가할 수 있습니다.

⓭ **측면 패널** : Keep, Tasks, 주소록, 지도 등 캘린더와 연계된 다양한 앱들이 나타나며, 부가기능 설치하기(+) 아이콘을 클릭하여 부가기능을 측면 패널에 추가하여 사용할 수 있습니다.

> **Upgrade** 캘린더 뷰
>
> 필요에 따라 캘린더 뷰를 변경하여 일별, 주간, 월간 일정을 한눈에 확인할 수 있습니다. 캘린더 뷰의 기본 설정은 '주'이지만 오른쪽 상단에서 목록 단추(▼)를 클릭하면 일, 주, 월, 연도, 일정, 4일로 캘린더 뷰를 변경할 수 있습니다. [주말 표시]를 선택 해제하는 경우 캘린더에 토요일과 일요일이 보이지 않고, [거절한 일정 표시]를 선택 해제하면 초대에 거절한 일정은 캘린더에 나타나지 않습니다.

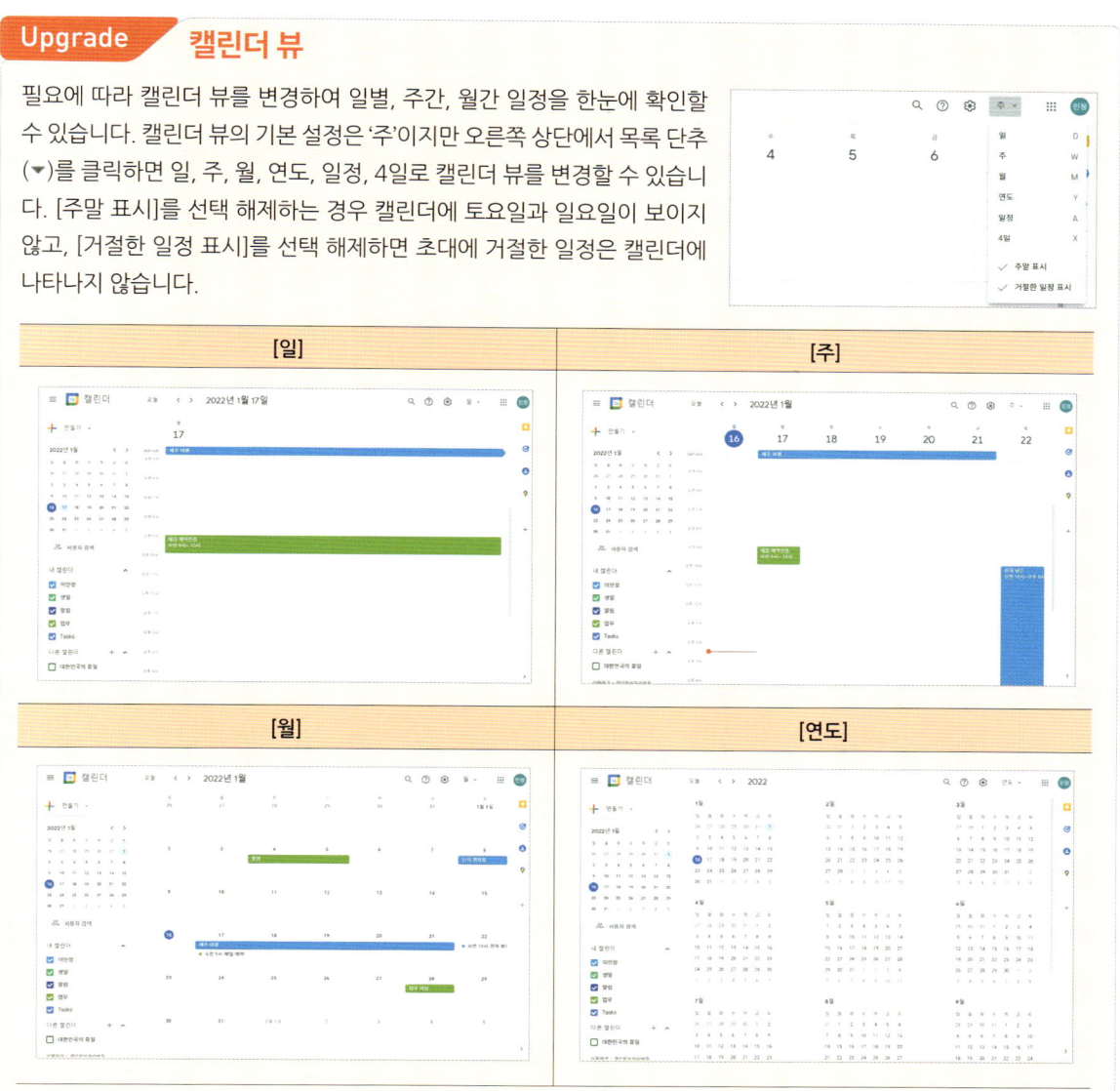

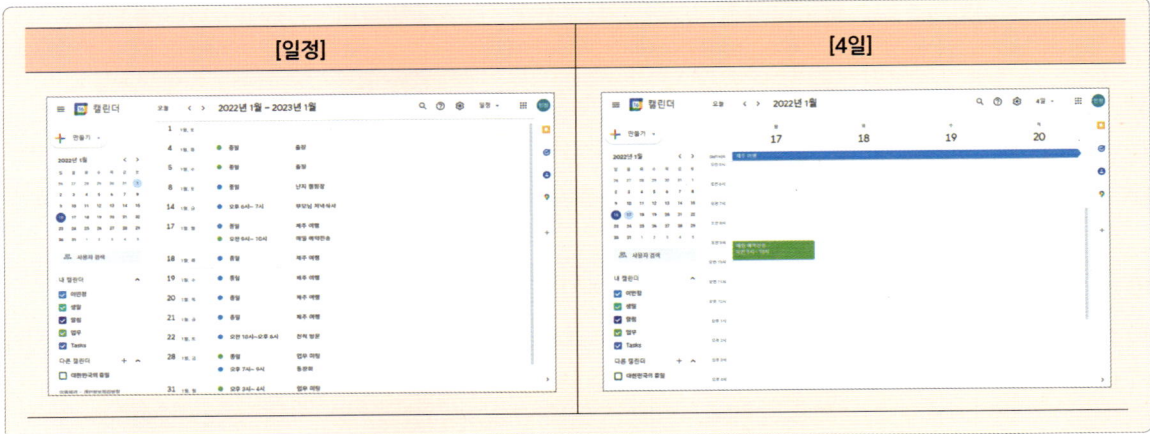

[일정]	[4일]

Section 02 일정 만들기

새 일정 만들기

1 캘린더 홈페이지(calendar.google.com)에서 [만들기] 버튼을 클릭하고, [이벤트]를 선택합니다.

> 💡 **Plus Tip**
> 원하는 날짜와 시간을 클릭해도 새 일정을 추가할 수 있고, 주소 표시줄에 "cal.new"를 입력해도 새로운 일정을 추가할 수 있습니다.

2 '일정 추가' 창에서 제목 입력란에 일정 이름을 입력하고, 시간대를 설정합니다.

> 💡 **Plus Tip**
> '종일'을 선택하는 경우 시간 설정이 없는 일정이나 며칠에 걸쳐 연속되는 일정을 추가할 수 있으며, 주기적으로 반복되는 일정이라면 [반복 안함]의 목록 단추(▼)를 클릭하여 일정이 반복되도록 설정할 수 있습니다.

3 캘린더와 알림 설정을 위해 [캘린더]를 클릭하여 개인 캘린더로 설정된 것을 확인한 후 [30분 전]의 목록 단추(▼)를 클릭하여 알림을 [1일 전]으로 변경하고, [저장] 버튼을 클릭합니다.

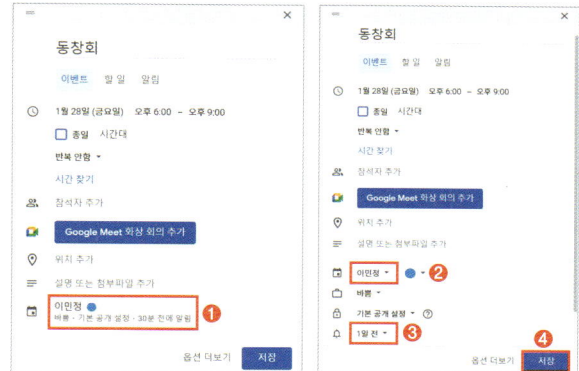

> **Plus Tip**
> 캘린더를 새롭게 생성하는 방법은 128쪽을 참고하세요.

4 지정한 캘린더에 저장된 일정이 나타납니다.

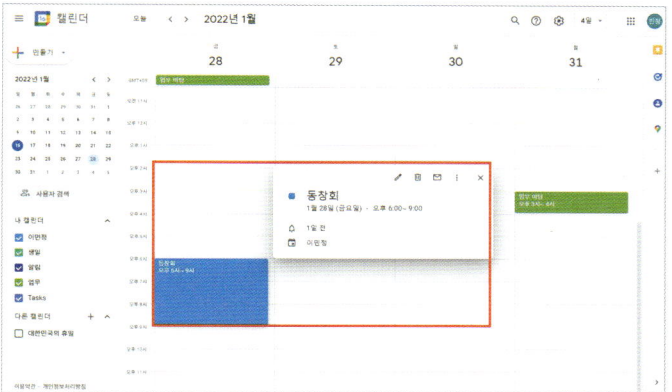

Upgrade 옵션 더보기

'일정 추가' 창에서 [옵션 더보기]를 클릭하면 세부 입력 창이 나타납니다. 세부 입력 창에서도 반복 일정 설정, 화상 회의 추가, 알림 추가, 설명 및 첨부파일 추가, 참석자 추가 및 권한 설정 등을 지정할 수 있습니다.

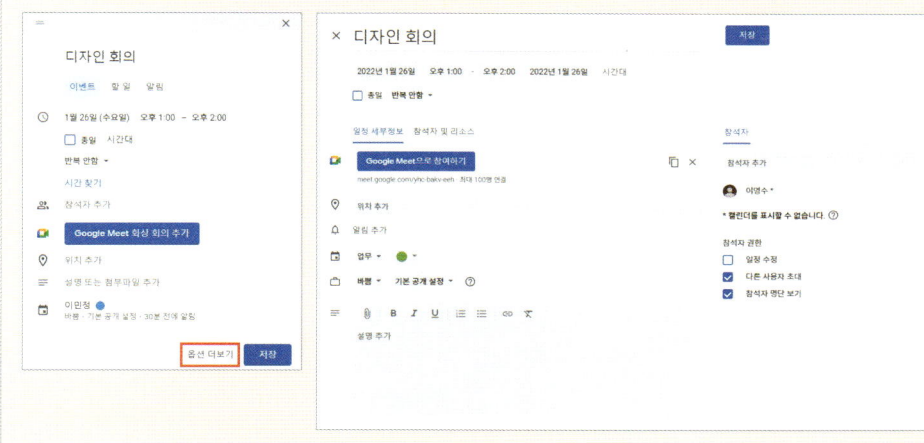

Meet 회의실이 포함된 일정 만들기

1 캘린더의 홈페이지(calendar.google.com)에서 [만들기] 버튼을 클릭하고, [이벤트]를 선택한 후 '일정 추가' 창의 제목 입력란에 일정 이름을 입력한 다음 시간대를 설정합니다.

2 '참석자 추가' 입력란에 Meet 회의실에 초대할 사용자의 이메일 주소를 입력하고, Enter 키를 누릅니다.

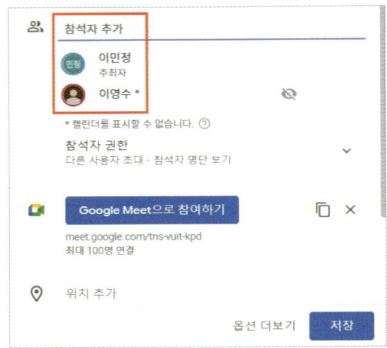

> **Plus Tip**
> 참석자를 추가하면 Meet 회의실 링크가 자동으로 추가됩니다. 만약, 참석자를 추가하지 않는 경우는 [Google Meet 화상 회의 추가] 버튼을 클릭하면 됩니다. '참석자 권한' 오른쪽의 참석자 옵션 수정(∨) 아이콘을 클릭하면 참석자의 권한을 변경할 수 있습니다.

3 [설명 또는 첨부파일 추가]를 클릭한 후 [첨부파일 추가]를 클릭하여 Meet 회의에 필요한 파일을 추가하고, [캘린더]를 클릭하여 일정을 저장할 캘린더를 변경한 다음 [저장] 버튼을 클릭합니다.

4 'Google Calendar 참석자에게 초대 이메일을 보내시겠습니까?' 팝업 창에서 [보내기]를 클릭합니다.

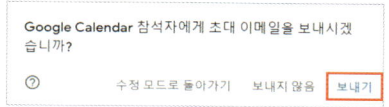

Plus Tip
추가한 참석자들에게 Gmail로 회의 참석 여부를 묻는 초대장이 발송됩니다.

5 지정한 캘린더에 저장된 일정이 [Google Meet으로 참여] 버튼과 함께 나타납니다.

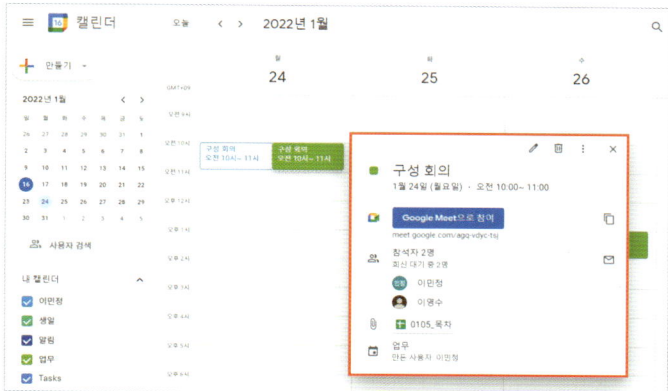

Plus Tip
일정에서 [Google Meet으로 참여] 버튼을 클릭하면 새 창이 열리면서 Meet 회의실로 이동합니다. 일정 주최자도 참석자에 포함되기 때문에 설정한 캘린더 이외에도 개인 캘린더에 자동으로 일정이 중복되어 추가됩니다.

Upgrade 캘린더 일정 참석 여부 응답하기

일정에 초대받으면 자동으로 개인 캘린더에 일정이 추가되고, 캘린더에서 초대받은 일정을 클릭하면 참석 여부를 응답할 수 있습니다. 간단하게 [예], [아니요], [미정]을 클릭하면 되고, 참석 여부는 변경할 수 있습니다. 또한, Gmail로 캘린더 일정 초대 메일을 받았다면 Gmail에서도 참석 여부를 응답할 수 있습니다. 마찬가지로 [예], [미정], [아니요] 버튼을 클릭하여 참석 여부를 응답할 수 있고, [추가 옵션]을 클릭하면 새로운 시간을 제안하거나 메모를 추가할 수 있습니다. Meet 회의실 링크를 클릭하면 새 창이 열리면서 Meet 회의실로 바로 이동할 수 있습니다.

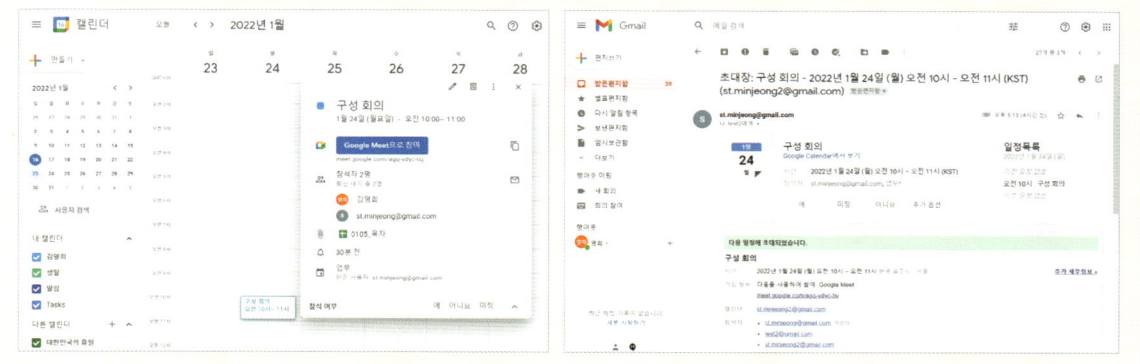

할 일 만들기

1 캘린더 홈페이지에서 [만들기] 버튼을 클릭하고, [할 일]을 선택합니다.

2 '일정 추가' 창의 '제목 추가' 입력란에 할 일을 입력하고, 시간과 설명을 추가로 입력한 후 [저장] 버튼을 클릭합니다.

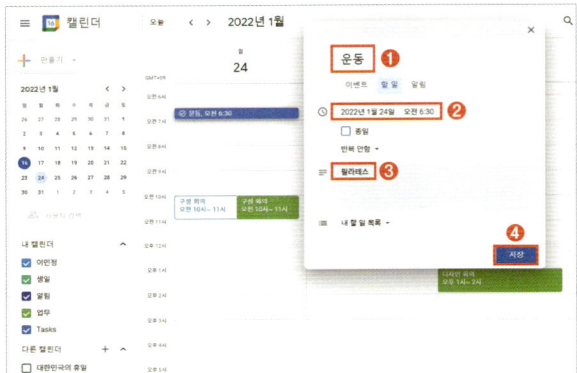

> **Plus Tip**
>
> 할 일을 만들면 Tasks에도 등록됩니다. Tasks에서 목록을 만들었다면 [내 할 일 목록]의 목록 단추(▼)를 클릭하여 할 일이 저장될 목록을 변경할 수 있습니다. Tasks의 목록에 대한 자세한 내용은 158쪽을 참고하세요.

3 캘린더 중 'Tasks'에 할 일이 저장되고, 오른쪽 패널의 Tasks에서도 할 일을 확인할 수 있습니다.

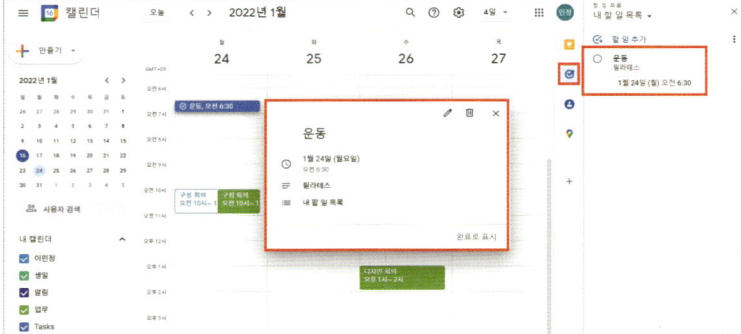

알림 만들기

1 캘린더 홈페이지에서 내 캘린더의 '알림'이 선택되어 있는지 확인한 후 [만들기] 버튼을 클릭하고, [할 일]을 선택한 다음 '일정 추가' 창에서 [알림]을 클릭합니다.

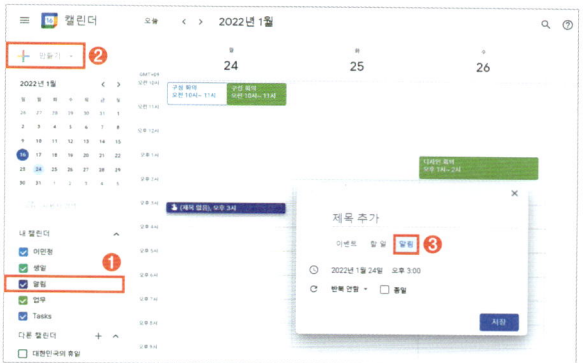

💡 **Plus Tip**

알림을 만들기 위해서는 내 캘린더의 '알림'이 반드시 선택되어 있어야 합니다.

2 '제목 추가' 입력란에 알림 내용을 입력하고, 시간을 입력합니다.

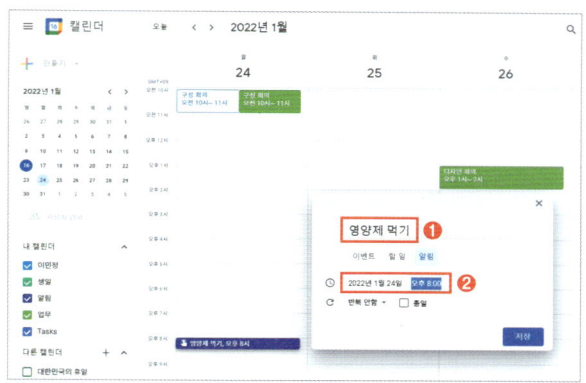

3 [반복 안함]의 목록 단추(▼)를 클릭하고, 알림을 반복할 주기를 [매일]로 선택한 후 [저장] 버튼을 클릭합니다.

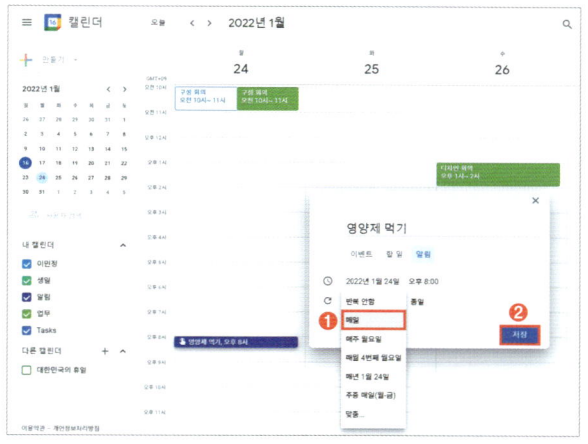

💡 **Plus Tip**

[반복 안함]의 목록 단추(▼)를 클릭하고, [맞춤...]을 선택하면 알림 주기, 요일, 알림 시작일과 종료일을 직접 설정할 수 있습니다.

4 캘린더 중 '알림'에 반복 알림이 등록되며, 알림 시간이 되면 '알림' 팝업 창이 나타납니다.

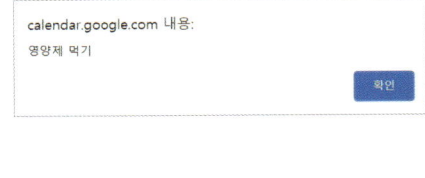 

> **Plus Tip**
>
> '알림' 팝업 창에서 [확인] 버튼을 클릭하면 알림을 확인할 수 있고, [완료로 표시]를 클릭하면 알림이 캘린더에서 사라집니다.

Section 03 　일정 삭제와 복원하기

참석자가 있는 반복 일정 삭제하기

1 캘린더에서 삭제할 일정을 선택하고, 일정 삭제(🗑) 아이콘을 클릭합니다.

> **Plus Tip**
>
> 일정 수정(✏️) 아이콘을 클릭하여 일정 내용 및 설정을 수정할 수 있습니다.

2 '반복 일정 삭제' 팝업 창에서 삭제할 일정을 선택하고, [확인]을 클릭합니다.

> **Plus Tip**
>
> '이 일정'을 선택하면 해당 일정만 삭제되고, '이 일정 및 향후 일정'을 선택하면 선택한 일정과 앞으로의 일정이 삭제되며, '모든 일정'을 선택하면 선택한 일정과 앞으로의 일정뿐만 아니라 이전 일정도 삭제됩니다.

3 참석자에게 취소를 알리는 이메일 전송 여부를 묻는 팝업 창에서 [보내기]를 클릭하여 일정이 취소되었음을 알립니다.

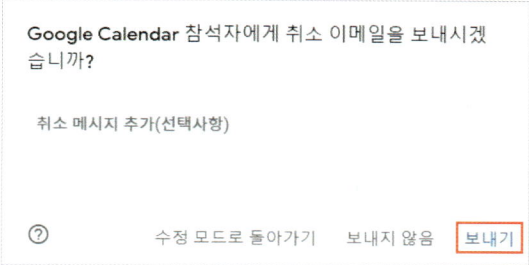

> 💡 **Plus Tip**
>
> 취소 이메일 팝업 창은 일정 주최자에게만 나타납니다. 캘린더에서 초대받은 일정을 삭제하는 경우 '초대 거부'로 처리됩니다.

삭제한 일정 복원하기

1 캘린더 홈페이지에서 설정 메뉴(⚙) 아이콘을 클릭하고, [휴지통]을 선택합니다.

2 복원할 일정이 있는 캘린더를 선택하고, 복원할 일정을 선택한 후 선택한 모든 일정 복원(↺) 아이콘을 클릭합니다.

> 💡 **Plus Tip**
>
> 휴지통에 있는 일정은 30일 후 자동으로 완전히 삭제되므로 30일 이후에는 일정을 복원할 수 없습니다. 선택한 모든 일정 완전히 삭제(🗑) 아이콘을 클릭하면 일정이 휴지통에서도 완전히 삭제됩니다.

Section 04 캘린더 생성과 관리하기

새 캘린더 만들기

1 캘린더 홈페이지(calendar.google.com)에서 다른 캘린더 추가(+) 아이콘을 클릭하고, [새 캘린더 만들기]를 선택합니다.

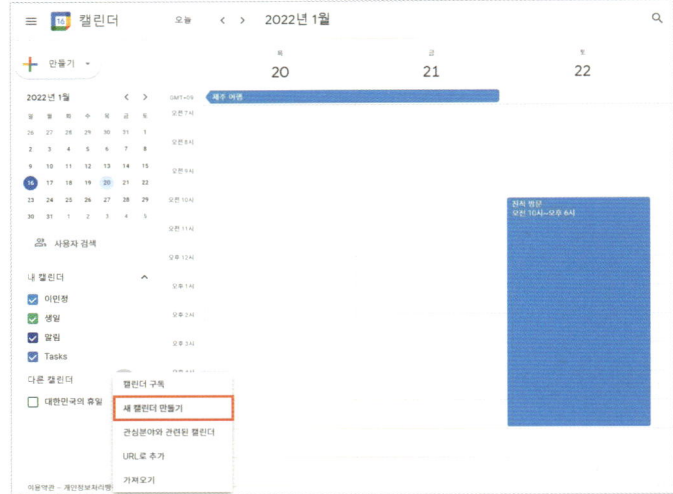

2 '새 캘린더 만들기'의 '이름' 입력란에 "업무"를 입력하고, [캘린더 만들기] 버튼을 클릭합니다.

3 내 캘린더 목록에 새롭게 만든 '업무' 캘린더가 나타납니다.

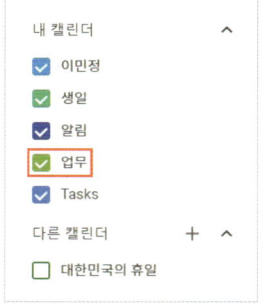

캘린더 숨기기

1 내 캘린더 목록에서 숨길 캘린더에 마우스 포인터를 올리고, 캘린더 옵션(⋮) 아이콘을 클릭한 후 [목록에서 숨기기]를 선택합니다.

> **Plus Tip**
> 기본 개인 캘린더와 알림, Tasks 캘린더는 목록에서 숨길 수 없습니다.

2 내 캘린더 목록에서 캘린더가 사라지고, 해당 캘린더에 포함된 일정도 나타나지 않습니다.

숨긴 캘린더 다시 표시하기

1 캘린더 홈페이지에서 설정 메뉴(⚙) 아이콘을 클릭하고, [설정]을 선택합니다.

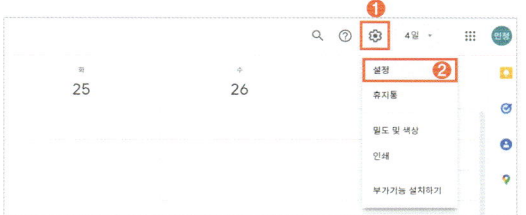

2 왼쪽 메뉴의 '내 캘린더의 설정'에서 숨긴 캘린더의 캘린더 목록에서 표시(👁) 아이콘을 클릭합니다.

> **Plus Tip**
> 숨김 처리한 캘린더는 캘린더 목록에서 표시(👁) 아이콘이 나타납니다.

3 캘린더와 해당 캘린더에 포함된 일정들이 다시 내 캘린더 목록에 나타납니다.

> **Upgrade** **캘린더 색상 변경**
>
> 캘린더의 색상을 변경하면 다른 캘린더와 구분이 쉬워질 뿐만 아니라 해당 캘린더에 포함된 일정도 변경된 색상으로 나타나기 때문에 일정을 한눈에 파악할 수 있습니다. 캘린더의 색상을 변경하려면 내 캘린더 목록에서 색상을 변경할 캘린더에 마우스 포인터를 올리고, 캘린더 옵션( ) 아이콘을 클릭한 후 원하는 색상을 선택하면 됩니다.
>
>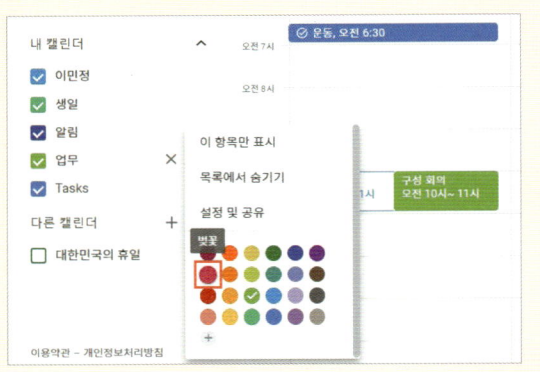

캘린더 삭제하기

1 내 캘린더 목록에서 삭제할 캘린더에 마우스 포인터를 올리고, 캘린더 옵션( ) 아이콘을 클릭한 후 [설정 및 공유]를 선택합니다.

> 💡 **Plus Tip**
>
> 기본 캘린더는 삭제할 수 없습니다. 캘린더를 삭제하면 해당 캘린더의 일정이 완전히 삭제되며, 캘린더를 공유하는 다른 사용자도 해당 캘린더를 볼 수 없습니다. 캘린더를 삭제하려면 '변경 및 공유 관리' 권한이 있어야 합니다.

2 내 캘린더의 설정에서 삭제할 캘린더에 있는 [캘린더 삭제]를 선택하고, '캘린더 삭제'의 [삭제] 버튼을 클릭합니다.

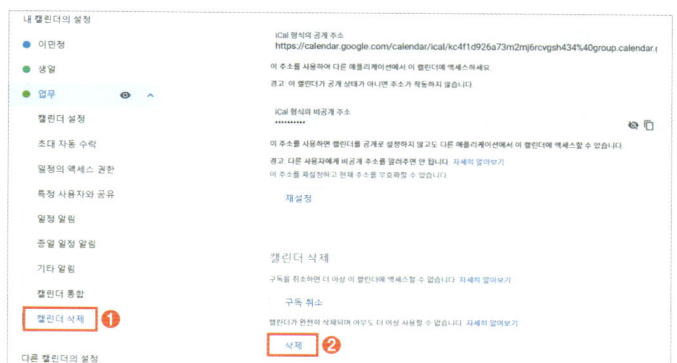

💡 Plus Tip

[구독 취소] 버튼은 다른 사용자로부터 공유받은 캘린더를 목록에서 삭제할 때 사용합니다. 만약, [구독 취소] 버튼을 통해 삭제한 캘린더를 다시 복원하려면 캘린더를 소유한 사용자에게 공유를 요청해야 합니다. 소유자가 본인이고, 다른 사용자에게 캘린더를 공유하지 않은 상황에서 [구독 취소] 버튼을 클릭했다면 복원할 수 없습니다.

3 삭제 확인 팝업 창에서 [완전히 삭제]를 클릭하여 캘린더 삭제를 마칩니다.

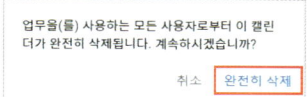

💡 Plus Tip

삭제한 캘린더는 복원할 수 없습니다.

Section 05 공유 캘린더 만들기

캘린더 공개하기

1 내 캘린더 목록에서 공개할 캘린더에 마우스 포인터를 올리고, 캘린더 옵션(⋮) 아이콘을 클릭한 후 [설정 및 공유]를 선택합니다.

💡 Plus Tip

캘린더를 공개하면 Google 계정이 없어도 누구나 Google 검색 등을 통해 해당 캘린더와 일정을 볼 수 있습니다.

2 공유할 캘린더에서 [일정의 액세스 권한]을 선택하고, '공개 사용 설정'을 체크(선택)합니다.

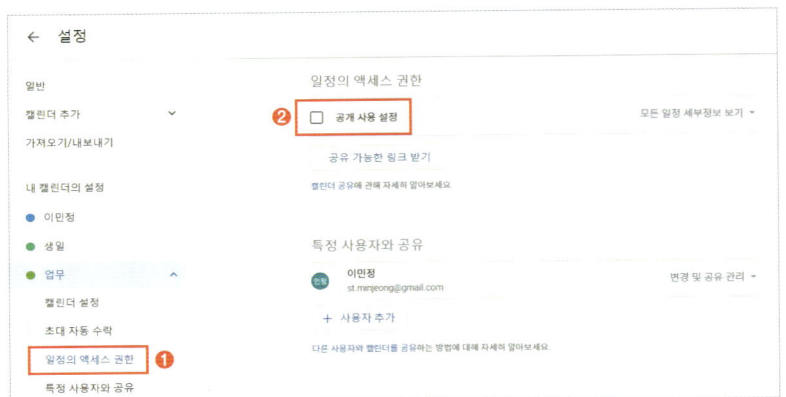

> **Plus Tip**
>
> '공개 사용 설정'을 체크하지 않은 상태에서 다른 사용자가 링크를 이용하여 캘린더를 구독하는 경우 액세스 요청 과정이 필요합니다. 자세한 내용은 135쪽을 참고하세요.

3 '주의' 팝업 창에서 [확인]을 클릭합니다.

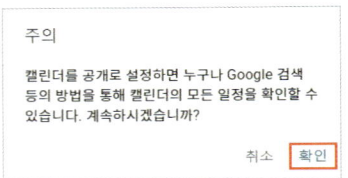

> **Plus Tip**
>
> '액세스 권한'에서 [공유 가능한 링크 받기] 버튼을 클릭하면 캘린더의 링크를 복사하여 다른 사람들에게 전달할 수 있고, [모든 일정 세부정보 보기]의 목록 단추(▼)를 클릭하면 캘린더의 공개 범위를 설정할 수 있습니다.

특정 사용자와 캘린더 공유하기

1 내 캘린더 목록에서 공개할 캘린더에 마우스 포인터를 올리고, 캘린더 옵션(⋮) 아이콘을 클릭한 후 [설정 및 공유]를 선택합니다.

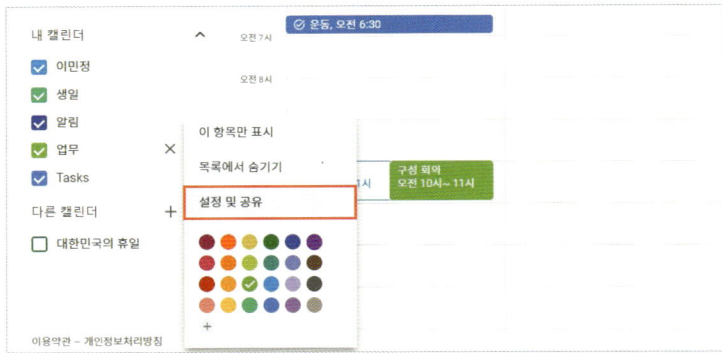

2 공유할 캘린더에서 [특정 사용자와 공유]를 선택하고, '특정 사용자와 공유'에서 [사용자 추가] 버튼을 클릭합니다.

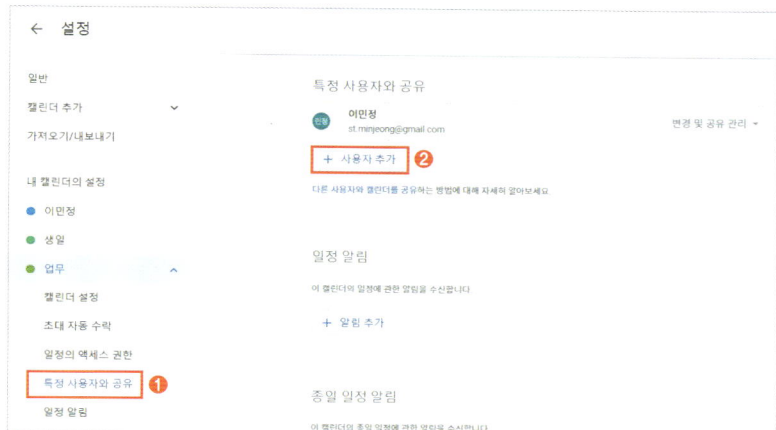

3 '특정 사용자와 공유' 팝업 창에서 '이메일 또는 이름 추가' 입력란에 캘린더를 공유할 사용자의 이메일 주소를 입력하고 Enter 키를 누른 다음 권한에서 '모든 일정 세부정보 보기'로 설정되어 있는지 확인한 후 [보내기]를 클릭합니다.

💡 **Plus Tip**

'모든 일정 세부정보 보기'의 목록 단추(▼)를 클릭하면 사용자에게 부여할 권한을 변경할 수 있습니다. 권한에 대한 자세한 내용은 134쪽을 참고하세요.

4 캘린더를 공유한 사용자가 목록에 나타납니다.

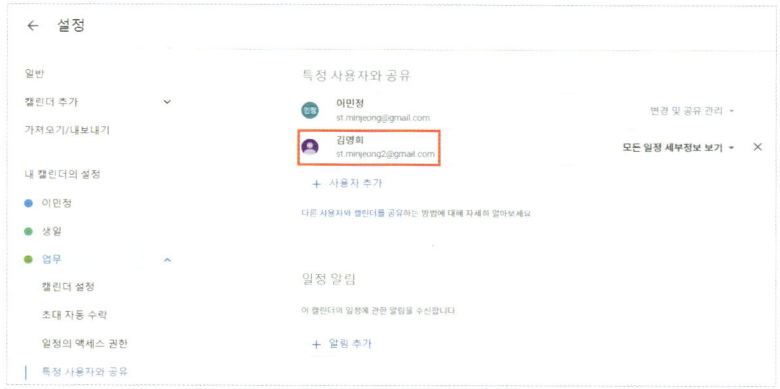

💡 **Plus Tip**

공유를 중지하려면 '특정 사용자와 공유'에서 해당 사용자의 #님과 공유 취소(×) 아이콘을 클릭합니다.

5 공유받은 사용자는 Gmail로 전송받은 캘린더 공유 메일에서 [이 캘린더를 추가]를 클릭하고, 자동으로 캘린더 창이 열리면 캘린더 추가 팝업 창에서 [추가] 버튼을 클릭하여 '다른 캘린더'에서 공유받은 캘린더를 확인할 수 있습니다.

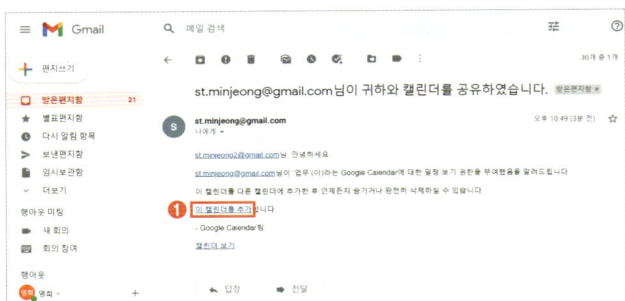 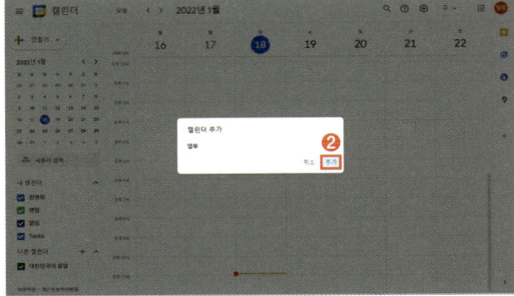

Upgrade 공유 캘린더 권한 설정

같은 캘린더를 공유받아도 권한에 따라 할 수 있는 작업이 달라집니다. 캘린더를 공유할 때 [모든 일정 세부정보 보기]의 목록 단추(▼)를 클릭하여 사용자별로 권한을 다르게 설정할 수 있습니다. 주의할 점은 '일정의 액세스 권한'에서 '공개 사용 설정'을 체크한 경우 특정 사용자의 권한을 [한가함/바쁨 정보만 보기(세부정보는 숨김)]로 설정해도 일정의 세부정보 확인이 가능하다는 것입니다. 따라서 특정 사용자의 권한을 [한가함/바쁨 정보만 보기(세부정보는 숨김)]로 설정하는 경우 '일정의 액세스 권한'에서 '공개 사용 설정'을 체크 해제하거나 '일정의 액세스 권한'에서 [한가함/바쁨 정보만 보기(세부정보는 숨김)]을 추가로 설정해주어야 합니다.

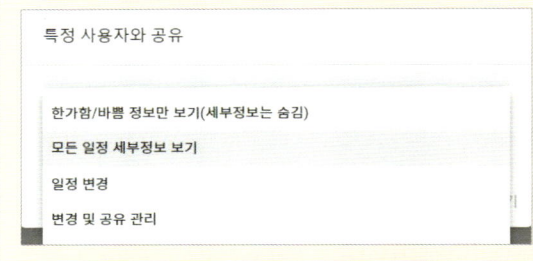

권한	가능한 작업
한가함/바쁨 정보만 보기(세부정보는 숨김)	• 일정의 존재 여부 확인(제목 등 세부 정보는 표시되지 않음)
모든 일정 세부정보 보기	• 일정의 세부 정보 확인(비공개로 표시된 일정 제외) • 일정과 관련된 이메일 수신
일정 변경	• 일정의 세부 정보 확인(비공개로 표시된 일정 포함) • 일정 추가, 수정, 삭제, 복원 • 일정과 관련된 이메일 수신
변경 및 공유 관리	• 일정의 세부 정보 확인(비공개로 표시된 일정 포함) • 일정 추가, 수정, 삭제, 복원 • 일정과 관련된 이메일 수신 • 공유 설정 변경, 캘린더 완전 삭제

Section 06 캘린더 구독 및 구독 취소하기

링크로 캘린더 구독하기

1 전달받은 캘린더의 링크를 복사하여 주소 표시줄에 붙여넣고, [Enter] 키를 누릅니다.

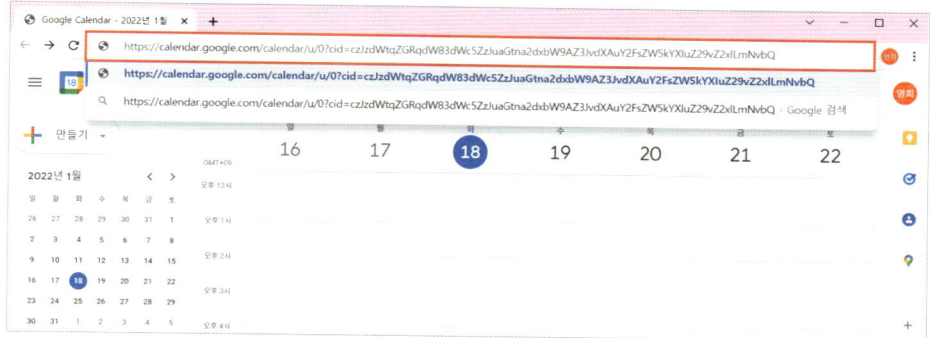

> **Plus Tip**
>
> 캘린더를 공유하기 위해 링크를 복사하는 방법은 132쪽을 참고하세요.

2 '캘린더 추가' 팝업 창에서 캘린더 이름을 확인하고, [추가]를 클릭하면 해당 캘린더가 목록에 추가됩니다.

Upgrade   **캘린더 액세스 요청**

캘린더 공유를 위해 링크를 전달받았으나 권한을 부여받지 못한 경우 캘린더 소유자에게 액세스 요청 메시지를 보내야 합니다. '캘린더 추가' 팝업 창에서 [추가]를 클릭했을 때 '#캘린더에 대한 액세스 권한이 없습니다.' 팝업 창이 나타나면 메시지를 입력하고 [액세스 요청]을 클릭합니다. 캘린더 소유자는 권한을 요청하는 메일을 받게 됩니다.

캘린더 구독 취소하기

1 캘린더 목록에서 구독 취소할 캘린더에 마우스 포인터를 올리고, 캘린더 구독 취소(×) 아이콘을 클릭합니다.

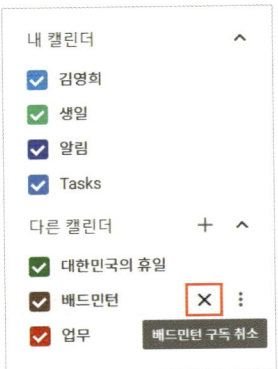

2 '캘린더를 삭제하시겠습니까?' 팝업 창에서 [캘린더 삭제]를 클릭합니다.

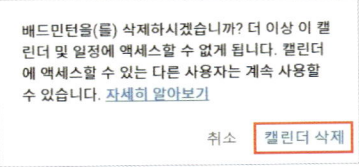

> **Plus Tip**
>
> 캘린더를 구독 취소해도 권한이 있는 다른 사용자는 계속 사용할 수 있습니다. 캘린더를 모든 사용자에게서 완전히 삭제하려면 해당 캘린더에 '변경 및 공유 관리' 권한이 있어야 합니다. 캘린더를 완전히 삭제하는 방법은 130쪽을 참고하세요.

Section 07 캘린더 내보내기와 가져오기

캘린더 내보내기

1 캘린더 홈페이지에서 설정 메뉴(⚙) 아이콘을 클릭하고, [설정]을 선택합니다.

2 왼쪽 메뉴에서 [가져오기/내보내기]를 선택하고, '내보내기'의 [내보내기] 버튼을 클릭하면 보고 수정할 수 있는 모든 캘린더 데이터를 zip 파일로 다운로드할 수 있습니다.

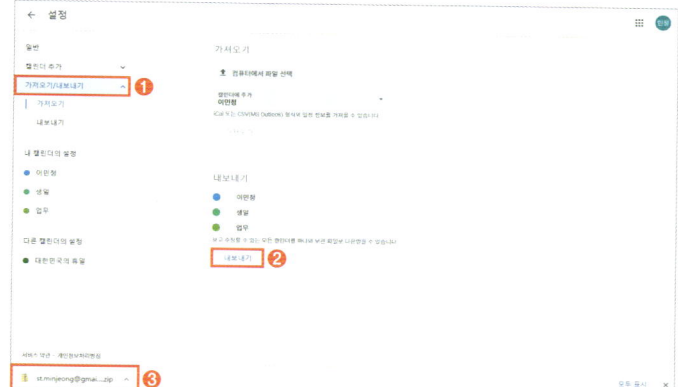

Upgrade 개별 캘린더 데이터 내보내기

일부 캘린더의 데이터만을 내보내려면 내 캘린더 목록에서 내보내기 할 캘린더에 마우스 포인터를 올리고, 캘린더 옵션( ) 아이콘을 클릭한 후 [설정 및 공유]를 선택합니다. 이후 내보내기 할 캘린더의 '캘린더 설정'에서 [캘린더 내보내기] 버튼을 클릭하면 선택한 캘린더의 데이터만 내보내기 할 수 있습니다.

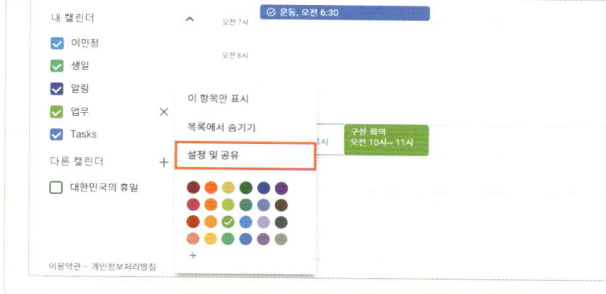 

캘린더 가져오기

1 캘린더 홈페이지에서 설정 메뉴(⚙) 아이콘을 클릭하고, [설정]을 선택합니다.

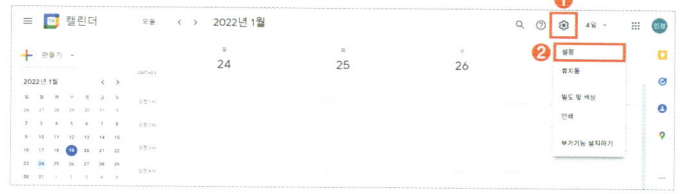

2 왼쪽 메뉴에서 [가져오기/내보내기]를 선택하고, '가져오기'의 [컴퓨터에서 파일 선택] 버튼을 클릭합니다.

3 [열기] 대화 상자에서 가져올 iCalendar 파일을 선택하고, [열기] 버튼을 클릭합니다.

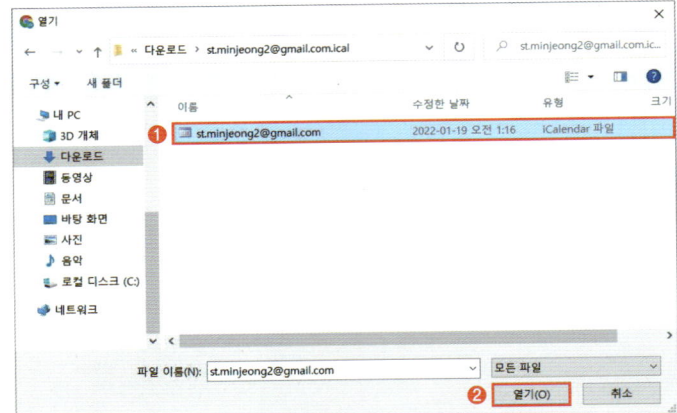

Plus Tip
캘린더 데이터 내보내기를 통해 zip 파일 형태로 캘린더 데이터를 전달받았다면 먼저 압축을 풀어야 합니다.

4 가져오기의 '캘린더에 추가'에서 일정을 저장할 캘린더를 선택한 후 [가져오기] 버튼을 클릭하면 일정 가져오기가 완료됩니다.

Upgrade 캘린더 오프라인 사용 설정하기

사전 설정만 해 두면 오프라인 상태에서도 캘린더에 저장된 일정을 확인할 수 있습니다. 캘린더 홈페이지에서 설정 메뉴(⚙) 아이콘을 클릭하고, [설정]을 선택한 후 왼쪽 메뉴에서 [일반]-[오프라인 모드]를 선택합니다. '오프라인 모드'에서 '오프라인 캘린더 사용 설정'을 선택하면 인터넷이 연결되지 않은 오프라인 상태에서도 내 캘린더를 확인할 수 있습니다. 단, 오프라인 상태에서는 일정을 추가하거나 수정할 수는 없고, 참석자에게 이메일을 전송할 수도 없습니다.

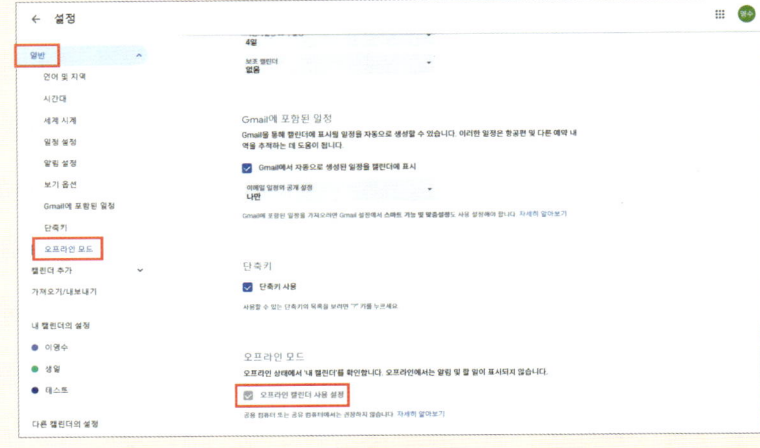

Section 08 　다른 Google 앱에서 캘린더 사용하기

다른 앱에서 캘린더 사용하기

다른 Google 앱을 사용할 때도 캘린더를 열어 일정을 추가할 수 있습니다. Gmail, 드라이브, 문서 등을 사용할 때 오른쪽 패널에서 캘린더(	) 아이콘을 클릭하면 캘린더가 열립니다.

캘린더에서 바로 일정을 확인할 수 있으며, 시간을 선택하면 일정을 추가할 수 있습니다. 캘린더에서 수정하기( ) 아이콘을 클릭하면 일정 세부 정보 탭이 열려 자세한 일정을 입력할 수 있습니다.

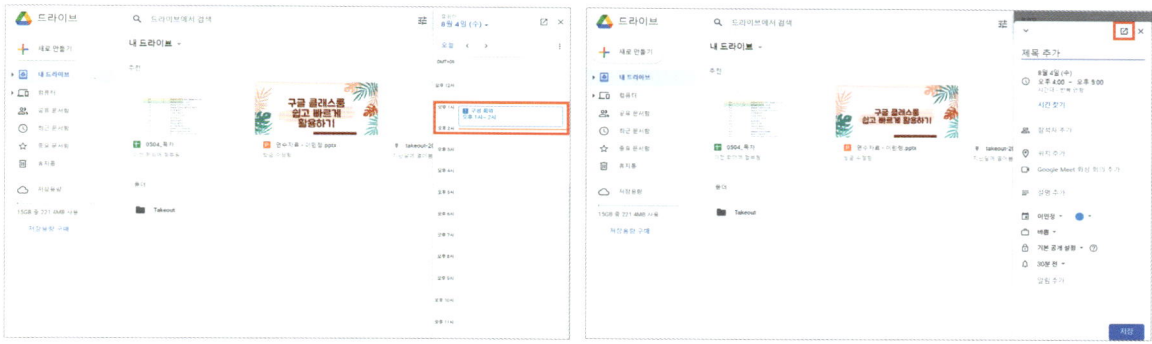

Gmail에서는 메일과 관련된 일정을 캘린더에 바로 추가할 수 있습니다. 메일을 확인하고 상단의 더보기( ) 아이콘을 클릭한 후 [일정 만들기]를 선택합니다. 메일 제목이 일정의 제목이고, 메일 내용이 설명에 입력되며, 메일을 보낸 사람이 참석자에 추가되어 일정이 만들어집니다. 일정을 수정하여 [저장] 버튼을 클릭하면 됩니다.

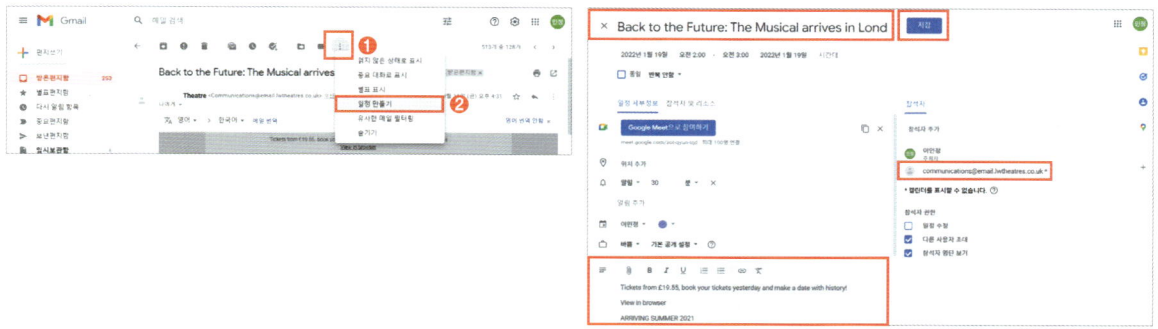

Chapter 02 Keep으로 메모 남기기

Google Keep은 간편한 클라우드 메모장입니다. Keep을 이용하면 메모지를 들고 다닐 필요가 없고, 간단하게 메모를 남기고 관리할 수 있으며, 언제 어디서든 컴퓨터와 모바일 기기를 통해 메모를 찾아볼 수 있습니다. Google Keep에서 메모를 작성하고, 다른 사용자와 공유하는 방법과 관리하는 방법에 대해 알아보겠습니다.

Section 01 Keep 화면 구성 이해하기

Keep 화면 구성 살펴보기

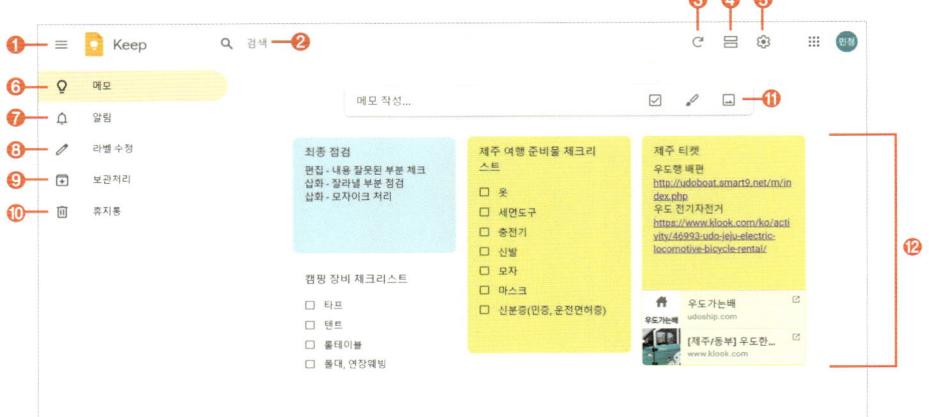

① **기본 메뉴** : Keep의 왼쪽 패널을 열고 닫습니다.
② **메모 검색란** : 유형, 라벨, 항목, 사용자, 색상으로 메모를 검색합니다. 메모 검색에 대한 자세한 내용은 150쪽을 참고하세요.
③ **새로고침** : Keep을 새로고침하여 업데이트된 메모를 확인합니다.
④ **목록 보기/그리드로 보기** : 목록이나 그리드로 메모들의 배열 형식을 변경합니다.
⑤ **설정** : Keep의 설정을 변경하거나, 어두운 테마를 사용하거나, 앱을 다운로드 하거나, 단축키를 확인합니다.
⑥ **메모** : 메모를 작성하거나, 편집하거나, 확인합니다.
⑦ **알림** : 알림이 설정된 메모들을 확인합니다.
⑧ **라벨 수정** : 라벨을 만들고, 편집합니다.
⑨ **보관처리** : 보관처리한 메모들을 확인합니다.
⑩ **휴지통** : 삭제한 메모들을 확인합니다. 휴지통에 있는 메모들은 7일 후 자동으로 삭제됩니다.

⑪ **메모 작성** : 새로운 텍스트 메모, 목록 메모, 그림이 있는 메모, 이미지가 있는 메모를 작성합니다.
⑫ **메모 목록** : 작성한 메모들이 나타납니다.

메모 작성 창 살펴보기

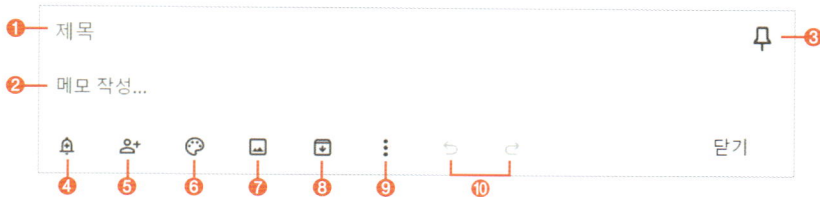

❶ **제목** : 메모의 제목을 입력합니다.
❷ **메모 작성** : 메모의 내용을 입력합니다.
❸ **메모 고정** : 작성하고 있는 메모를 화면 상단에 고정합니다.
❹ **나에게 알림** : 메모에 알림을 추가합니다.
❺ **공동작업자** : 메모에 공동작업자를 추가하여 다른 사용자와 메모를 공유합니다.
❻ **배경 옵션** : 메모의 배경 색을 변경합니다.
❼ **이미지 추가** : 메모에 이미지를 삽입합니다.
❽ **보관처리** : 작성하고 있는 메모를 보관처리합니다. 보관처리한 메모는 [메모] 목록에서는 사라지지만 [보관처리]에서 찾을 수 있습니다.
❾ **더보기** : 메모에 라벨을 추가하거나, 그림을 추가하거나, 체크박스를 추가합니다. 메모의 제목이나 내용을 입력하면 [메모 삭제], [사본 만들기], [Google Docs로 복사] 메뉴가 나타납니다.
❿ **실행 취소/재실행** : 메모 작성 시 이전 작업을 취소하거나 취소한 작업을 재실행합니다.

Section 02 메모 쓰기

텍스트 메모 쓰기

1 Keep 홈페이지(keep.google.com)에서 [메모 작성…]을 클릭합니다.

2 메모 작성 창에서 '제목' 입력란에 메모 제목을 입력하고, '메모 작성...' 입력란에 메모 내용을 입력한 후 [닫기]를 클릭하면 메모가 등록됩니다.

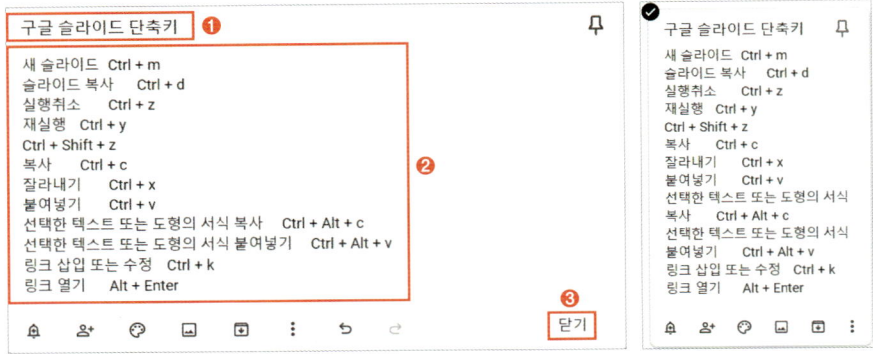

체크리스트 메모 쓰기

1 Keep 홈페이지에서 [메모 작성...] 오른쪽의 새 목록(☑) 아이콘을 클릭합니다.

2 메모 작성 창에서 '제목' 입력란에 메모 제목을 입력하고, [항목 추가]를 클릭하여 체크리스트 항목들을 추가한 후 [닫기]를 클릭하면 체크리스트 메모가 등록됩니다.

> 💡 **Plus Tip**
> 각 항목에 마우스 포인터를 올리면 나타나는 이동(⋮⋮) 아이콘을 위, 아래로 드래그하면 항목간 순서를 변경할 수 있고, 삭제(×) 아이콘을 클릭하면 항목을 삭제할 수 있습니다. 또한, [항목 추가]를 클릭한 후 Ctrl +] 키를 누르면 해당 항목을 들여쓰기 할 수 있습니다. 완료하여 체크한 항목은 줄이 그어집니다.

> **Upgrade** **텍스트 메모를 체크리스트 메모로 전환하기**
>
> 텍스트 메모를 작성하는 도중 체크리스트 메모로 전환하려면 메모 작성 창에서 더보기(⋮) 아이콘을 클릭하고, [체크박스 표시]를 선택합니다. 만약, 반대로 체크리스트 메모를 텍스트 메모로 전환하려면 더보기(⋮) 아이콘을 클릭하고, [체크박스 숨기기]를 선택합니다.

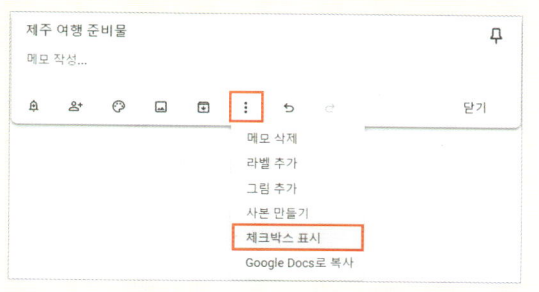

그림이 있는 메모 쓰기

1 Keep 홈페이지에서 그림이 있는 새 메모(✎) 아이콘을 클릭합니다.

> 💡 **Plus Tip**
>
> 그림이 있는 메모는 그림판처럼 손글씨로 메모를 남길 수 있습니다. 태블릿이나 휴대폰에서 사용하면 더욱 유용합니다.

2 마우스나 펜 등을 이용하여 직접 그림을 그리고, 이전(←) 아이콘을 클릭합니다.

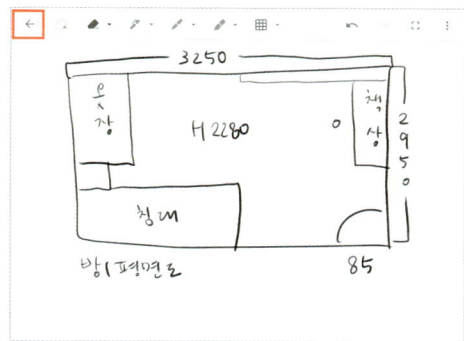

> 💡 **Plus Tip**
>
> 전체 화면(⛶) 아이콘을 클릭하면 전체 화면에서 그림을 그릴 수 있고, 더보기(⋮) 아이콘을 클릭하면 새로운 페이지에 그림을 그리거나, 현재 그림을 이미지로 내보내거나, 삭제할 수 있습니다.

3. 메모 작성 창에서 메모 제목과 내용을 입력한 후 [닫기]를 클릭하면 메모가 등록됩니다.

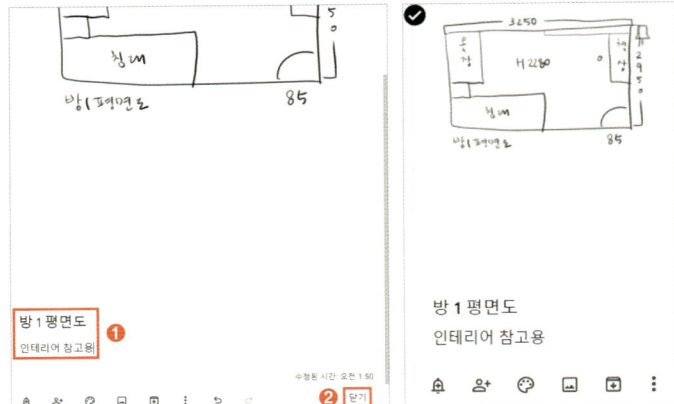

> **Plus Tip**
> 메모에서 그림을 클릭하면 그림을 다시 수정할 수 있습니다.

이미지가 있는 메모 쓰기

1. Keep 홈페이지에서 이미지가 있는 새 메모(🖼) 아이콘을 클릭합니다.

> **Plus Tip**
> 이미지가 있는 새 메모(🖼) 아이콘을 클릭하면 컴퓨터에 저장된 이미지를 메모에 첨부할 수 있습니다.

2. [열기] 대화 상자에서 첨부할 이미지를 찾아 선택한 후 [열기] 버튼을 클릭합니다.

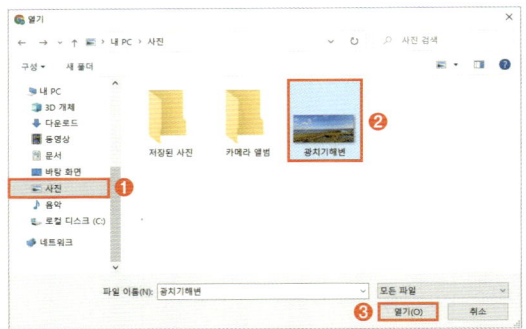

3. 메모 작성 창에서 메모 제목과 내용을 입력한 후 [닫기]를 클릭하면 이미지가 첨부된 메모가 등록됩니다.

> **Plus Tip**
> 이미지 추가(🖼) 아이콘을 클릭하면 메모에 다른 이미지를 추가할 수 있습니다.

Section 03 메모 알림 설정과 공동작업자 추가하기

메모에 알림 추가하기

1 메모 작성 창에서 메모 제목과 체크박스 내용을 각각 입력하고, 나에게 알림(🔔) 아이콘을 클릭합니다.

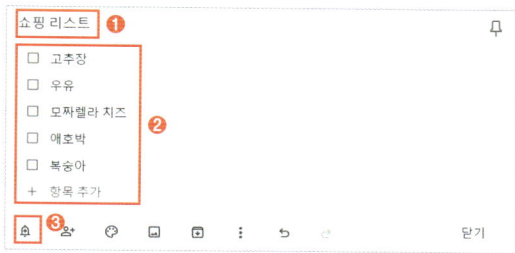

2 '알림' 창에서 [날짜 및 시간 선택]을 클릭합니다.

> 💡 **Plus Tip**
>
> [장소 선택]을 클릭하는 경우 위치를 설정한 후 해당 위치에 가면 알림을 받을 수 있습니다.

3 날짜와 시간, 반복 여부를 설정한 후 [저장]을 클릭하면 메모에 알림이 추가됩니다.

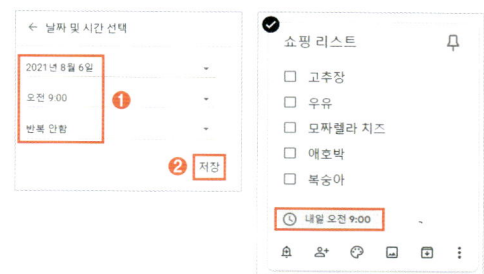

> 💡 **Plus Tip**
>
> Keep에서 알림을 추가하면 캘린더의 '알림'에도 등록됩니다.

메모에 공동작업자 추가하기

1 메모 작성 창에서 다른 사용자와 공유할 메모 제목과 내용을 입력하고, 공동작업자(👤+) 아이콘을 클릭합니다.

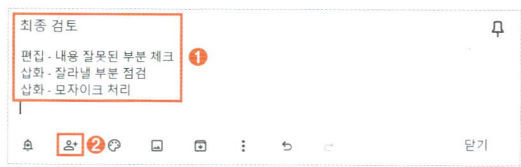

2 '공유할 사용자 또는 이메일' 입력란에 메모를 공유할 사용자의 이메일 주소를 입력하고, 공동작업자 추가(✓) 아이콘을 클릭한 후 [저장] 버튼을 클릭합니다.

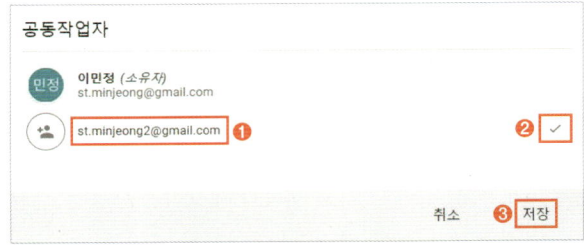

3 메모를 공유할 사용자가 추가되었는지 확인하고, [닫기]를 클릭하여 메모 작성을 완료합니다.

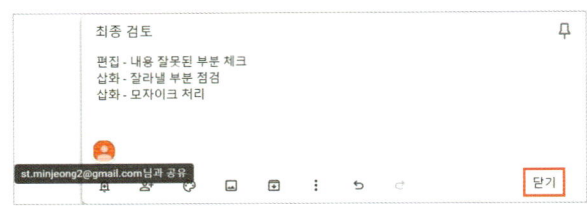

4 공동작업자로 추가한 사용자에게 메일이 발송되면 [Keep에서 열기] 버튼을 클릭하여 Keep에서 공유받은 메모를 확인합니다.

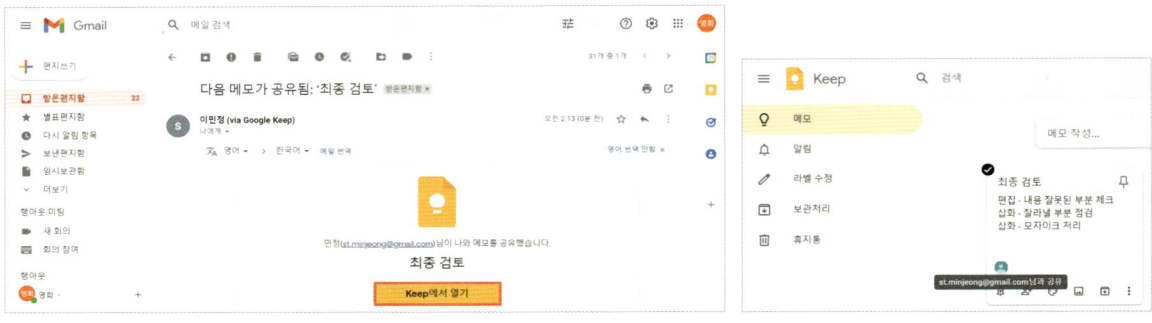

Plus Tip
메모를 공유받은 사용자가 내용을 수정할 경우 메모 소유자에게도 변경 사항이 반영됩니다.

Section 04 | 메모 관리하기

메모 고정, 수정 및 삭제하기

중요한 메모는 고정하여 Keep 화면 최상단에 배치할 수 있습니다. 메모를 고정하려면 메모에 마우스 포인터를 올리고, 오른쪽 상단의 메모 고정(📌) 아이콘을 클릭합니다. 반대로 고정된 메모를 해제하려면 고정 해제(📌) 아이콘을 클릭합니다.

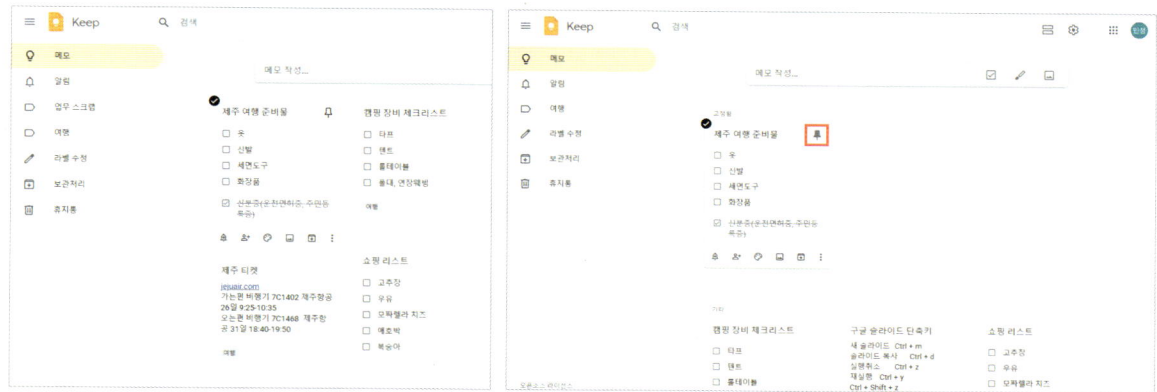

메모를 수정하려면 별도의 과정 없이 수정할 메모를 클릭합니다. 또한, 메모를 삭제하려면 메모의 더보기(⋮) 아이콘을 클릭하고, [메모 삭제]를 선택합니다. 삭제된 메모는 [휴지통]으로 이동하며, 7일 후 완전히 삭제됩니다.

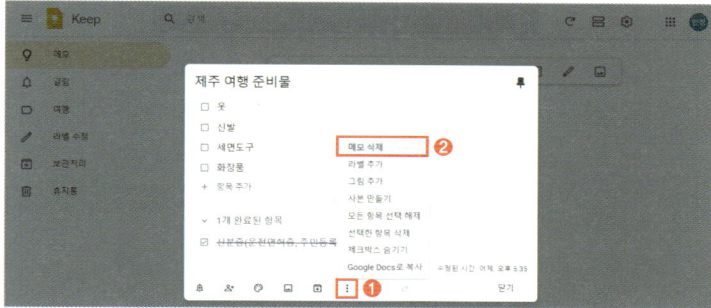

한 번에 여러 메모를 고정하거나, 알림을 추가하거나, 색상을 변경하거나, 보관처리하거나, 삭제할 수 있습니다. 메모에 마우스 포인터를 올리면 나타나는 메모 선택(✓) 아이콘을 클릭하여 메모들을 체크(선택)한 후 화면 오른쪽 상단의 아이콘을 클릭하여 작업을 수행합니다.

Plus Tip

메모들의 배열을 변경하려면 원하는 메모를 드래그하여 위치를 조정합니다.

| Upgrade | **배경 색상으로 메모 분류하기** |

메모의 배경 색상을 변경하여 중요한 메모를 표시하거나 메모들을 알아보기 쉽게 분류할 수 있습니다. 메모에서 색상 변경(🎨) 아이콘을 클릭하고, 원하는 색상 또는 배경을 선택합니다.

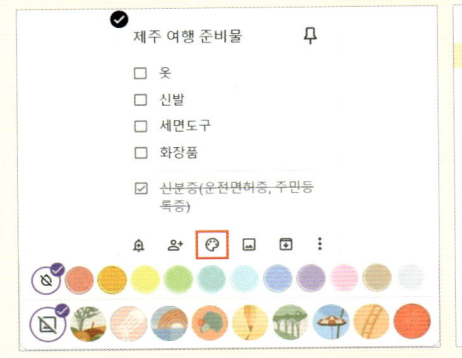
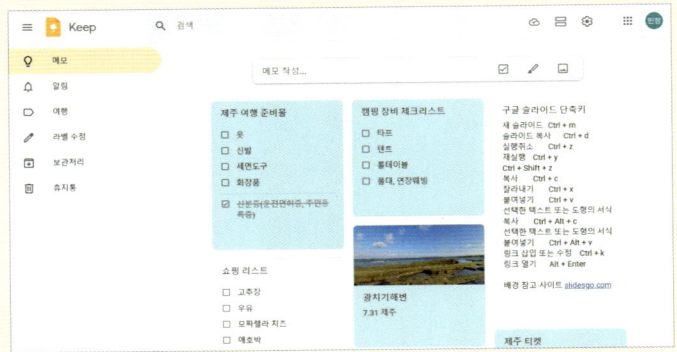

Section 05 라벨로 메모 분류하기

라벨 만들기

1 Keep 홈페이지에서 메뉴에 있는 [라벨 수정]을 선택합니다.

💡 **Plus Tip**

라벨을 만들어 메모를 분류하면 메모를 더욱 쉽게 찾으면서 관리할 수 있습니다.

2 '라벨 수정' 팝업 창에서 '새 라벨 만들기' 입력란에 라벨 이름을 입력하고, 라벨 만들기(✓) 아이콘을 클릭한 후 [완료]를 클릭합니다.

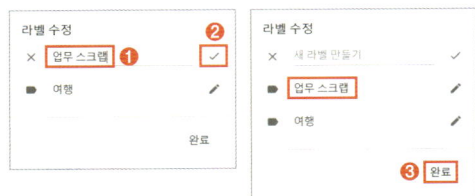

💡 **Plus Tip**

라벨(🏷) 아이콘에 마우스 포인터를 올리면 라벨 삭제(🗑) 아이콘이 나타나므로 해당 라벨을 삭제할 수 있습니다. 라벨을 삭제해도 라벨로 분류된 메모는 삭제되지 않습니다. 라벨 이름 바꾸기(✏) 아이콘을 클릭하면 라벨 이름을 변경할 수 있습니다.

3 추가한 라벨이 메뉴에 나타납니다.

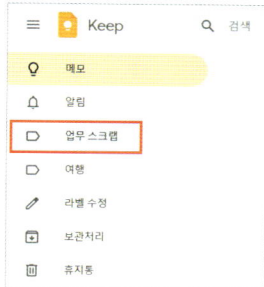

메모에 라벨 추가하기

1 메모 작성 창에서 메모의 제목과 내용을 입력하고, 더보기(:) 아이콘을 클릭한 후 [라벨 추가]를 선택합니다.

Plus Tip
메모 내용을 입력할 때 "#"을 입력해도 라벨을 지정할 수 있습니다.

2 라벨 목록에서 '여행'을 선택하고, [닫기]를 클릭하면 라벨 지정이 완료됩니다.

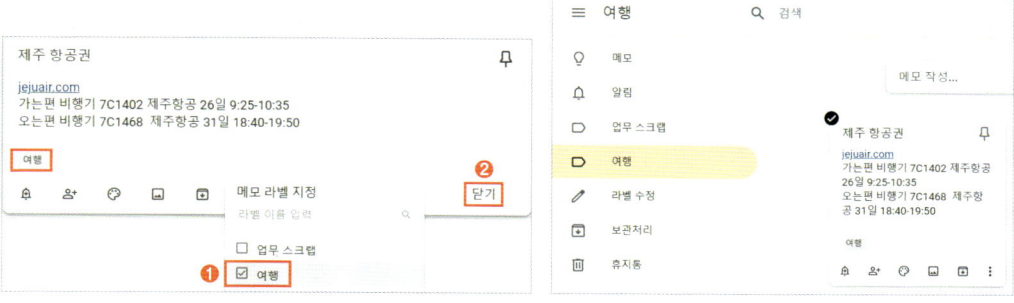

Plus Tip
여러 개의 라벨을 선택하여 동시에 지정할 수 있으며, '라벨 이름 입력'란에 라벨 이름을 입력하여 라벨을 만들거나 라벨을 검색할 수 있습니다.

Upgrade 메모 보관처리하기

사용이 끝났거나 당장은 필요 없지만 추후 필요한 메모의 경우 보관처리하면 메모가 삭제되지 않고 효율적인 정리가 가능합니다. 보관처리한 메모는 언제든 보관 취소할 수 있습니다. 메모의 보관처리() 아이콘을 클릭하면 [보관처리] 메모로 이동하고, 보관처리된 메모는 보관 취소(　) 아이콘을 클릭하면 [메모]로 이동합니다.

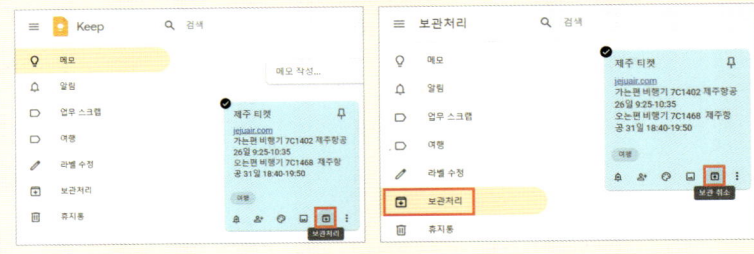

검색란에서 메모 검색하기

Keep 홈페이지 상단의 메모 검색란을 이용하면 메모를 쉽고 빠르게 검색할 수 있습니다. 메모 검색란을 클릭하면 유형, 라벨, 사물, 사람, 색상에 따라 메모를 한차례 필터링한 후 검색이 가능합니다. 예를 들어, 알림이 있는 메모를 검색할 경우 '유형'에서 [알림]을 클릭하면 알림이 있는 메모들이 나타납니다. '사물'에는 등록한 메모에 따라 [음식], [장소], [여행], [도서], [음악] 등이 자동으로 나타납니다. 또한, '사람'에는 메모에 공동작업자로 등록한 사용자가 나타나고, '색상'에는 메모의 배경 색상이 나타나 메모를 쉽게 검색할 수 있습니다.

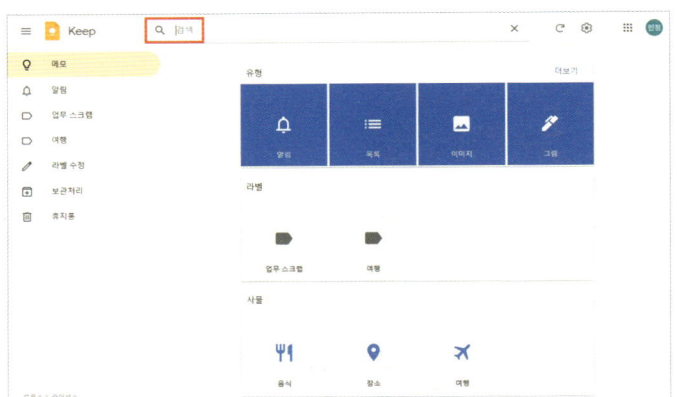 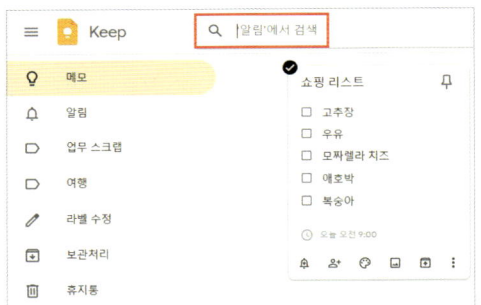

Section 06 Keep 확장 프로그램 사용하기

Keep 확장 프로그램으로 검색 내용 저장하기

1 Chrome 웹스토어(chrome.google.com/webstore)에서 '스토어 검색' 입력란에 "Keep 확장 프로그램"을 입력하여 검색한 후 [Google Keep Chrome 확장 프로그램]을 클릭합니다.

💡 Plus Tip

Keep 확장 프로그램을 설치하면 검색 결과를 스크랩하여 저장할 수 있습니다.

2 [Chrome에 추가] 버튼을 클릭한 후 설치를 확인하는 대화 상자에서 [확장 프로그램 추가] 버튼을 클릭하여 설치를 마칩니다.

3 웹사이트에서 원하는 정보를 찾으면 Chrome 브라우저에서 확장 프로그램(✦) 아이콘을 클릭하고, '확장 프로그램' 팝업 창에서 [Google Keep Chrome 확장 프로그램]을 선택합니다.

4 해당 대화 상자가 나타나면 메모의 제목과 내용을 입력하고, 라벨 추가(◻) 아이콘을 클릭하여 라벨을 지정하면 링크와 함께 메모가 자동으로 저장됩니다.

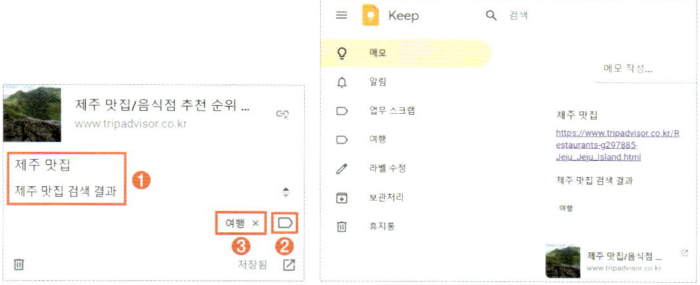

💡 Plus Tip

웹페이지의 링크가 메모에 자동으로 첨부되며, Keep에서 열기(↗) 아이콘을 클릭하면 Google Keep 탭이 열려 메모를 편집할 수 있습니다.

Section 07 다른 Google 앱에서 Keep 사용하기

다른 앱에서 Keep 사용하기

다른 Google 앱을 사용할 때도 오른쪽 패널에서 Keep을 열어 메모를 추가할 수 있습니다. Gmail, 드라이브, Google 문서 등을 사용할 때 오른쪽 패널에서 Keep(🟡) 아이콘을 클릭하면 Keep이 열립니다.

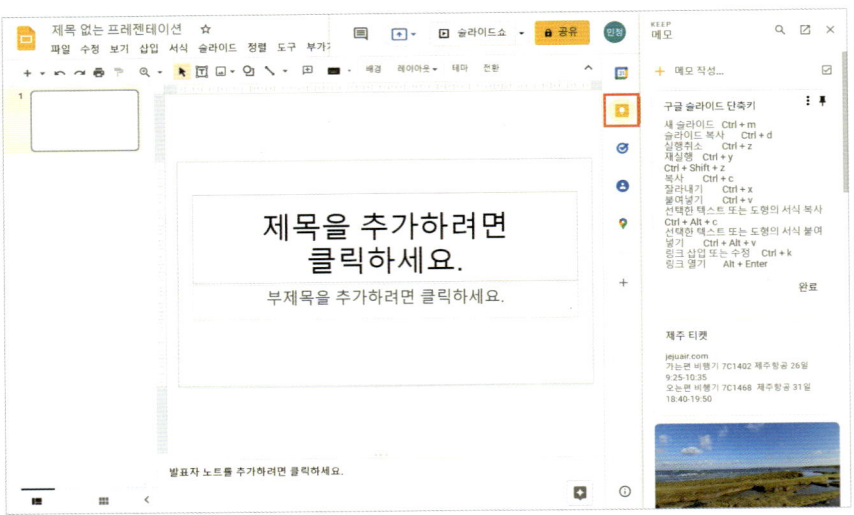

Keep에서 메모를 확인할 수 있으며, [메모 작성...]을 클릭하면 현재 열려있는 페이지가 링크로 첨부된 새 메모를 작성할 수 있습니다. 또한, 새 목록(☑) 아이콘을 클릭하면 체크리스트 메모를 작성할 수 있습니다. Google 문서와 Google 슬라이드(프레젠테이션) 사용 시 메모에 마우스 포인터를 올리면 나타나는 메뉴(⋮) 아이콘을 클릭하고 [문서에 추가], [슬라이드에 추가]를 선택하면 Google 문서와 Google 슬라이드에 메모 내용이 삽입됩니다.

💡 **Plus Tip**

메모를 Google 문서 또는 Google 슬라이드에 드래그해도 메모 내용을 삽입할 수 있습니다.

Chapter 03 Tasks로 할 일 관리하기

Tasks는 할 일을 추가하고, 시간에 따라 알림을 받을 수 있는 앱입니다. Gmail, 캘린더, 드라이브, 문서, 스프레드시트, 프레젠테이션 앱과 함께 사용하면서 할 일을 체크할 수 있습니다. 이번 Chapter에서는 Tasks를 여는 방법부터 할 일들을 추가하고 관리하는 방법에 대해 알아보겠습니다.

Section 01 Tasks 열기

Google 앱에서 Tasks 열기

Tasks는 Gmail, 캘린더, 드라이브, 문서, 스프레드시트, 프레젠테이션의 오른쪽 패널에서 Tasks 또는 할 일 목록(◎) 아이콘을 클릭하여 열 수 있습니다.

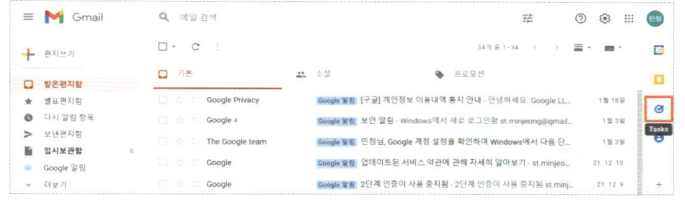

> **Plus Tip**
>
> 오른쪽 패널이 보이지 않는다면 화면 오른쪽 하단에서 측면 패널 표시하기(‹) 아이콘을 클릭합니다.

캘린더에서 할 일을 생성하면 내 캘린더 중 Tasks에 저장되고, Tasks와 연계되어 할 일이 목록에 추가됩니다. 캘린더에서 할 일을 추가하는 방법은 124쪽을 참고하세요.

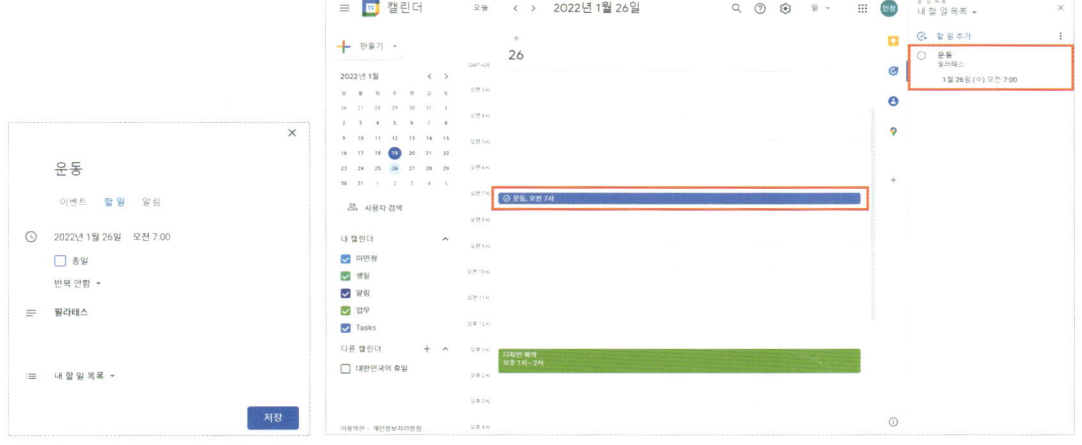

Section 02 할 일 만들기

할 일 등록하기

1 화면 오른쪽에 있는 Tasks에서 [할 일 추가]를 선택합니다.

2 '제목'과 '세부정보'를 입력하고, [날짜/시간]을 클릭하여 기한을 설정한 후 반복(🔁) 아이콘을 클릭합니다.

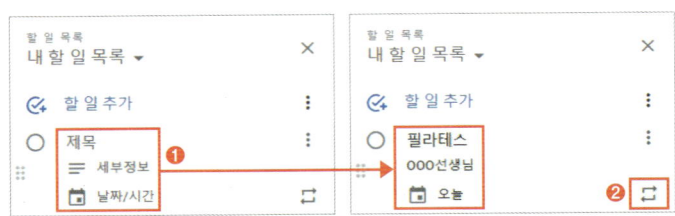

> 💡 **Plus Tip**
>
> 날짜 및 시간은 필수 사항은 아니지만 입력하면 알림을 받을 수 있으며, Google 캘린더에도 할 일이 등록됩니다. 만약, 날짜만 입력한 경우는 오전 9시에 알림을 받게 됩니다.

3 팝업 창에서 반복 주기와 시작일을 설정한 후 [확인]을 클릭하면 반복되는 할 일이 생성됩니다.

> 💡 **Plus Tip**
>
> 반복 중지(⊗) 아이콘을 클릭하면 할 일의 반복 설정을 취소할 수 있습니다.

캘린더 '알림' 가져오기

1 Tasks에서 더보기(⋮) 아이콘을 클릭하고, [리마인더를 Tasks로 이동]을 선택합니다.

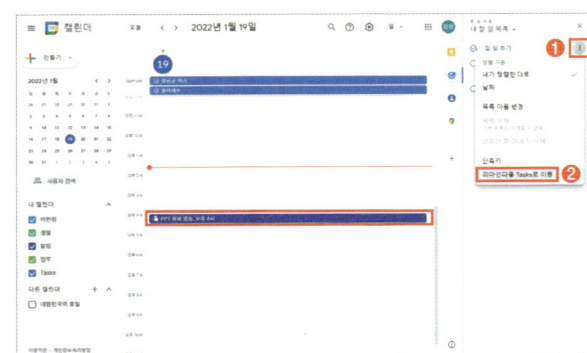

> 💡 **Plus Tip**
>
> [리마인더를 Tasks로 이동] 기능을 사용하면 캘린더의 '알림'에 저장된 내용들을 Tasks로 가져올 수 있습니다.

2 '리마인더 #개를 Tasks로 이동'에서 [목록 선택]의 목록 단추(▼)를 클릭하여 [내 할 일 목록]을 선택하고, [계속]을 클릭합니다.

Plus Tip

[목록 선택]의 목록 단추(▼)를 클릭하고, [새 목록 만들기]를 선택하면 Tasks의 목록을 새롭게 생성하고 해당 목록에 '알림'을 저장할 수 있습니다. Tasks의 목록에 대한 자세한 내용은 158쪽을 참고하세요.

3 캘린더에 등록된 알림이 Tasks에 복사됩니다.

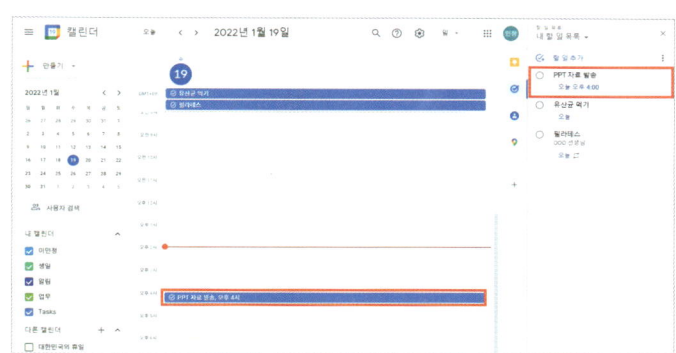

Plus Tip

새로고침 시 기존 캘린더에 있던 '알림'은 사라지고, 'Tasks' 캘린더에 복사한 '할 일'이 새롭게 생성됩니다.

Section 03 할 일 관리하기

수정, 삭제, 목록 이동, 완료로 표시하기

할 일을 수정하고 싶다면 수정을 원하는 할 일을 클릭하여 손쉽게 수정할 수 있습니다. 할 일을 삭제하고 싶다면 할 일의 메뉴 열기(⋮) 아이콘을 클릭하고, [삭제]를 선택합니다.

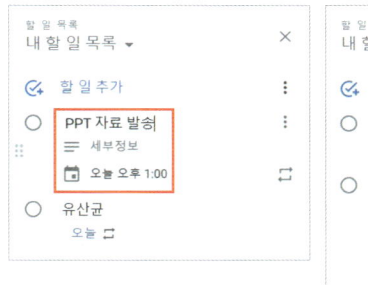 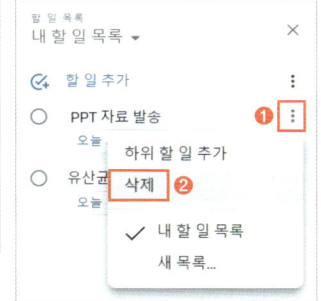

Plus Tip

할 일을 삭제한 후 하단에 나타나는 팝업 창에서 [실행 취소]를 클릭하면 삭제한 할 일을 복원할 수 있습니다.

반복되는 할 일은 삭제 시 '반복되는 할 일 삭제' 팝업 창이 나타나는데 [모두 삭제]를 클릭하면 과거와 미래의 반복되는 할 일이 모두 삭제됩니다.

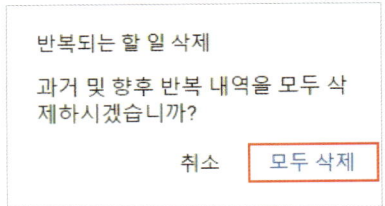

할 일이 포함된 목록을 변경하고 싶다면 할 일의 메뉴 열기( ) 아이콘을 클릭하고, 원하는 목록을 선택하면 할 일이 포함된 목록의 위치가 변경됩니다.

> **Plus Tip**
>
> [새 목록...]을 선택하여 목록을 생성할 수도 있습니다. 목록 생성에 대한 자세한 내용은 158쪽을 참고하세요. 반복이 설정된 할 일은 목록을 변경할 수 없습니다.

할 일을 종료하여 완료로 표시하고 싶다면 해당 항목에 마우스 포인터를 올리고, 완료로 표시( ) 아이콘을 클릭합니다. 완료로 표시한 할 일은 하단에 '완료됨(#개)'로 분류됩니다.

> **Upgrade** 완료된 할 일 한 번에 삭제하기

완료된 할 일은 마우스 포인터를 올리고, 할 일 삭제(🗑) 아이콘을 클릭하여 삭제할 수 있지만 삭제할 할 일이 많다면 [완료된 할 일 모두 삭제]를 이용하면 됩니다. 완료된 할 일을 한 번에 삭제하려면 Tasks에서 더보기(⋮) 아이콘을 클릭하고, [완료된 할 일 모두 삭제]를 선택합니다. 단, 반복되는 할 일은 삭제되지 않으므로 할 일 삭제(🗑) 아이콘을 클릭하여 직접 삭제해주어야 합니다.

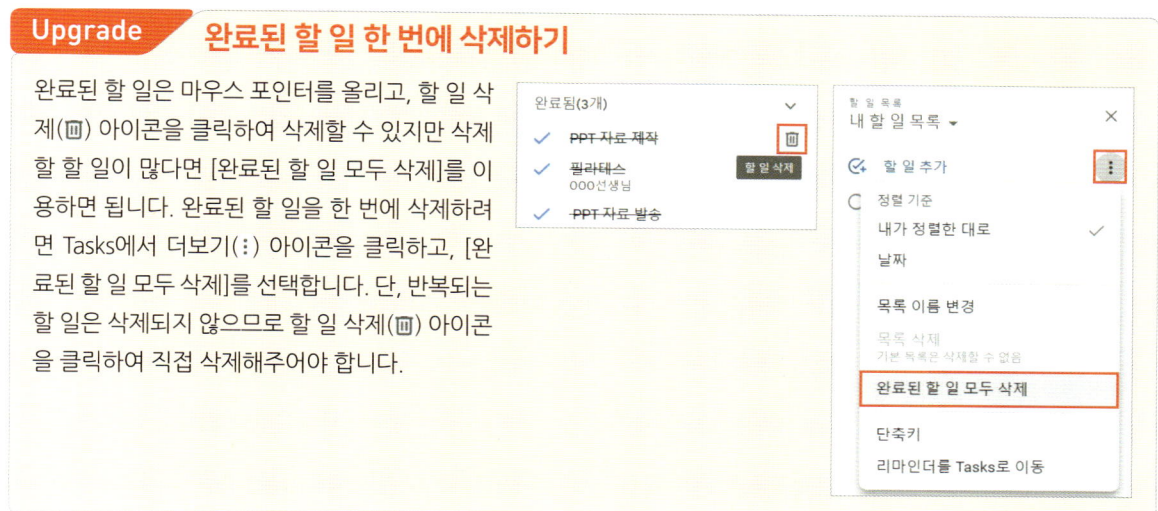

할 일 정렬하기

Tasks에서 더보기(⋮) 아이콘을 클릭하고, '정렬 기준'에서 [날짜]를 선택하면 마감일 순으로 할 일을 정렬할 수 있습니다. 만약, 할 일의 순서를 직접 바꾸고 싶다면 할 일을 위/아래로 드래그하여 순서를 변경하면 됩니다.

💡 **Plus Tip**

'정렬 기준'이 [날짜]로 설정된 경우는 마우스를 드래그하여 할 일의 순서를 변경하는 것이 불가능합니다.

Section 04 새 목록과 하위 할 일 추가하기

새로운 목록 생성하기

1 Tasks에서 [내 할 일 목록]의 목록 단추(▼)를 클릭하고, [새 목록 만들기]를 선택합니다.

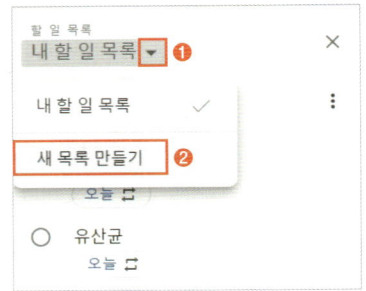

> 💡 **Plus Tip**
> 목록을 만들어 할 일들을 분류할 수 있습니다. [내 할 일 목록]은 기본 목록이며, 이름을 바꿀 수는 있지만 삭제할 수 없습니다.

2 '새 목록 만들기' 팝업 창에서 목록 이름을 입력하고, [완료]를 클릭하면 할 일 목록에 새롭게 만든 목록이 추가됩니다.

> 💡 **Plus Tip**
> 할 일을 추가하기 전에 할 일 목록이 제대로 선택되어 있는지 확인하는 것이 좋습니다. 목록에 마우스 포인터를 올리면 나타나는 이동(⋮⋮) 아이콘을 위/아래로 드래그하면 목록간 순서를 변경할 수 있습니다.

목록 이름 변경하기

1 Tasks의 '할 일 목록'에서 이름을 수정할 목록을 선택하고, 더보기(⋮) 아이콘을 클릭한 후 [목록 이름 변경]을 선택합니다.

> 💡 **Plus Tip**
> 목록을 삭제하려면 [목록 삭제]를 선택합니다. 이때, 목록을 삭제하면 해당 목록에 있는 할 일도 함께 사라집니다.

2 '목록 이름 변경' 팝업 창에서 변경할 목록 이름을 입력하고, [완료]를 클릭하면 목록 이름이 변경됩니다.

하위 할 일 추가로 할 일 세부적으로 나누기

1 하위 할 일을 추가할 할 일에서 메뉴 열기(⋮) 아이콘을 클릭하고, [하위 할 일 추가]를 선택합니다.

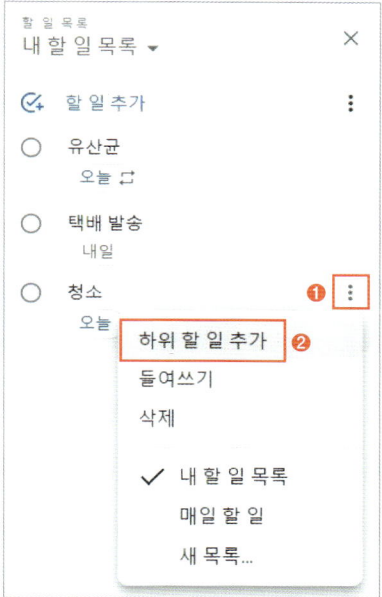

> 💡 **Plus Tip**
> 반복되는 할 일은 하위 할 일을 추가할 수 없습니다.

2 하위 할 일의 제목과 세부정보 및 시간을 입력합니다.

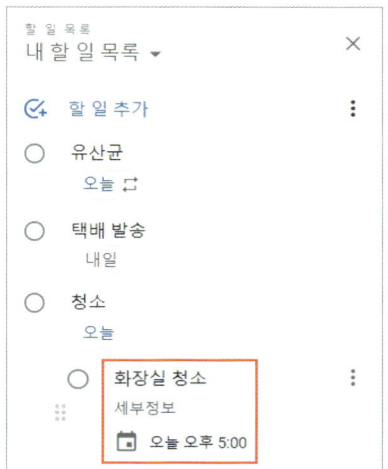

> 💡 **Plus Tip**
> 할 일의 메뉴 열기(⋮) 아이콘을 클릭하고, [들여쓰기] 또는 [내어쓰기]를 선택하여 할 일을 하위 할 일로, 하위 할 일을 할 일로 변경할 수 있습니다.

Chapter 03 Tasks로 할 일 관리하기 **159**

PART 04

클라우드와 협업 기능

Google에서는 1개의 계정당 15GB의 클라우드 용량을 무료로 제공합니다. 협업 기능이 출중한 문서, 스프레드시트, 프레젠테이션, 설문지 앱을 사용하면서 생성된 파일은 드라이브에 자동으로 저장되어 언제든 수정하고 다시 살펴볼 수 있습니다. 이번 Part에서는 클라우드 서비스의 기반이 되는 Google 드라이브의 기능을 살펴보고, 문서 앱들의 특징과 문서, 스프레드시트, 프레젠테이션, 설문지 앱을 활용하는 방법에 대하여 차례로 알아보겠습니다.

Chapter 01
Google 드라이브로 파일 관리하기

Chapter 02
Google 문서 도구의 특징 살펴보기

Chapter 03
Google 문서 사용하기

Chapter 04
Google 프레젠테이션 사용하기

Chapter 05
Google 스프레드시트 사용하기

Chapter 06
Google 설문지 사용하기

Chapter 01 Google 드라이브로 파일 관리하기

Google의 문서, 스프레드시트, 프레젠테이션 앱은 클라우드 저장 공간인 Google 드라이브와 연계되어 있습니다. Google 드라이브에서는 문서를 생성하는 것뿐만 아니라 파일을 업로드하고, 다른 사용자와 공유할 수 있어 업무를 더욱 효율적으로 만들어줍니다. 이번 Chapter에서는 Google 드라이브에서 파일을 생성 및 관리하고, 파일을 다른 사용자와 함께 사용하는 방법에 대해 알아보겠습니다.

Section 01 Google 드라이브 화면 구성 이해하기

Google 드라이브 화면 살펴보기

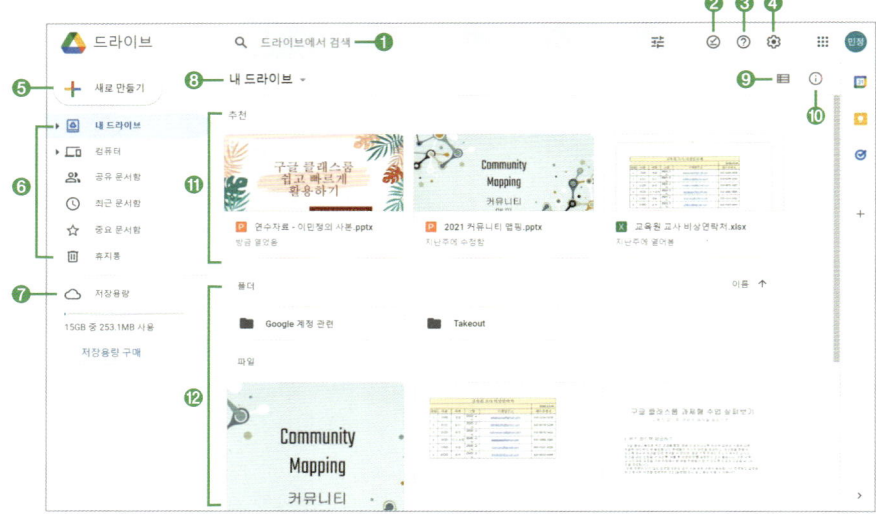

❶ **드라이브에서 검색** : 드라이브에 저장된 파일을 검색합니다. 검색 옵션(☲) 아이콘을 클릭하면 파일 유형, 소유자, 위치 등 다양한 조건을 사용하여 파일을 검색할 수 있습니다.

❷ **오프라인 사용 가능** : 클릭하여 오프라인 미리보기를 사용할 수 있습니다. 오프라인 사용에 대한 자세한 내용은 180쪽을 참고하세요.

❸ **지원** : 도움말을 찾아보거나 Google에 의견을 보냅니다.

❹ **설정** : 드라이브의 설정을 변경하거나, 데스크톱용 Google Drive를 다운받거나, 단축키를 확인합니다.

❺ **새로 만들기** : 폴더를 만들거나, Google 문서 도구를 이용하여 파일을 새롭게 만들거나, 폴더나 파일을 업로드합니다.

❻ **드라이브 및 문서함** : 내 드라이브, 동기화된 컴퓨터 폴더 및 여러 문서함들이 표시됩니다.

❼ **저장용량** : 파일들의 용량을 확인하고 관리합니다.
❽ **폴더** : 현재 보고 있는 폴더를 표시합니다.
❾ **목록 보기/바둑판 보기** : 폴더 및 파일의 레이아웃을 변경합니다.
❿ **세부정보 보기** : 선택한 폴더 또는 파일의 세부정보와 변경 내역을 조회합니다.
⓫ **추천** : 마지막으로 열어보았던 파일 또는 자주 열었던 파일을 자동으로 선택하여 보여줍니다.
⓬ **폴더 및 파일** : 드라이브에 저장된 폴더 및 파일이 나타납니다.

Section 02 폴더 생성과 파일 업로드하기

새 폴더 만들기

1 드라이브 홈페이지(drive.google.com)에서 [새로 만들기] 버튼을 클릭하고, [폴더]를 선택합니다.

2 '새 폴더' 팝업 창에서 폴더 이름을 입력하고, [만들기] 버튼을 클릭하면 새로운 폴더가 생성됩니다.

컴퓨터에 저장된 파일 업로드하기

1 드라이브 홈페이지에서 [새로 만들기] 버튼을 클릭하고, [파일 업로드]를 선택합니다.

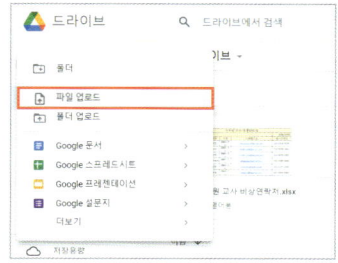

💡 **Plus Tip**

컴퓨터에 저장된 폴더를 업로드하려면 [폴더 업로드]를 선택합니다.

2 [열기] 대화 상자에서 업로드할 파일을 찾아 선택하고, [열기] 버튼을 클릭합니다.

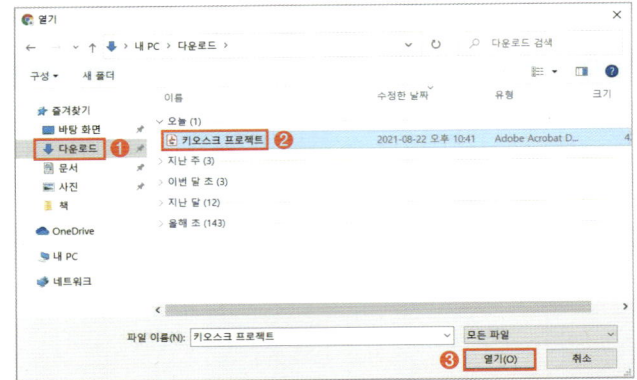

3 파일이 드라이브에 자동으로 업로드됩니다.

> **Plus Tip**
> 파일을 드래그하여 드라이브에 끌어다 놓아도 자동으로 업로드됩니다.

Section 03 파일 바로 가기 메뉴 이해하기

파일 바로 가기 메뉴 살펴보기

파일의 바로 가기 메뉴는 해당 파일을 마우스 오른쪽 버튼으로 클릭하면 나타납니다.

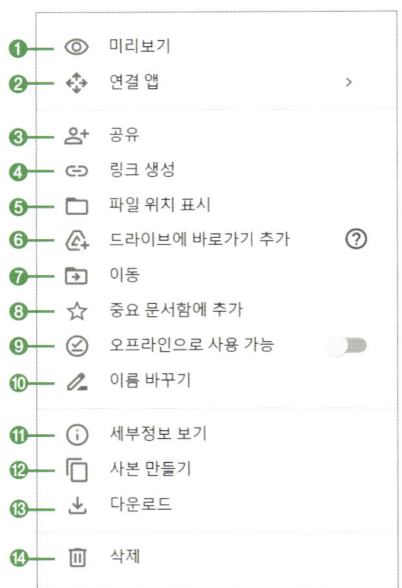

❶ **미리보기** : 파일을 미리보기합니다. 포토샵 등 따로 프로그램이 설치되어 있지 않아도 미리 볼 수 있습니다. 단, Zip 파일은 미리보기 할 수 없습니다.
❷ **연결 앱** : 해당 파일을 열 때 사용할 앱을 선택합니다.
❸ **공유** : 다른 사용자에게 파일에 대한 권한을 부여합니다. 공유에 대한 자세한 내용은 168쪽 또는 184쪽을 참고하세요.
❹ **링크 생성** : 파일의 링크를 복사할 수 있고, 링크의 공개 여부를 변경할 수 있습니다.
❺ **파일 위치 표시** : 파일이 저장된 폴더 위치를 표시합니다.
❻ **드라이브에 바로가기 추가** : 파일과 연결된 바로가기를 드라이브에 추가합니다.
❼ **이동** : 드라이브에서 파일이 저장된 위치를 변경합니다.
❽ **중요 문서함에 추가** : 파일을 별표로 표시하고, 중요 문서함에 추가합니다.
❾ **오프라인으로 사용 가능** : Google 문서 도구로 열 수 있는 문서 파일들에서만 나타나며, 활성화 시 오프라인 상태에서도 편집할 수 있습니다.
❿ **이름 바꾸기** : 파일의 이름을 변경합니다.
⓫ **세부정보 보기** : 파일의 세부정보 및 활동 창을 열어 파일의 유형, 저장 용량 등 세부 정보를 확인하고 변경 내역을 확인합니다.
⓬ **사본 만들기** : 드라이브에 파일의 사본을 생성합니다.
⓭ **다운로드** : 파일을 컴퓨터에 다운로드합니다.
⓮ **삭제** : 파일을 휴지통으로 이동시킵니다. 휴지통 파일은 30일 후 완전히 사라집니다.

Section 04 파일 및 폴더 관리하기

파일 및 폴더 이름 변경하기

1 드라이브 홈페이지에서 이름을 변경할 임의의 파일 또는 폴더를 마우스 오른쪽 버튼으로 클릭하고, 바로 가기 메뉴에서 [이름 바꾸기]를 선택합니다.

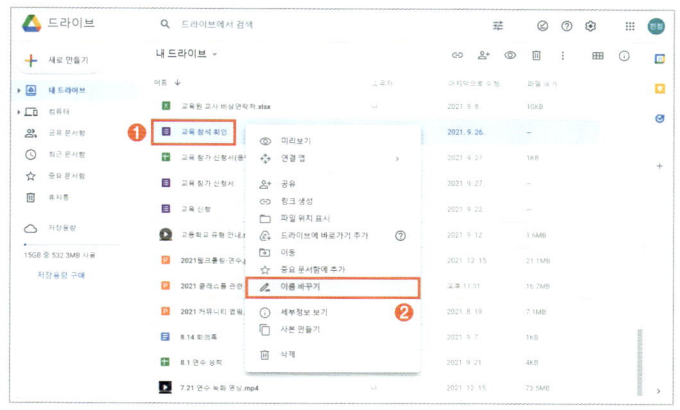

2 '이름 바꾸기' 팝업 창에서 이름을 변경하고, [확인] 버튼을 클릭하면 이름이 변경됩니다.

파일 및 폴더 다운로드하기

1 다운로드할 파일 또는 폴더를 마우스 오른쪽 버튼으로 클릭하고, 바로 가기 메뉴에서 [다운로드]를 선택합니다.

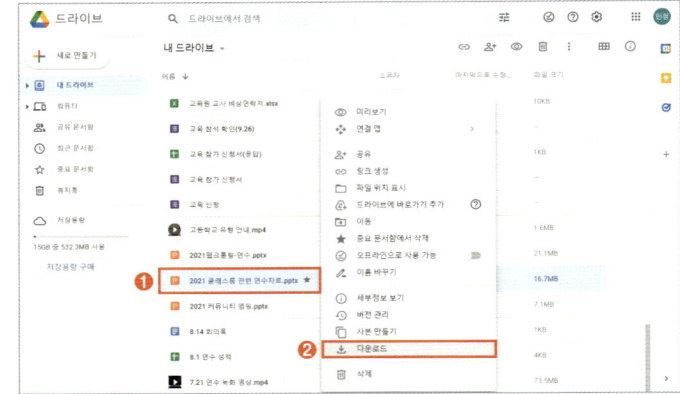

Plus Tip
여러 개의 항목을 드래그하여 한 번에 선택한 후 다운로드하면 하나의 zip 파일로 다운로드됩니다.

2 파일이 지정된 위치에 다운로드됩니다.

Plus Tip
파일 및 폴더의 다운로드 위치를 변경하려면 44쪽을 참고하세요.

파일 및 폴더 삭제하기

1 삭제할 파일 또는 폴더를 마우스 오른쪽 버튼으로 클릭하고, 바로 가기 메뉴에서 [삭제]를 선택합니다.

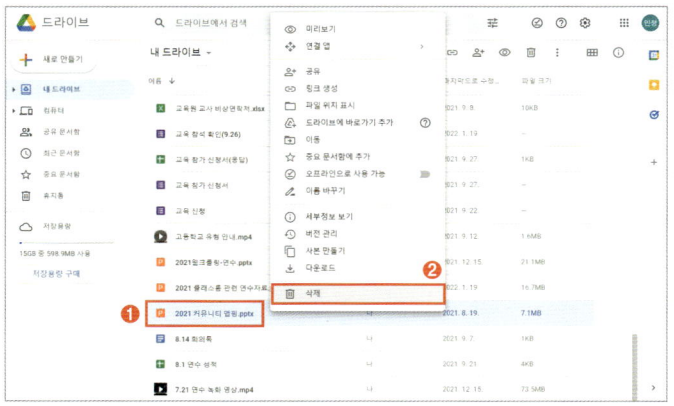

2 삭제된 파일은 [휴지통]으로 이동하며, 30일 후 자동으로 완전히 삭제됩니다.

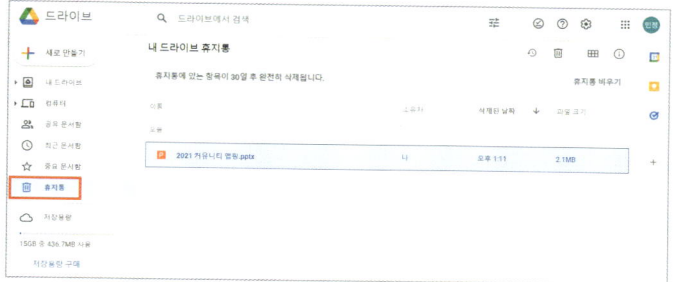

> **Plus Tip**
>
> 파일을 바로 영구 삭제하려면 해당 파일을 선택하고, 상단의 영구 삭제(🗑) 아이콘을 클릭합니다. [휴지통 비우기]를 클릭하면 휴지통에 있는 모든 파일이 영구 삭제됩니다.

파일 및 폴더 복원하기

1 휴지통에서 복원할 항목을 선택하고, 화면 상단에 있는 복원(🕒) 아이콘을 클릭합니다.

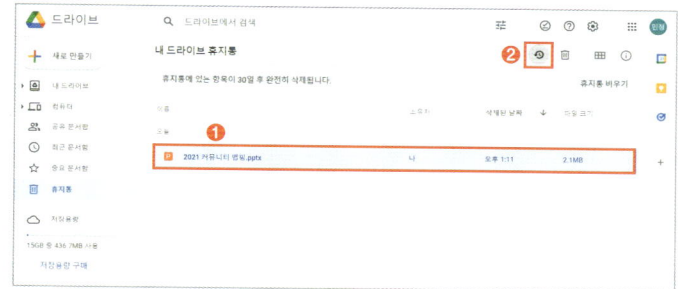

2 파일이 복원되면서 삭제하기 전의 위치에 저장됩니다.

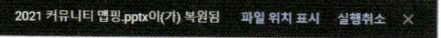

> **Plus Tip**
>
> 복원 알림 창에서 [파일 위치 표시]를 클릭하면 파일이 어디에 저장되어 있는지 손쉽게 확인할 수 있습니다.

파일 및 폴더 위치 변경하기

1 위치를 변경할 파일 또는 폴더를 마우스 오른쪽 버튼으로 클릭하고, 바로 가기 메뉴에서 [이동]을 선택합니다.

> **Plus Tip**
>
> 항목을 선택하여 원하는 폴더로 드래그해도 위치를 변경할 수 있습니다.

Chapter 01 Google 드라이브로 파일 관리하기 **167**

2 옮길 위치를 선택한 후 [이동] 버튼을 클릭하면 위치가 변경됩니다.

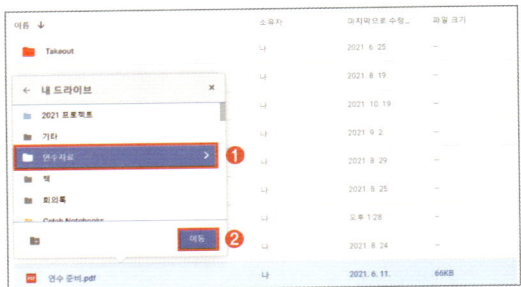

💡 Plus Tip

새 폴더() 아이콘을 클릭하면 폴더를 새롭게 생성하여 항목을 저장할 수 있습니다.

Upgrade 폴더 색상 변경하기

드라이브에 폴더가 여러 개 있을 때 폴더의 색상을 변경하면 폴더별로 구분이 쉬워집니다. 목록에서 색상을 변경할 폴더를 마우스 오른쪽 버튼으로 클릭하고, 바로 가기 메뉴에서 [색상 변경]을 선택한 후 원하는 색상을 선택하면 폴더의 색상을 변경할 수 있습니다.

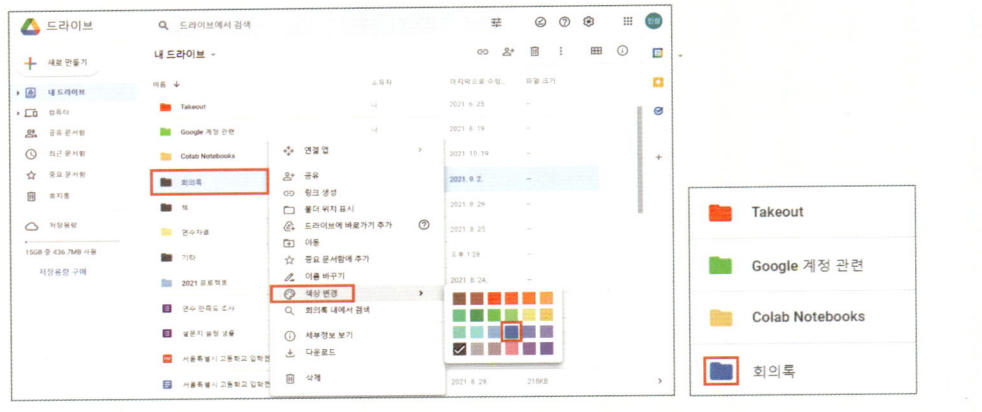

Section 05 파일 공유하기

파일 편집자 권한 부여하기

1 다른 사용자와 공유할 파일을 마우스 오른쪽 버튼으로 클릭하고, 바로 가기 메뉴에서 [공유]를 선택합니다.

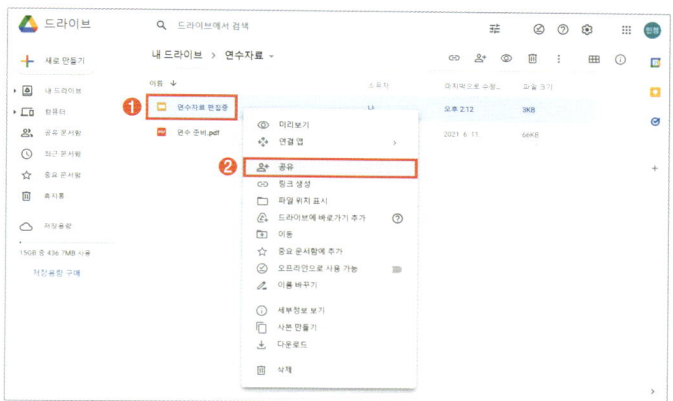

Plus Tip

Google 문서 도구에서 [공유] 버튼을 클릭하여 다른 사용자를 추가하는 것과 동일한 기능입니다. Google 문서 도구에서 다른 사용자에게 편집자 권한을 부여하는 방법은 195쪽을 참고하세요. 드라이브에 저장된 폴더 또한 공유할 수 있습니다.

2 '사용자 및 그룹과 공유' 팝업 창에서 '사용자 및 그룹 추가' 입력란에 파일을 공유할 사용자의 이메일 주소를 입력합니다.

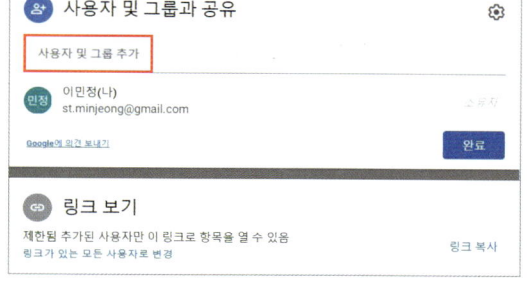

3 권한이 '편집자'로 설정되어 있는지, '이메일 알림 보내기'의 체크 박스가 선택되었는지 확인한 후 이메일에 포함할 메시지를 입력한 다음 [보내기] 버튼을 클릭합니다.

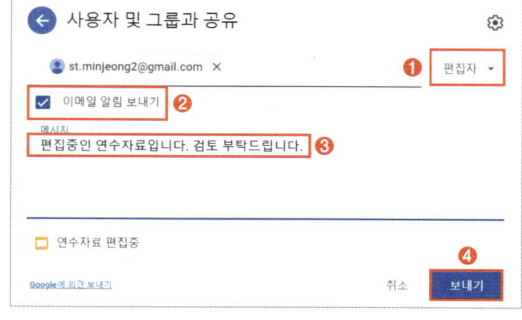

Plus Tip

[편집자]의 목록 단추(▼)를 클릭하면 권한을 댓글 작성자, 뷰어로 변경할 수 있습니다. 폴더를 공유하고 편집자 권한을 부여하는 경우 파일 정리, 추가, 수정이 가능합니다.

> **Upgrade** 다른 사용자와 공유 설정

'사용자 및 그룹과 공유' 팝업 창에서 다른 사용자와 공유 설정(⚙) 아이콘을 클릭하면 편집자 및 댓글 작성자, 뷰어 사용자의 기능 설정을 변경할 수 있습니다. '편집자가 권한을 변경하고 공유할 수 있습니다.'를 체크 해제하면 소유자 이외의 편집자 권한으로 공유받은 사용자가 다른 사용자의 권한을 변경하거나 사용자를 추가할 수 없습니다. 또한, '뷰어 및 댓글 작성자에게 다운로드, 인쇄, 복사 옵션 표시'를 체크 해제하면 뷰어 및 댓글 작성자는 해당 파일을 열었을 때 다운로드, 인쇄, 복사가 가능한 아이콘이 표시되지 않아 다운로드, 인쇄, 복사를 할 수 없습니다. 체크 박스들을 체크하거나 체크 해제하면 설정이 자동으로 저장됩니다.

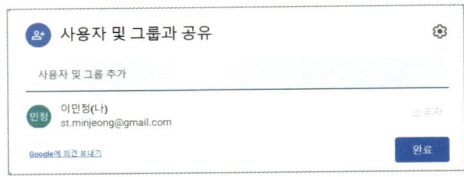 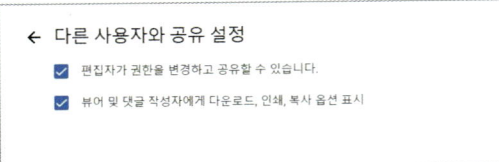

파일 편집자 권한 삭제하기

1 다른 사용자의 권한을 삭제할 파일을 마우스 오른쪽 버튼으로 클릭하고, 바로 가기 메뉴에서 [공유]를 선택합니다.

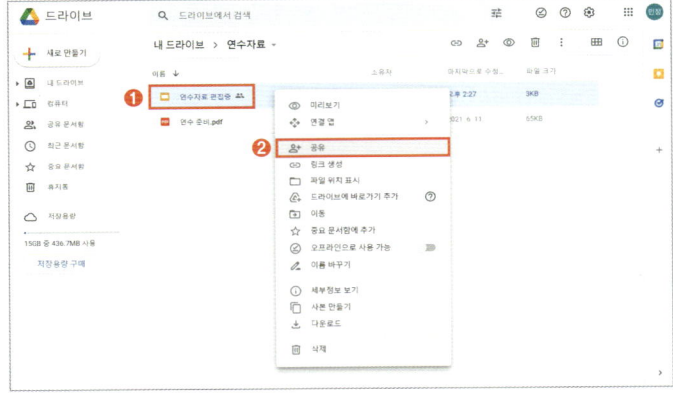

 **Plus Tip**

다른 사용자와 공유 중인 파일은 파일명 오른쪽에 공유 아이콘(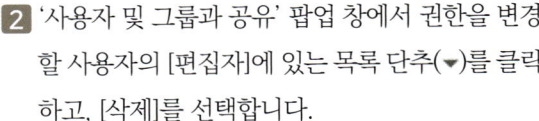)이 나타나고, 다른 사용자와 공유 중인 폴더는 폴더 아이콘(📁)으로 변경되어 쉽게 구분할 수 있습니다.

2 '사용자 및 그룹과 공유' 팝업 창에서 권한을 변경할 사용자의 [편집자]에 있는 목록 단추(▼)를 클릭하고, [삭제]를 선택합니다.

 **Plus Tip**

[뷰어], [댓글 작성자]를 선택하여 권한을 바꿀 수 있으며, [소유권 이전]을 선택하면 파일의 소유자 권한을 넘겨주게 됩니다.

파일 링크 생성하기

1 링크를 생성할 파일을 마우스 오른 쪽 버튼으로 클릭하고, 바로 가기 메뉴에서 [링크 생성]을 선택합니다.

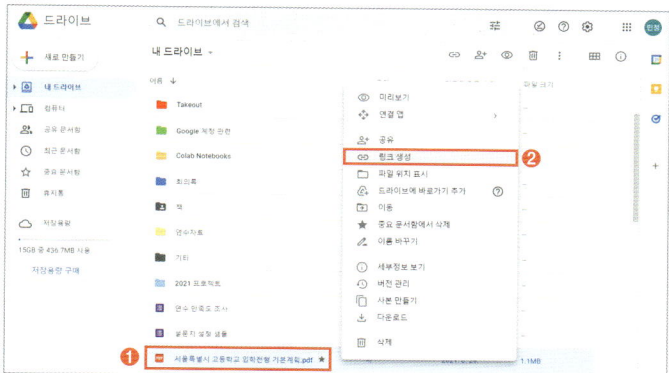

💡 Plus Tip

링크를 생성한 후 전달하면 다른 사용자들이 해당 링크를 이용하여 파일에 접근할 수 있습니다. 바로 가기 메뉴에서 [공유]를 선택한 후 '링크 보기' 팝업 창을 클릭해도 됩니다.

2 [제한됨]의 목록 단추(▼)를 클릭한 후 [링크가 있는 모든 사용자에게 공개]를 선택합니다.

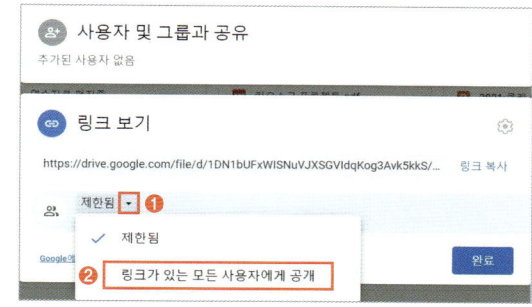

💡 Plus Tip

[제한됨]으로 설정하는 경우 '사용자 및 그룹과 공유' 팝업 창에서 추가한 사용자만 링크를 이용하여 파일을 볼 수 있습니다.

3 권한이 자동으로 업데이트 되면 [링크 복사]를 클릭하여 파일 링크를 복사한 후 메일 등을 이용하여 다른 사용자에게 전달합니다.

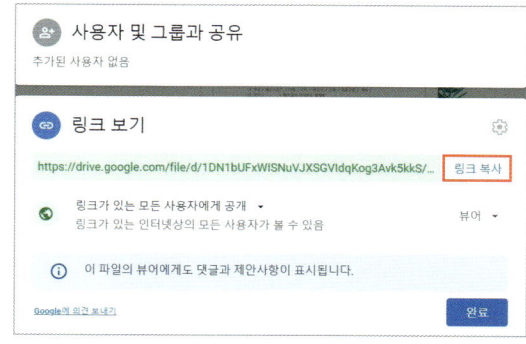

💡 Plus Tip

다른 사용자들은 전달받은 링크를 주소 표시줄에 붙여넣기하면 해당 파일에 접근할 수 있으며, 파일에 포함된 댓글과 제안사항을 볼 수 있습니다. [뷰어]의 목록 단추(▼)를 클릭하면 링크를 가진 사용자의 권한을 변경할 수 있습니다.

> **Upgrade** 공유 문서함
>
> 편집자, 댓글 작성자, 뷰어 권한으로 공유받은 파일이나 폴더들은 [공유 문서함]에서 찾을 수 있습니다. [공유 문서함]에는 날짜별로 공유받은 항목이 정렬되며, 항목을 마우스 오른쪽 버튼으로 클릭하여 바로 가기 메뉴에서 [드라이브에 바로가기 추가]를 선택하면 [내 드라이브]에 공유받은 항목의 바로가기가 추가되어 파일을 빠르게 찾을 수 있습니다.
>
>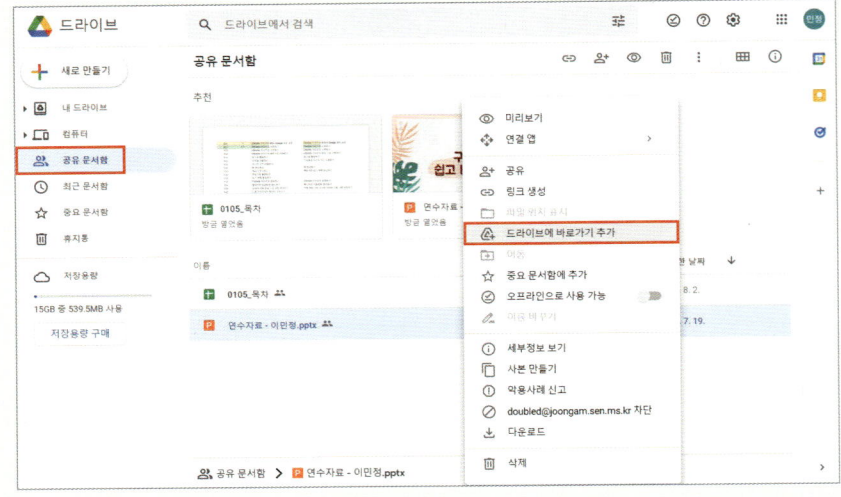

Section 06 PDF 및 이미지에 댓글 남기기

파일 미리보기 화면에서 댓글 작성하기

1 드라이브에서 댓글을 남길 PDF 또는 이미지 파일을 클릭하여 미리보기 화면을 엽니다.

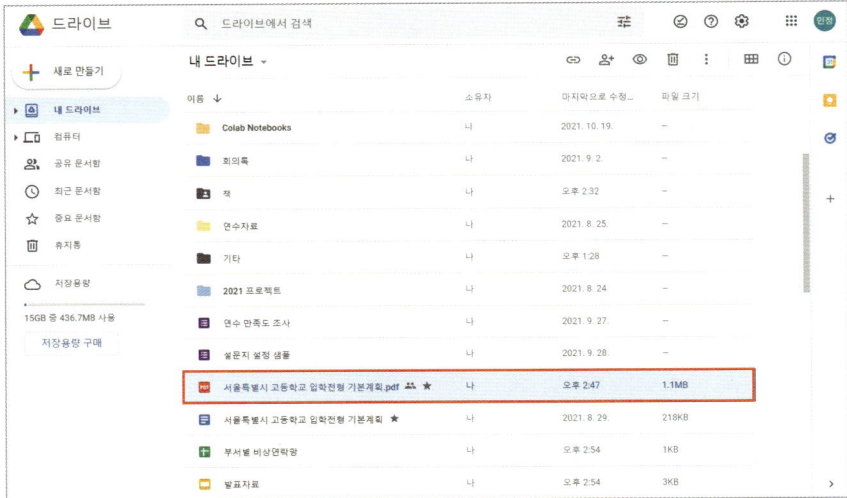

2 미리보기 화면에서 오른쪽 상단의 댓글 추가(🖃) 아이콘을 클릭하고, 해당 부분을 드래그하여 영역을 지정합니다.

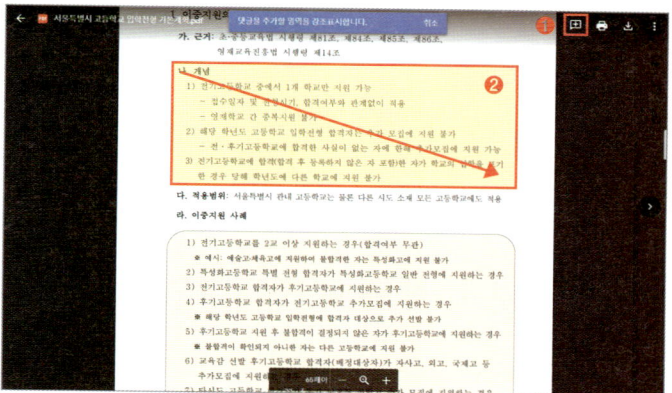

💡 Plus Tip
PDF 파일의 경우 텍스트를 직접 드래그한 후 댓글 추가(🖃) 아이콘을 클릭해도 댓글을 남길 수 있습니다.

3 댓글 입력란에 댓글 내용을 입력한 후 [댓글] 버튼을 클릭합니다.

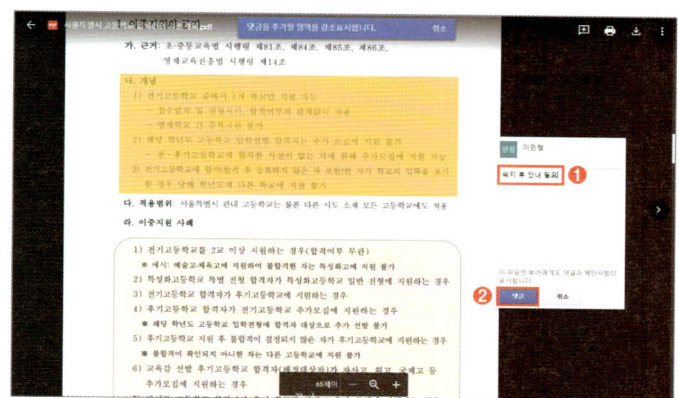

Upgrade 이미지 파일에서 문자 추출하기

이미지 파일에서 문자를 추출하거나 PDF 파일을 편집하려면 이미지 파일과 PDF 파일을 Google 문서로 열면 됩니다. 드라이브에서 이미지 파일 또는 PDF 파일을 마우스 오른쪽 버튼으로 클릭하고, 바로 가기 메뉴에서 [연결 앱]-[Google 문서]를 선택합니다. 이미지 파일이 Google 문서로 열리면 이미지 파일 내의 텍스트가 추출되고, PDF 파일은 Google 문서에서 내용을 수정할 수 있습니다.

Section 07 　드라이브 검색하기

드라이브에서 검색 옵션으로 검색하기

드라이브에서 상단에 있는 '드라이브에서 검색' 입력란에 파일명을 입력하여 검색할 수 있으며, 입력란을 클릭했을 때 나타나는 파일 유형을 선택하면 해당 유형의 파일들을 모아서 보여줍니다.

또한, 검색 옵션(￥) 아이콘을 클릭하면 파일 유형, 소유자, 위치, 수정 날짜, 항목 이름, 포함된 단어, 공유한 사용자, 후속 작업별로 옵션을 추가하여 보다 효율적으로 검색할 수 있습니다.

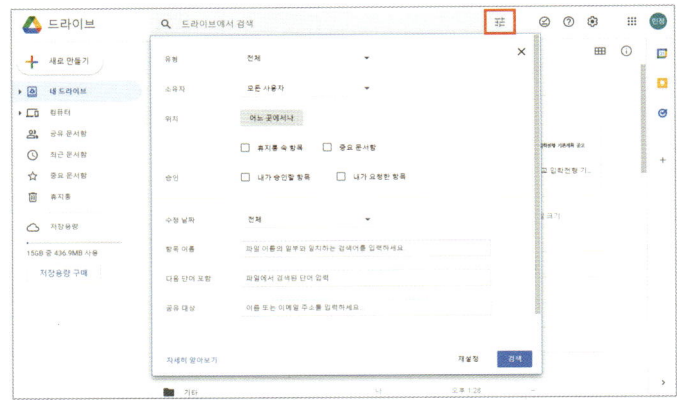

> **Plus Tip**
> '승인'은 Google Workspace 계정에서만 사용할 수 있는 기능이며, '후속 작업'은 나에게 할당된 작업 항목이 있거나 내가 소유한 파일 중 제안사항이 있는 파일을 찾을 수 있습니다.

Upgrade 　검색 연산자로 드라이브에서 검색하기

드라이브에서 검색 옵션을 사용하지 않아도 검색 연산자를 이용하면 빠르고 간편하게 검색 결과를 좁힐 수 있습니다.

검색 연산자	검색 옵션
title:	파일 제목으로 검색 / (예) title:연수
before:	지정한 날짜 이전에 수정된 파일 검색 / (예) before:2022-07-01
after:	지정한 날짜 이후에 수정된 파일 검색 / (예) after:2022-07-01
type:	파일 형식으로 검색 / (예) pdf
" "	정확히 일치하는 문구가 포함된 파일 검색 / (예) "구글 클래스룸"

-	- 앞의 단어는 포함하지만 - 뒤의 단어가 포함되지 않은 파일 검색 / (예) 제주-애월
owner:	특정 사용자가 소유한 파일 검색 / (예) owner:test@gmail.com
from:	특정 사용자가 공유한 파일 또는 내가 공유한 파일 검색 / (예) from:me / from:test@gmail.com
to:	특정 사용자와 공유한 파일 또는 내가 공유받은 파일 검색 / (예) to:me / to:test@gmail.com
is:starred	중요 문서함에 포함된 항목 검색 / (예) is:starred 연수
is:trashed	휴지통에 있는 항목 검색 / (예) is:trashed 연수

Section 08 데스크톱용 드라이브 사용하기

데스크톱용 드라이브 설치하기

1 드라이브에서 설정(⚙) 아이콘을 클릭하고, [데스크톱용 드라이브 다운로드]를 선택합니다.

> **Plus Tip**
> 데스크톱용 드라이브를 설치하면 Google 드라이브를 내 컴퓨터의 다른 드라이브처럼 사용할 수 있으며, 컴퓨터와 드라이브의 파일을 동기화할 수 있습니다.

2 Google 드라이브 다운로드 웹페이지(google.com/drive/download)에서 [데스크톱용 Drive 다운로드] 버튼을 클릭하고, 자동으로 다운로드된 'GoogleDriveSetup.exe' 파일을 더블 클릭합니다.

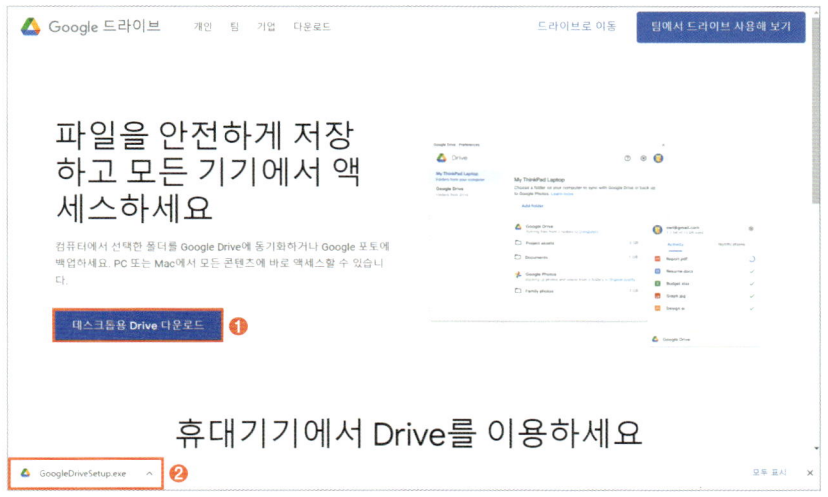

3 'Google Drive를 설치하시겠습니까?' 창에서 [설치] 버튼을 클릭합니다.

💡 Plus Tip

'바탕화면에 애플리케이션 바로가기 추가'를 체크(선택)하면 Google Drive 앱을 열 수 있는 바로가기가 바탕화면에 생성되고, 'Google Docs, 스프레드시트, 프레젠테이션의 바탕화면 바로가기 추가'를 체크하면 문서, 스프레드시트, 프레젠테이션 웹페이지를 열 수 있는 바로가기가 추가됩니다.

4 설치가 완료되면 [닫기] 버튼을 클릭하여 데스크톱용 드라이브 설치를 마칩니다.

데스크톱용 드라이브 시작하기

1 'Google Drive에 로그인' 창에서 [브라우저에서 로그인] 버튼을 클릭하고, 데스크톱용 드라이브와 연동할 Google 계정을 선택합니다.

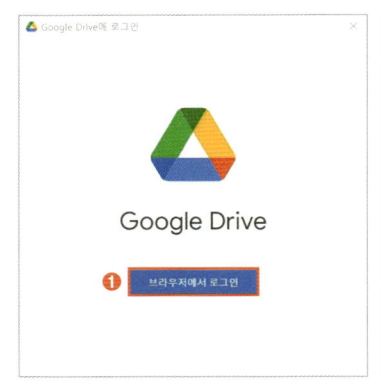

💡 Plus Tip

설치 후 자동으로 나타난 창을 실수로 닫았다면 컴퓨터에서 'Google Drive' 앱을 검색합니다.

2 'Google을 통해 다운로드한 앱인지 확인하세요'에서 [로그인] 버튼을 클릭합니다.

3 Google 드라이브를 내 컴퓨터의 다른 드라이브처럼 사용할 수 있습니다.

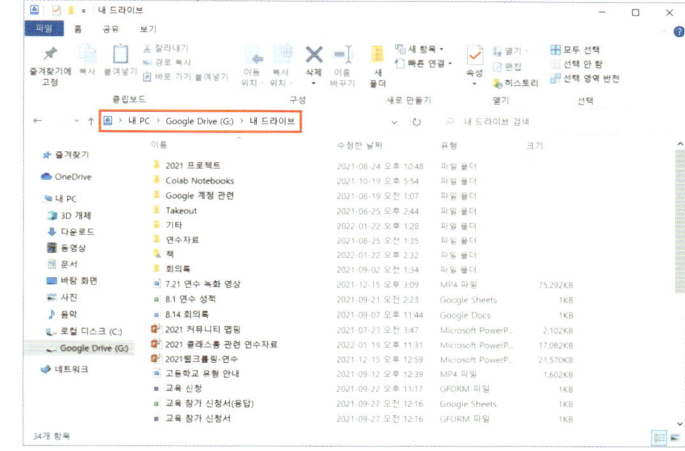

Plus Tip
오프라인 상태에서 파일을 데스크톱용 드라이브에 저장하면 온라인 상태일 때 동기화됩니다.

컴퓨터 폴더 드라이브에 동기화하기

1 컴퓨터의 작업 표시줄에서 숨겨진 아이콘 표시(︿) 아이콘을 클릭하고, Google Drive(△) 아이콘을 클릭하여 데스크톱용 드라이브를 열기한 후 설정(⚙) 아이콘을 클릭하고, [환경설정]을 선택합니다. (Windows 10 기준)

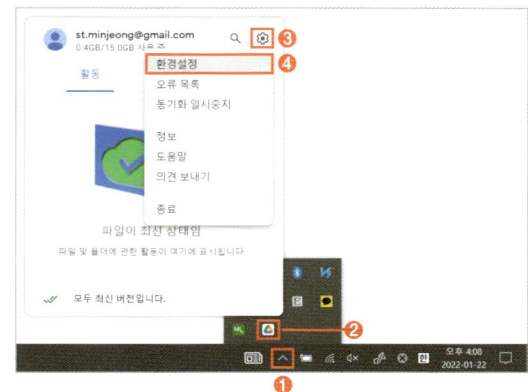

Plus Tip
컴퓨터 폴더를 Google 드라이브에 동기화하면 해당 폴더의 파일을 수정하거나 삭제하는 경우 자동으로 드라이브에 동기화됩니다.

2 'Google Drive 환경설정' 창에서 [폴더 추가] 버튼을 클릭합니다.

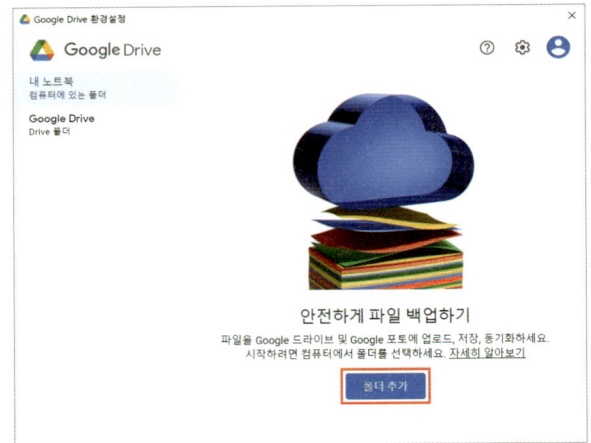

3 [백업할 폴더 선택] 대화 상자에서 드라이브에 동기화할 폴더를 찾아 선택하고, [폴더 선택] 버튼을 클릭합니다.

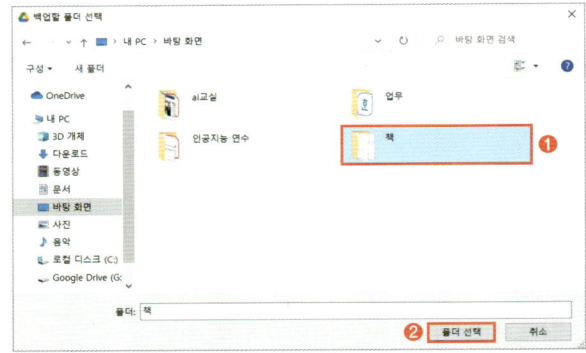

4 '설정' 팝업 창에서 'Google Drive와 동기화'를 체크(선택)하고, [완료] 버튼을 클릭합니다.

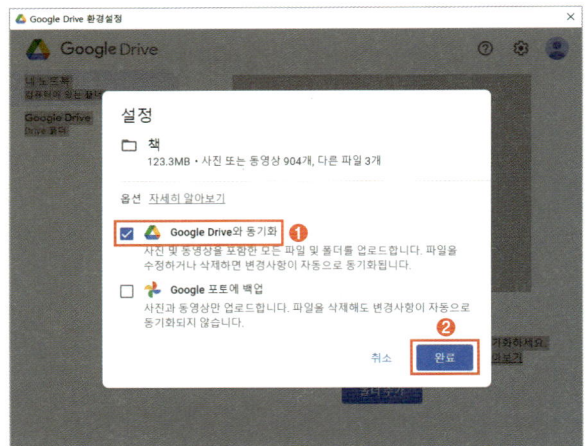

Plus Tip

'Google 포토에 백업'을 선택하면 Google 포토의 파일 내 사진과 동영상이 업로드됩니다. 'Google Drive와 동기화'와 'Google 포토에 백업'을 모두 선택하면 드라이브와 Google 포토에 각각 업로드되므로 저장 용량에 유의해야 합니다.

5 계속해서 [저장] 버튼을 클릭하여 동기화 설정을 저장합니다.

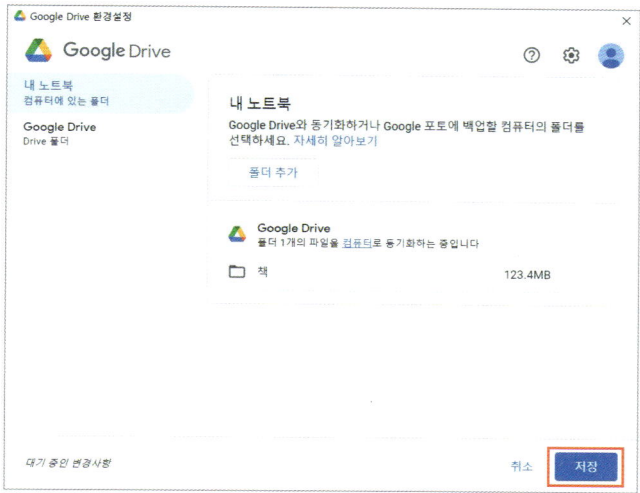

6 동기화한 폴더와 폴더 내 파일은 드라이브 메뉴 중 [컴퓨터]에서 확인할 수 있습니다.

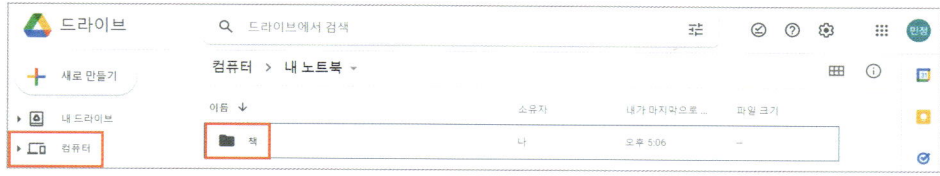

컴퓨터 폴더 동기화 사용 중지하기

1 'Google Drive 환경설정' 창에서 동기화 중인 폴더를 선택한 후 '설정' 팝업 창에서 'Google Drive와 동기화'를 체크 해제하고, [완료] 버튼을 클릭합니다.

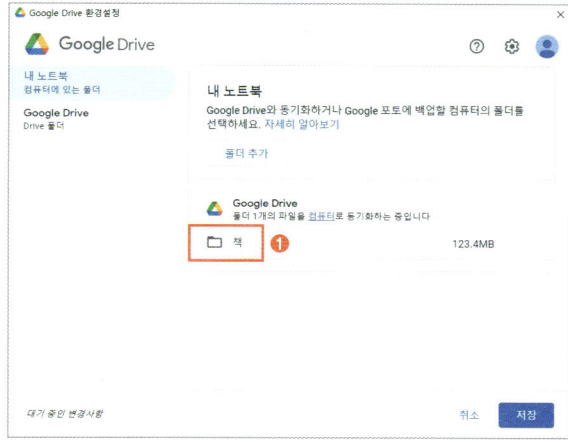 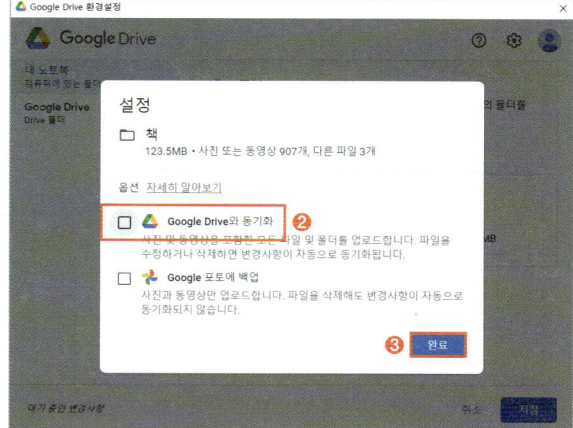

Chapter 01 Google 드라이브로 파일 관리하기 **179**

2 '동기화를 중지하시겠습니까?' 팝업 창에서 [동기화 중지]를 클릭하여 동기화 중지 설정을 마칩니다.

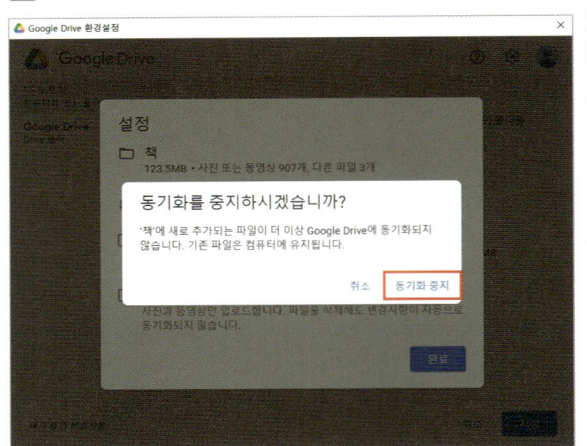 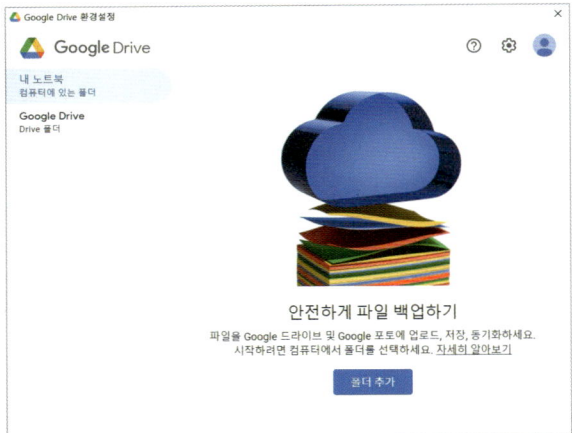

Upgrade 　 드라이브 오프라인 사용 설정

드라이브에서 오프라인 사용을 설정하면 네트워크가 연결되어 있지 않아도 Google 문서, 스프레드시트, 프레젠테이션을 저장하고 열어볼 수 있습니다. 드라이브 오프라인 사용을 설정하기 위해서는 Chrome 브라우저를 사용해야 하며, 'Google Docs 오프라인' 확장 프로그램이 설치되어 있어야 합니다.

'Google Docs 오프라인' 프로그램이 설치되면 드라이브 오른쪽 상단에서 설정(⚙) 아이콘-[설정]을 클릭하고, '설정' 팝업 창의 [일반사항] 탭에서 '오프라인'을 선택(체크)합니다. 이후 오프라인 사용을 원하는 파일에서 마우스 오른쪽 버튼을 클릭하고, [오프라인으로 사용 가능]을 활성화하면 오프라인 상태에서도 파일을 열고 편집할 수 있습니다. 오프라인 사용 설정이 활성화된 파일은 파일명 오른쪽에 오프라인으로 사용 가능(✓) 아이콘이 나타납니다.

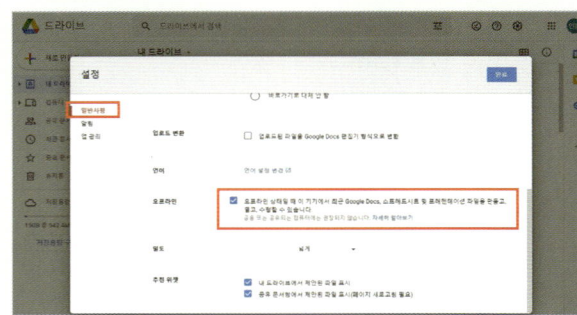 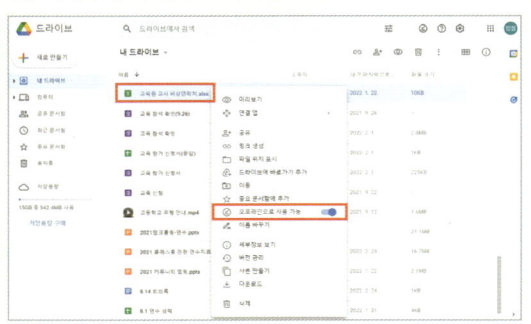

Chapter 02 Google 문서 도구의 특징 살펴보기

Google에서는 문서, 스프레드시트, 프레젠테이션, 설문지 등 다양한 문서 도구 앱을 제공합니다. Google 문서 도구는 MS Office의 앱들보다 협업 기능 및 저장 기능이 월등하면서도 MS Office 앱과의 강력한 호환성을 가지고 있습니다. Google 문서 도구의 특징은 효율적인 업무 처리와 연결되어 있으므로 각각의 사용법을 알아보기 전에 Google 문서 도구의 특징을 이해하고 있어야 합니다. 이번 Chapter에서는 독특한 Google 문서 도구의 특징들을 알아보겠습니다.

Section 01 자동 저장과 버전 기록

자동 저장 기능

한글(Hwp) 파일이나 MS Office 문서를 작성했는데 저장이 되지 않아 처음부터 다시 작업을 수행했던 경험은 한 번쯤 있을 것입니다. Google 문서, 스프레드시트, 프레젠테이션, 설문지 등을 이용하여 문서를 작성하고, 편집하는 경우는 별도의 저장 과정이 필요 없습니다. 인터넷이 연결된 상태에서 문서를 편집하면 상단에 '저장 중…'이라는 문구가 나타나면서 변경사항이 자동으로 저장되고, 저장이 완료되면 '드라이브에 저장됨'으로 나타납니다.

 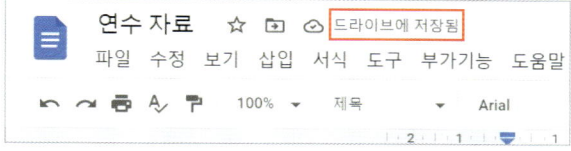

> **Plus Tip**
> 문서가 제대로 저장되었는지 확인하려면 문서 상태 확인(☁) 아이콘을 클릭합니다.

버전 기록 확인

업무용 문서를 작성하면서 흔히 겪게 되는 일 중 하나는 수정을 거치면서 수많은 버전이 생성되는 것입니다. 수많은 사본 파일이 생성되면 어떤 것이 최종 수정 파일인지 헷갈리기도 하고, 파일을 정리하는 데 어려움을 겪게 됩니다. Google 문서 도구에서는 문서를 수정하면 버전이 업데이트되고, 버전들은 하나의 문서 내에 저장됩니다. 언제든지 이전 버전의 문서를 확인할 수 있고, 다운로드할 수 있고, 삭제할 수 있습니다.

버전 기록을 보기 위해서는 [버전 기록 열기]를 클릭하거나 메뉴에서 [파일]-[버전 기록]-[버전 기록 보기]를 선택하면 날짜별로 저장된 버전 기록이 나타나고, 원하는 버전을 선택하여 조회할 수 있습니다.

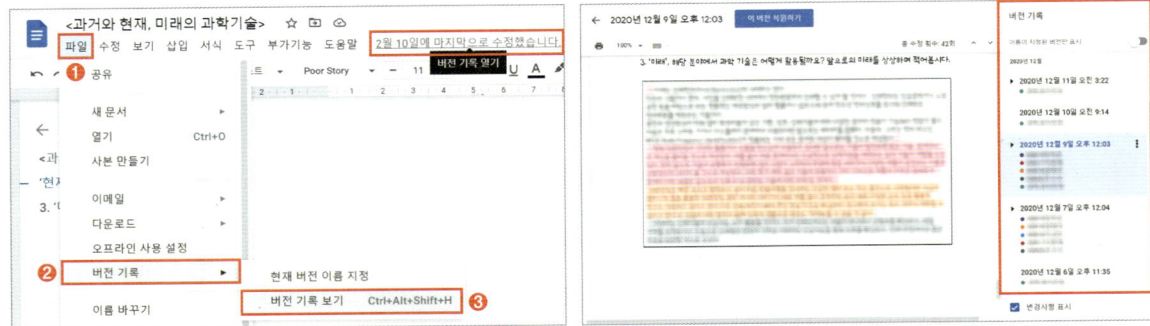

> 💡 **Plus Tip**
> 버전 기록에서는 작업자별 수정한 내용이 색깔로 나타나므로 누가, 어떤 부분을 어떻게 바꾸었는지 쉽게 파악할 수 있습니다. '변경사항 표시'를 체크(선택) 해제하면 수정한 내용이 색깔로 표시되지 않습니다.

버전 기록에서 개별 버전의 추가 작업(⋮) 아이콘을 클릭하면 해당 버전을 복원하거나, 버전의 이름을 만들거나, 해당 버전의 사본을 드라이브에 저장할 수 있습니다.

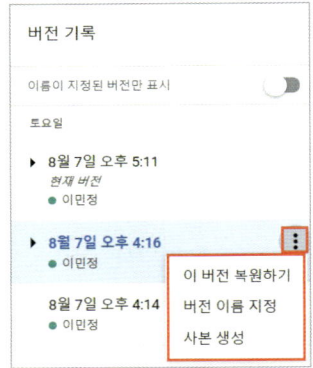

Section 02 MS Office의 호환

MS Office 파일 열기

Google 문서 도구의 가장 큰 장점은 MS Office 문서와 호환성이 높다는 것입니다. MS Office 문서를 드라이브에 업로드하면 Google 문서 도구를 이용하여 내용을 확인할 수 있으며, 편집이 가능합니다. Word 파일은 Google 문서에서, Excel 파일은 Google 스프레드시트에서, Powerpoint 파일은 Google 프레젠테이션에서 열 수 있고, 대부분의 핵심 기능이 동일하기 때문에 협업 기능을 사용할 수 있어 업무 처리에 효율적입니다. Google 문서, 스프레드시트, 프레젠테이션에서 MS Office 파일을 열면 메뉴 상단에 파일의 확장자가 표시됩니다.

MS Office Word	Google 문서
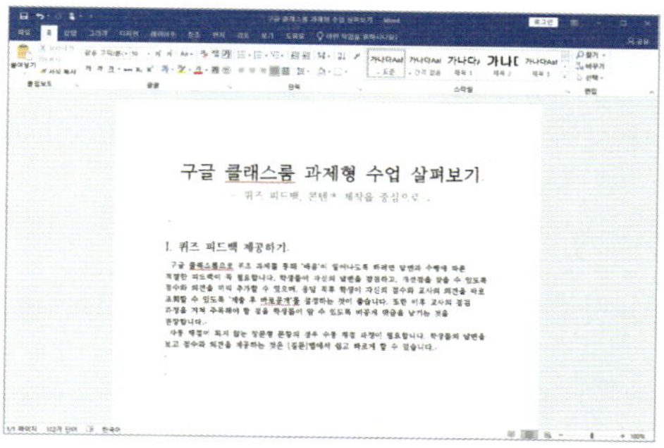	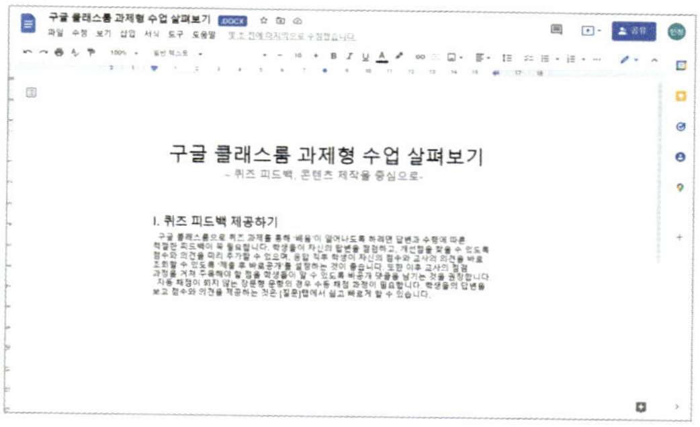

MS Office Excel	Google 스프레드시트
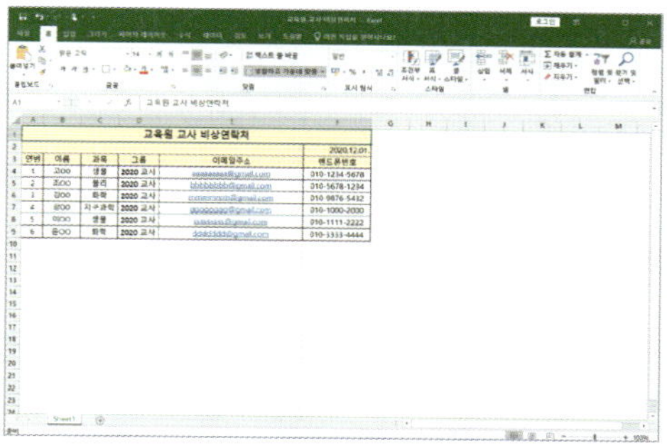	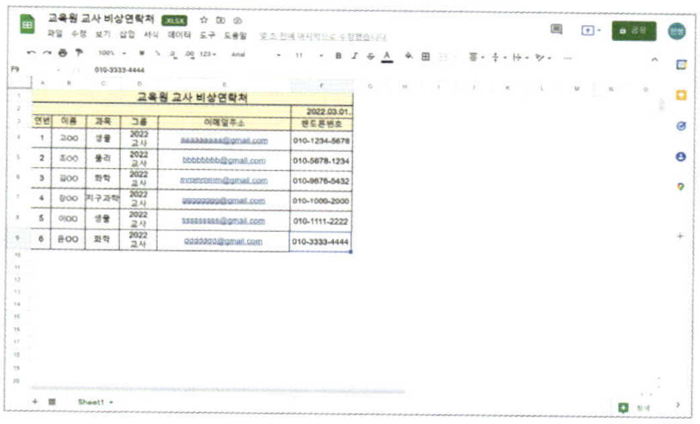

MS Office Powerpoint	Google 프레젠테이션
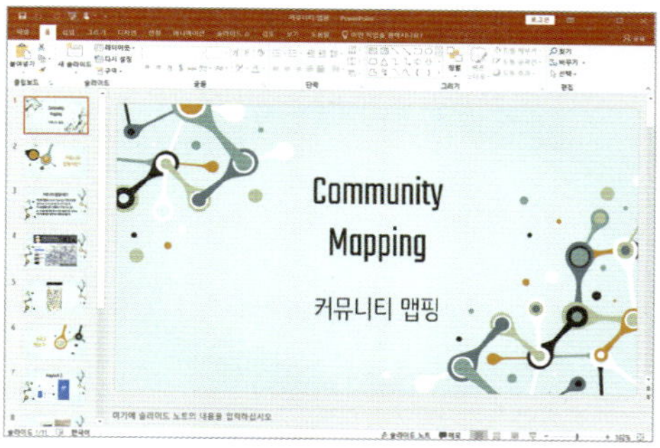	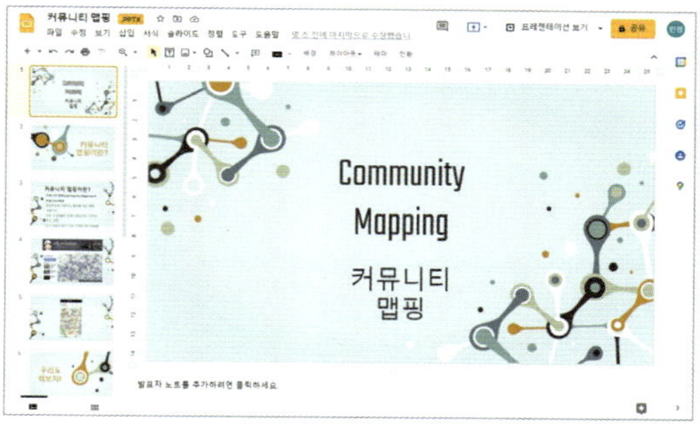

Plus Tip

HWP 파일은 지원되지 않고, PDF 파일은 Google 문서로 열 수 있습니다. 메뉴에서 [파일]을 클릭하고 [Google Docs로 저장], [Google Slides로 저장], [Google Sheets로 저장]을 선택하면 파일 형식을 변환할 수 있습니다.

Section 03 다양한 협업 기능

Google 문서 공유로 협업하기

Google 문서 도구로 생성한 파일은 다른 사용자와 공유할 수 있습니다. 파일을 공유받은 사용자는 파일을 조회하거나, 댓글을 남기거나, 같이 편집하는 등 실시간으로 협업할 수 있습니다. Google 문서에서 [공유] 버튼을 클릭하면 '사용자 및 그룹과 공유' 팝업 창에서 파일을 공유할 사용자를 추가하거나 '링크 보기' 팝업 창에서 문서의 링크 공개 범위를 변경하여 다른 사람들이 볼 수 있도록 설정할 수 있습니다.

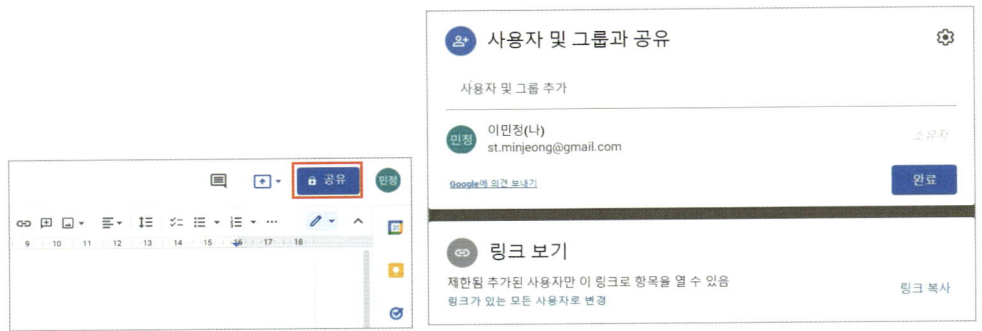

공유 권한 중 '뷰어'는 문서를 볼 수만 있고, '댓글 작성자'는 문서에 댓글을 남기거나 제안 모드로 문서에 대한 의견을 남길 수 있습니다. '편집자'는 댓글 및 제안 모드 사용뿐만 아니라 문서의 내용을 변경할 수 있습니다.

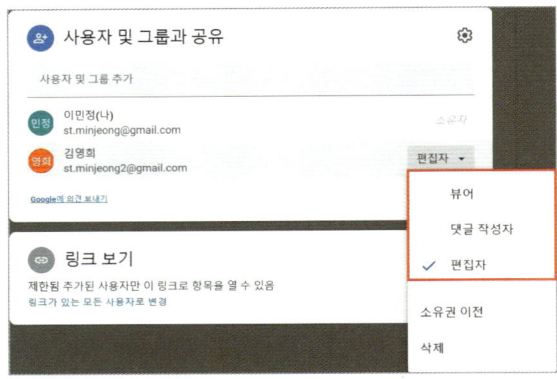

💡 **Plus Tip**

드라이브에서 공유 권한을 변경하는 방법은 170쪽을 참고하세요.

다른 사용자들이 파일을 열어보는 경우 사용자 목록에 개인 아이콘이 나타나며, 수정을 하고 있는 경우 커서가 움직이면서 어떤 부분을 수정하고 있는지를 보여줍니다. 또한, 채팅 표시(💬) 아이콘을 클릭하면 다른 사용자와 문서를 편집하면서 채팅할 수 있습니다.

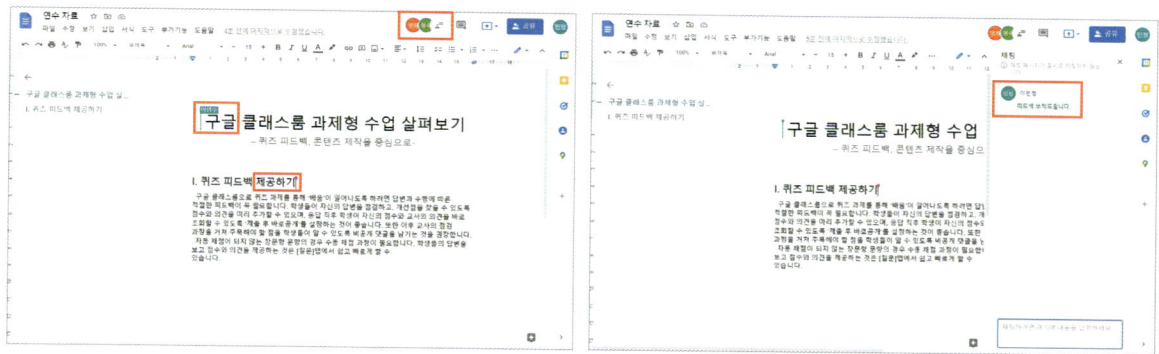

 **Plus Tip**

채팅 내용은 문서를 닫으면 저장되지 않고 사라집니다.

댓글로 피드백 주고받기

Google 문서 도구에서는 댓글로 문서에 대한 의견을 남길 수 있습니다. 댓글을 남길 부분을 드래그하고, 댓글 추가(⊞) 아이콘을 클릭하면 해당 부분에 대한 댓글을 남길 수 있습니다. 편집자 및 댓글 작성자 권한을 가진 사용자들은 작성된 댓글을 확인하고, 해당 댓글에 대해 답글을 남길 수 있어 언제 어디서든 의견을 나누며 협업이 가능합니다. 논의를 마친 댓글은 완료된 토론으로 표시하고 숨깁니다(✓) 아이콘을 클릭하면 사라집니다. 문서 작업을 수행하며 작성된 모든 댓글들은 댓글 기록 열기(☰) 아이콘을 클릭하여 조회할 수 있으며, 완료된 토론으로 표시한 댓글도 볼 수 있습니다.

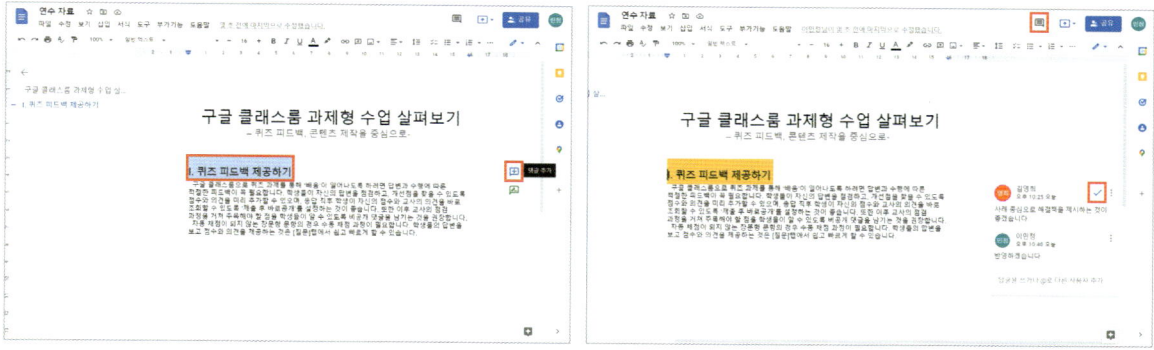

댓글에 "@" 또는 "+"를 입력하고 다른 사용자의 이메일을 입력하면 입력한 사용자에게 댓글 내용이 포함된 이메일이 발송됩니다. 또한, '###에게 할당' 체크 박스를 선택하는 경우는 작업을 할당할 수 있습니다.

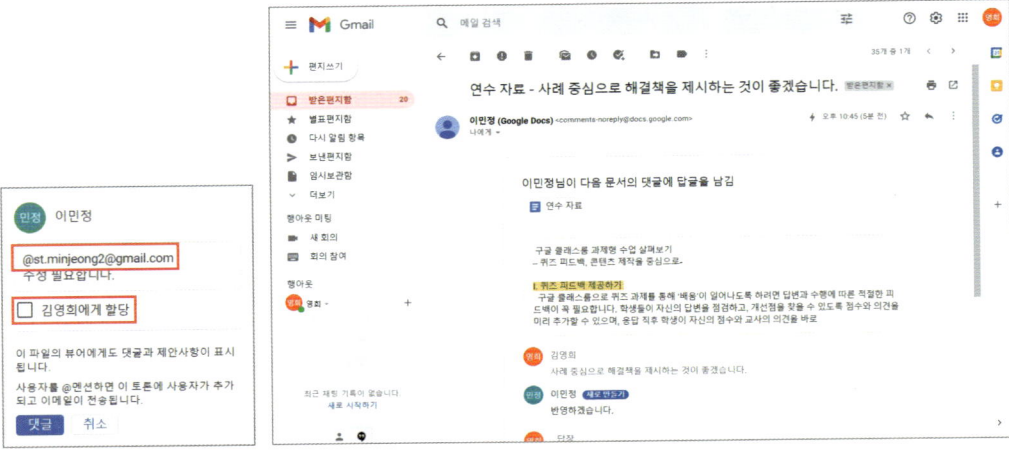

> 💡 **Plus Tip**
>
> 문서에 댓글을 남기는 방법에 대한 자세한 내용은 196쪽을 참고하세요.

제안 모드로 문서 내용 수정 제안하기

특정 편집자가 Google 문서의 내용을 직접 수정할 수도 있지만 여러 사람들이 함께 작업하는 경우 제안 모드를 사용하면 내용 변경을 제안하고, 다른 편집자들은 확인하여 제안 수용 또는 제안 거부를 할 수 있습니다. Google 문서에는 수정 모드, 제안 모드, 보기 모드가 있으며 각 모드에 따라 할 수 있는 작업이 다릅니다. 수정 모드()에서는 문서 내용을 편집할 수 있고, 제안 모드(📝)에서는 수정 사항을 제안할 수 있습니다. 또한, 보기 모드(👁)에서는 문서를 수정할 수 없고, 읽을 수만 있습니다. 편집자 권한을 부여받은 사용자는 수정 모드, 제안 모드, 보기 모드를 모두 사용할 수 있고, 댓글 작성자 권한을 부여받은 사용자는 제안 모드와 보기 모드를 사용할 수 있으며, 뷰어 권한을 부여받은 사용자는 보기 모드만 사용할 수 있습니다.

제안 모드를 사용하려면 메뉴에서 수정 모드(✏)를 제안 모드(📝)로 변경하고, 내용을 입력하면 됩니다. 제안 모드로 본문을 변경하면 자동으로 변경사항이 댓글로 추가됩니다. 댓글에서 제안 수용(✓) 아이콘을 클릭하면 본문이 제안한 내용으로 변경되고, 제안 거부(✗) 아이콘을 클릭하면 제안한 내용이 사라집니다.

Chapter 03 Google 문서 사용하기

Google 문서는 MS Office의 Word 앱과 유사합니다. 간편하게 문서 작업을 수행할 수 있으며, Word 앱보다 훨씬 뛰어난 공유 기능을 이용하여 다른 사용자와 공동 작업을 수행할 수 있습니다. 이번 Chapter에서는 Google 문서를 사용하는 방법에 대해 알아보겠습니다.

Section 01 새 문서 작성하기

Google 문서 시작하기

1 Google 문서를 이용하여 새 문서를 작성하려면 Google 홈페이지에서 Google 앱 아이콘(꠸)을 클릭하고, [문서]를 선택한 후 Google Docs 웹페이지(docs.google.com)에서 '새 문서 시작'의 [내용 없음]을 선택합니다.

 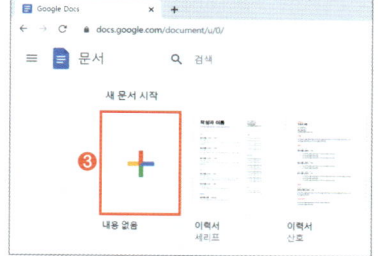

💡 **Plus Tip**

드라이브 홈페이지(drive.google.com)에서 [새로 만들기] 버튼을 클릭한 후 [Google 문서]를 선택하거나 주소 표시줄에 "docs.new"를 입력해도 새 문서를 만들 수 있습니다.

2 '제목 없는 문서' 탭이 열리면 제목을 입력한 후 이동(📁) 아이콘을 클릭하고, 드라이브에서 원하는 파일을 선택한 다음 [이동] 버튼을 클릭하여 문서의 저장 위치를 지정합니다.

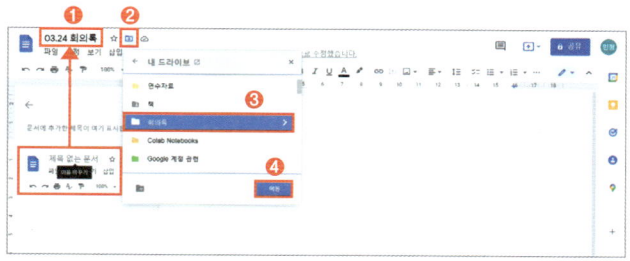

💡 **Plus Tip**

별도의 프로그램 설치 없이도 문서 작업을 수행할 수 있으며, 문서 위치를 지정하지 않으면 자동으로 [내 드라이브]에 저장됩니다.

3 문서 내용을 입력하면 지정한 위치에 자동으로 저장됩니다.

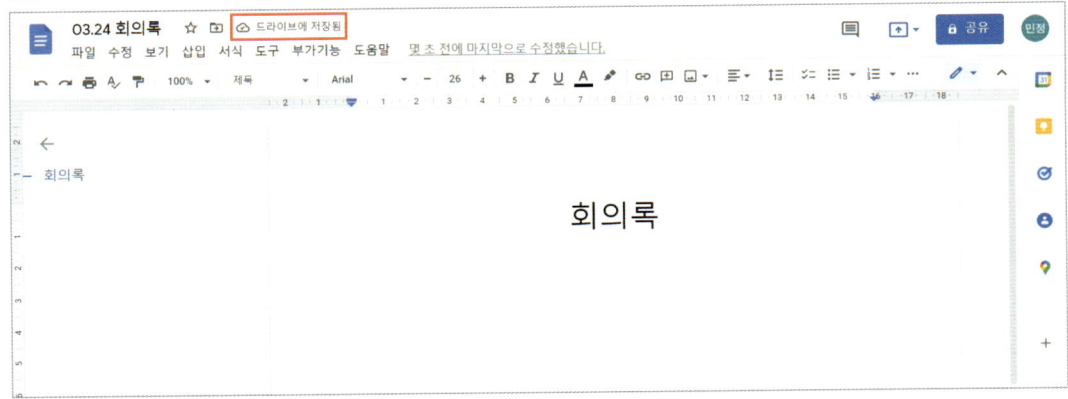

> 🔆 **Plus Tip**
>
> 문서 상태 확인(☁) 아이콘을 클릭하면 문서의 저장 상황을 확인할 수 있습니다. 문서 자동 저장에 대한 자세한 내용은 181쪽을 참고하세요.

Upgrade 문서 템플릿 사용하기

새로운 문서를 작성할 때 빈 문서가 아닌 다양한 템플릿을 사용하여 서식을 지정해두고 문서 작성을 시작할 수 있습니다. Google Docs 웹페이지(docs.google.com)의 상단에 나타나는 추천 템플릿을 클릭하면 바로 템플릿을 활용하여 Google 문서를 작성할 수 있습니다. 더 많은 템플릿은 [템플릿 갤러리]를 클릭하면 찾을 수 있으며 이력서, 자기소개서, 제안서, 회의록 등 다양한 형식의 템플릿이 준비되어 있습니다.

Section 02 표와 이미지 삽입하기

표 삽입하기

1 메뉴에서 [삽입]-[표]를 선택하고, 행과 열을 지정합니다.

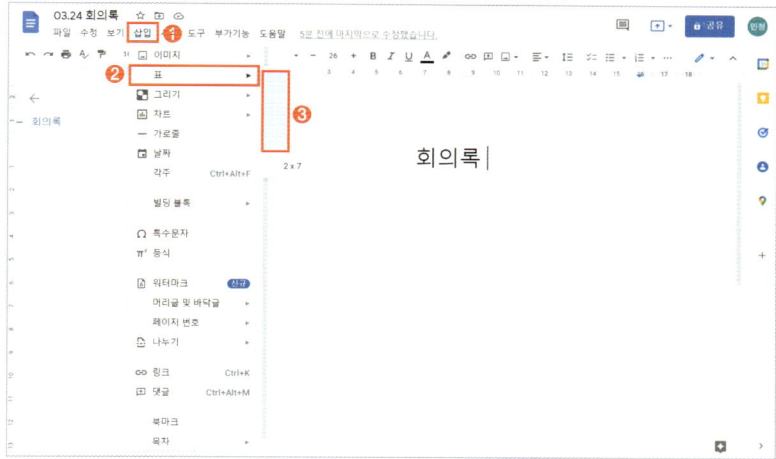

2 표에 필요한 내용을 입력하고, 테두리를 드래그하여 표 크기를 변경한 후 메뉴에서 [서식]-[표]를 선택하여 원하는 표 서식을 변경합니다.

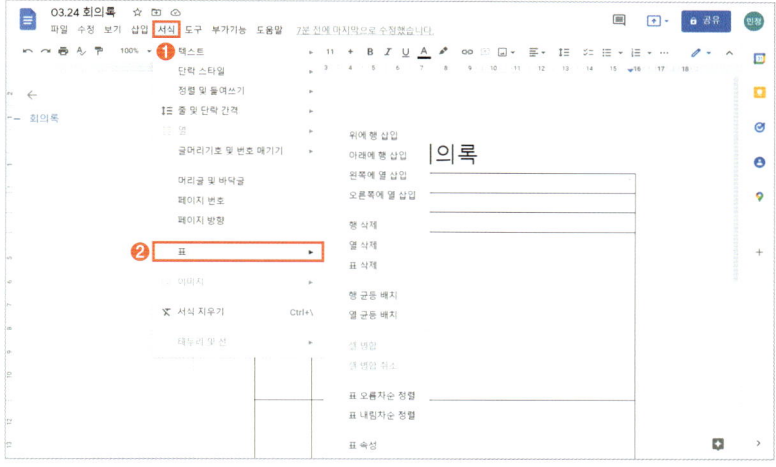

> **Plus Tip**
>
> 표를 선택한 후 마우스 오른쪽 버튼을 클릭해도 표 서식을 변경할 수 있습니다. 또한, 표를 선택하면 메뉴에 배경 색상( ), 테두리 색상( ), 테두리 너비( ), 테두리 파선( ) 아이콘이 나타나므로 표 배경과 테두리 서식을 변경할 수 있습니다.

| Upgrade | 문서에서 @ 메뉴 사용하여 항목 추가하기

문서를 작성할 때 "@"를 입력하면 쉽고 빠르게 항목을 추가할 수 있습니다. 사용자, 파일, 날짜, 일정과 같은 스마트칩을 삽입할 수 있으며, 이미지 또는 표와 같은 미디어, 체크리스트와 같은 목록, 스타일, 페이지 구성 요소 등 다양한 제안사항이 나타나서 문서 작업을 수월하게 도와줍니다. "@today", "@test" 등 @ 뒤에 원하는 문구를 입력하여 추천 항목을 검색할 수도 있습니다. 단, @ 뒤의 문구는 반드시 영어로 작성해야 합니다.

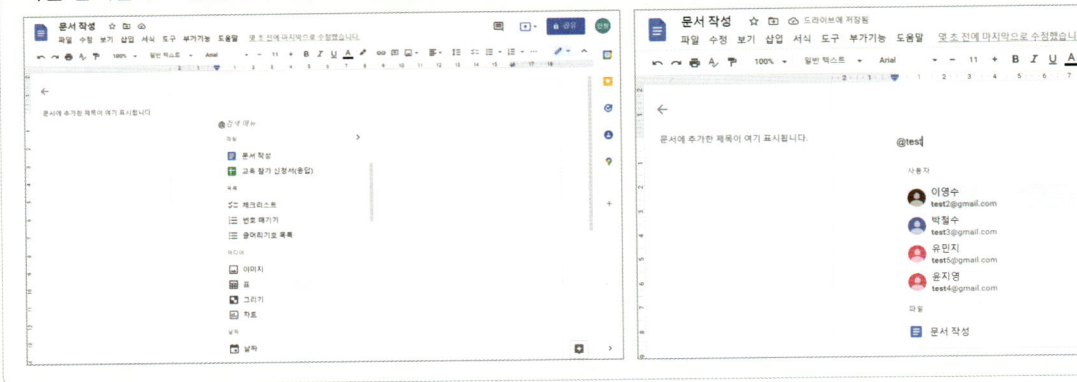

컴퓨터에 저장된 이미지 삽입하기

1 메뉴에서 [삽입]-[이미지]-[컴퓨터에서 업로드]를 선택합니다.

> **Plus Tip**
>
> [웹 검색]을 선택하면 Google 이미지 검색을 이용하여 원하는 이미지를 삽입할 수 있고, [드라이브]나 [포토]를 선택하면 Google 드라이브나 Google 포토에 저장된 이미지를 가져올 수 있습니다.

2 [열기] 대화 상자에서 삽입할 사진을 찾아 선택하고, [열기] 버튼을 클릭합니다.

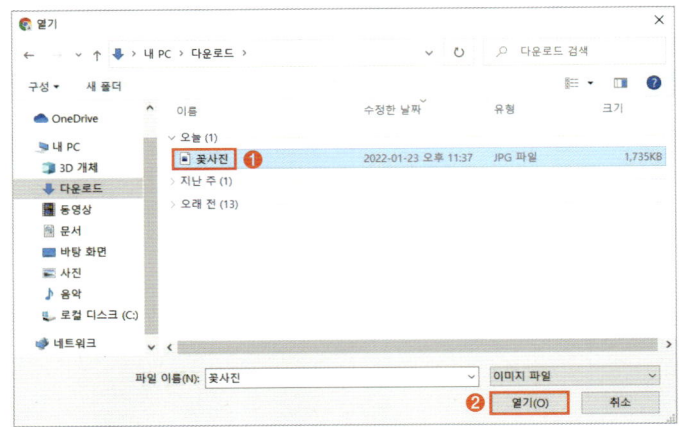

3 Google 문서에 이미지가 삽입됩니다.

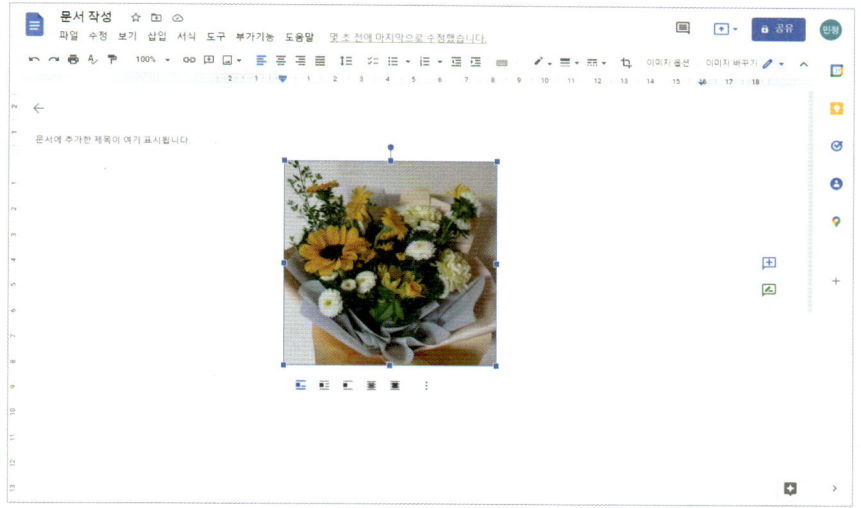

💡 Plus Tip
삽입된 이미지를 클릭하면 이미지 옵션을 이용하여 이미지 크기 및 회전, 배열 등 이미지 설정을 변경할 수 있습니다.

Upgrade 음성으로 텍스트 입력하기

마이크만 있다면 내용을 직접 말하여 Google 문서에 입력할 수 있습니다. 회의 상황 등 내용을 빠르게 입력해야 하는 경우 음성 입력을 사용하면 편리합니다. 음성 입력은 컴퓨터에서만 사용할 수 있으며, 컴퓨터와 연결된 마이크가 반드시 필요합니다. 음성 입력을 사용하려면 메뉴에서 [도구]-[음성 입력]을 선택하거나 Ctrl+Shift+S 키를 누릅니다. 음성 입력 도구가 나타나면 '한국어'로 설정되어 있는지 확인한 후 음성 입력을 시작합니다. 주의할 점은 음성 입력 사용 전 반드시 마이크 권한을 사용 설정해야 합니다. 실수로 마이크 사용을 차단했다면 주소 표시줄에 나타나는 마이크 액세스가 차단된 페이지입니다.(🎤) 아이콘을 클릭하여 설정을 변경합니다.

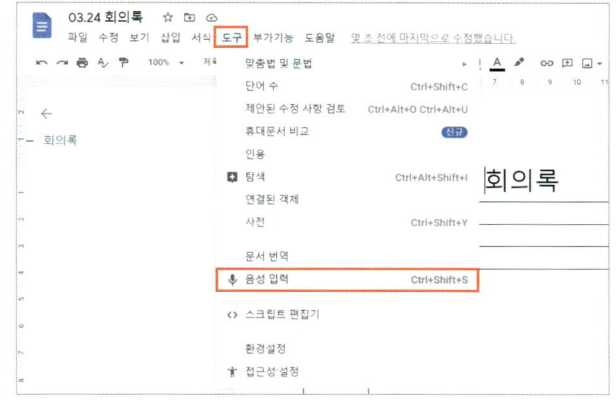 

Section 03 단락 스타일과 문서 개요 활용하기

단락 스타일 사용하기

1 '제목' 서식으로 설정할 부분을 드래그한 후 서식 도구 상자에서 [스타일]-[제목]-['제목' 스타일 업데이트]를 선택합니다.

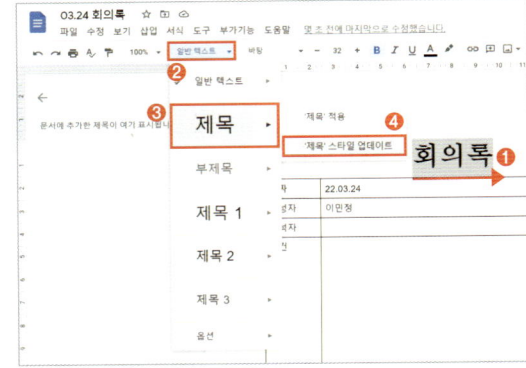

> 💡 **Plus Tip**
> 메뉴에서 [서식]-[단락 스타일]을 선택해도 스타일을 지정할 수 있으며, 스타일을 초기화하려면 [옵션]-[스타일 재설정]을 선택합니다.

2 제목 서식으로 변경할 부분을 드래그한 후 [스타일]의 목록 단추(▼)를 클릭하고, [제목]-['제목' 적용]을 선택합니다.

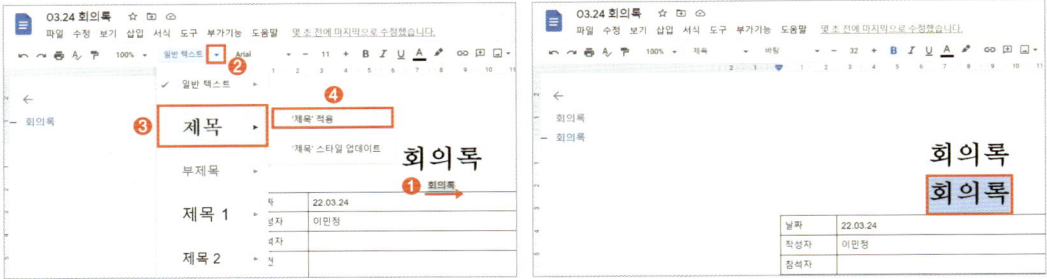

> 💡 **Plus Tip**
> 같은 방식으로 소제목 및 일반 텍스트들의 서식을 지정하여 단축키로 서식을 쉽게 변경할 수 있습니다. 일반 텍스트 스타일은 Ctrl + Alt + 0 을, 제목 1~6의 스타일은 Ctrl + Alt + 1 ~ 6 을 누르면 됩니다.

문서 개요 활용 및 목차 추가하기

단락 스타일을 이용하여 문서에서 제목을 지정한 경우 자동으로 문서 개요에 구성이 추가됩니다. 부제목과 일반 텍스트는 문서 개요에 포함되지 않으며, 개요에서 각 제목을 선택하면 빠르게 문서의 해당 부분으로 이동할 수 있습니다. 또한, 메뉴에서 [삽입]-[목차]를 선택하면 문서에 문서 개요를 추가할 수 있습니다. 목차 추가 시 [페이지 번호 포함]을 선택하면 목차에 해당 페이지 번호가 자동으로 추가되고, [파란색 링크]를 선택하면 해당 부분으로 바로 이동할 수 있는 링크가 포함된 목차가 생성됩니다.

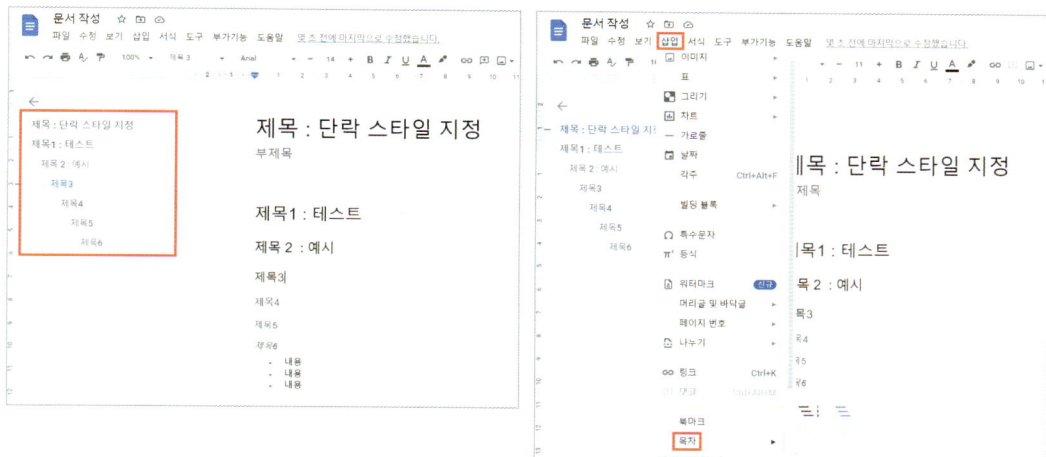

Section 04 | 문서 번역하기

외국어 문서 번역하기

1 번역할 외국어 문서가 있다면 메뉴에서 [도구]-[문서 번역]을 선택합니다.

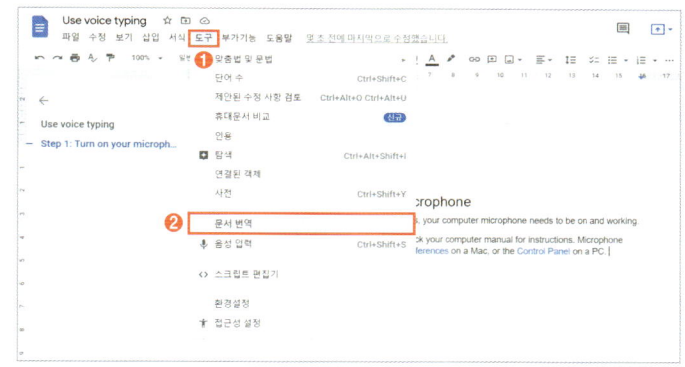

 **Plus Tip**

문서의 일부만 번역할 수는 없습니다.

2 '문서 번역' 팝업 창에서 '새 문서 제목' 입력란에 번역본의 제목을 입력하고, [언어 선택]의 목록 단추(▼)를 클릭하여 [한국어]를 선택한 후 [번역] 버튼을 클릭합니다.

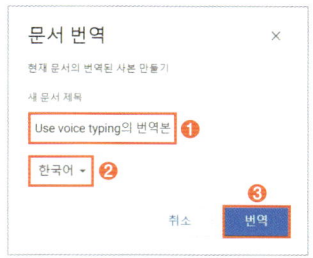

3 외국어 문서의 번역 문서 파일이 새롭게 생성됩니다.

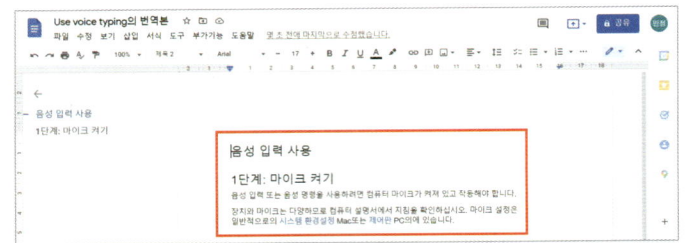

Section 05 버전 기록 활용과 파일 공유하기

문서 버전 이름 지정하기

1 메뉴에서 [파일]-[버전 기록]-[현재 버전 이름 지정]을 선택합니다.

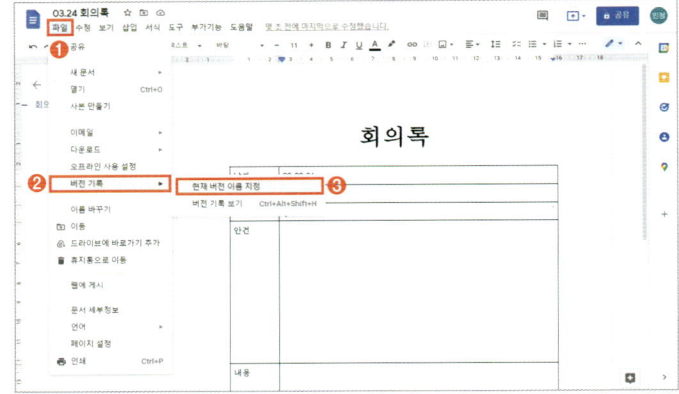

Plus Tip
버전 이름을 지정하면 추후 이전 버전을 찾을 때 쉽게 구분할 수 있습니다. 버전 기록은 Google 문서, 프레젠테이션, 스프레드시트에서 모두 활용할 수 있습니다.

2 '현재 버전 이름 지정' 팝업 창에서 버전 이름을 입력하고, [저장] 버튼을 클릭합니다.

3 메뉴에서 [파일]-[버전 기록]-[버전 기록 보기]를 선택하면 버전 기록에서 변경된 버전 이름이 나타납니다.

Plus Tip
추가 작업(:) 아이콘을 클릭하면 버전 이름을 변경하거나 삭제할 수 있으며, 메뉴에서 [사본 생성]을 선택하면 해당 버전을 별도의 문서로 드라이브에 저장할 수 있고, [이 버전 복원하기]를 선택하면 해당 버전으로 문서를 되돌릴 수 있습니다.

편집자 추가하기 및 링크 공유하기

Google 문서에서 [공유] 버튼을 클릭하면 문서의 편집자, 댓글 작성자, 뷰어를 추가하거나 링크를 생성할 수 있습니다. 또한, 드라이브에서 파일에 편집자 권한을 부여하거나 링크를 생성할 때 '사용자 및 그룹과 공유' 팝업 창과 '링크 보기' 팝업 창이 나타납니다. Google 문서에서도 동일한 방식으로 다른 사용자에게 권한을 부여하고 링크를 생성합니다. 드라이브에서의 파일 편집 권한 부여 방법은 168쪽을, 링크를 통한 파일 공유 방법은 171쪽을 참고하세요.

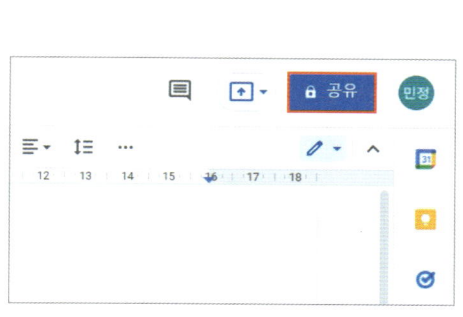

> **Plus Tip**
>
> 해당 방식은 Google 문서, Google 스프레드시트, Google 프레젠테이션에서 공통적으로 활용할 수 있습니다.

Upgrade 회의에서 표시

Google 문서, Google 스프레드시트, Google 프레젠테이션에서 회의에서 표시() 아이콘을 클릭하면 보고 있는 문서 화면을 Meet 회의실에서 발표할 수 있습니다. Meet 화상 회의가 캘린더에 예약된 회의라면 일정을 클릭하고, 예약하지 않은 회의라면 [회의 코드를 사용하여 발표]를 선택하여 Meet 회의실의 회의 코드 또는 링크를 입력해야 합니다.

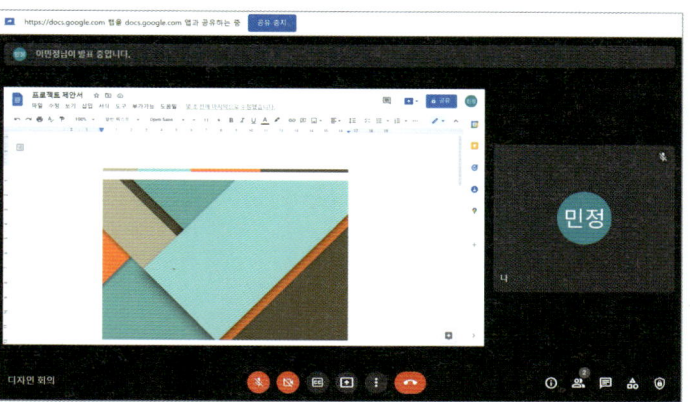

Section 06 댓글 및 제안 모드 사용하기

댓글 추가하기

1 문서에서 댓글을 추가할 부분을 드래그하고, 댓글 추가(⊞) 아이콘을 클릭합니다.

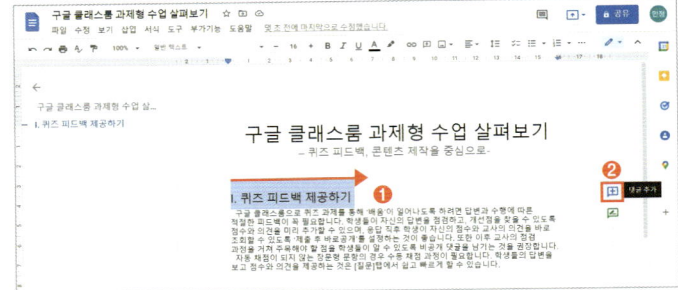

Plus Tip
단축키 Ctrl + Alt + M 을 누르거나, 메뉴에서 댓글 추가(⊞) 아이콘을 클릭하거나, 드래그한 후 마우스 오른쪽 버튼을 클릭하고, 바로 가기 메뉴에서 [댓글]을 선택해도 댓글을 남길 수 있습니다. 댓글은 Google 문서, 프레젠테이션, 스프레드시트에서 모두 활용할 수 있습니다.

2 '댓글' 팝업 창에서 댓글 내용을 입력하고, [댓글] 버튼을 클릭하면 댓글이 추가됩니다.

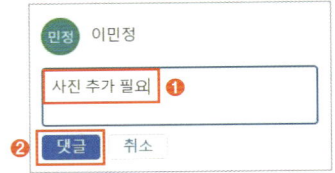

Plus Tip
댓글 입력란에 "@" 또는 "+"와 다른 사용자의 이메일을 입력하면 해당 사용자에게 댓글 내용이 포함된 이메일이 발송됩니다. 이때, '###에게 할당' 체크 박스를 클릭하는 경우 작업을 할당할 수 있습니다.

3 문서에서 강조 표시된 부분을 클릭하면 해당 부분에 추가된 댓글을 확인할 수 있고, 답글을 남길 수 있습니다.

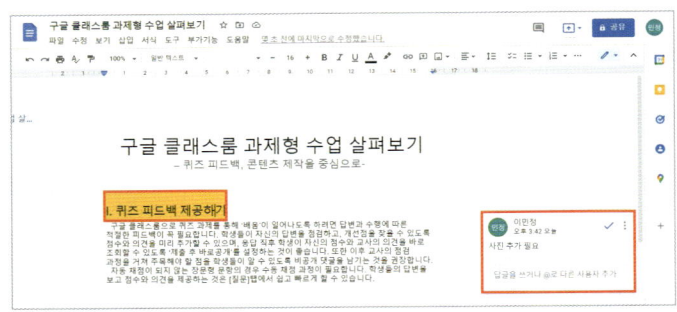

Plus Tip
논의를 마친 댓글은 완료된 토론으로 표시하고 숨깁니다(✓) 아이콘을 클릭하면 사라집니다. 완료된 토론으로 표시하면 사라진 댓글을 포함하여 문서를 작성하며, 추가한 모든 댓글은 상단의 댓글 기록 열기(🗐) 아이콘을 클릭하여 조회할 수 있습니다.

수정사항 제안하기

1 제안 모드를 사용하려면 [수정 모드(✏️)]의 목록 단추를 클릭하고, [제안]을 선택합니다.

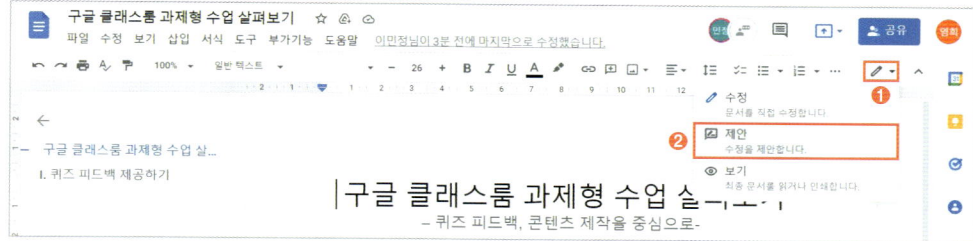

> 💡 **Plus Tip**
>
> 수정 모드, 제안 모드, 보기 모드에 대한 자세한 설명은 186쪽을 참고하세요.

2 제안 모드(📝) 상태에서 문서 수정을 제안할 부분에 직접 수정사항을 입력하면 자동으로 댓글이 생성됩니다.

3 공동 작업자는 제안사항을 확인한 후 해당 댓글에서 제안 수용(✓) 아이콘을 클릭하여 내용을 제안대로 변경하거나 제안 거부(✕) 아이콘을 클릭하여 제안사항을 폐기합니다.

> 💡 **Plus Tip**
>
> 제안 거부(✕) 아이콘을 클릭하여 댓글이 사라졌을 때 제안사항을 다시 보려면 댓글 기록 열기(🗨) 아이콘을 클릭하여 확인할 수 있습니다.

Chapter 04 Google 프레젠테이션 사용하기

Google 프레젠테이션은 MS Office의 PowerPoint 앱과 유사합니다. Google 프레젠테이션을 이용하여 다른 사용자와 공동으로 발표 자료를 만들 수 있으며, 이렇게 만들어진 자료를 바로 Meet 회의실에서 사용할 수 있습니다. 이번 Chapter에서는 Google 프레젠테이션을 사용하는 방법에 대해 알아보겠습니다.

Section 01 새 슬라이드 만들기

Google 프레젠테이션 시작하기

1 Google 프레젠테이션을 이용하여 새 슬라이드를 작성하려면 Google 홈페이지에서 Google 앱 아이콘(:::)을 클릭하고, [프레젠테이션]을 선택한 후 Google Slides 웹페이지(slides.google.com)에서 '새 프레젠테이션 시작하기'의 [내용 없음]을 선택합니다.

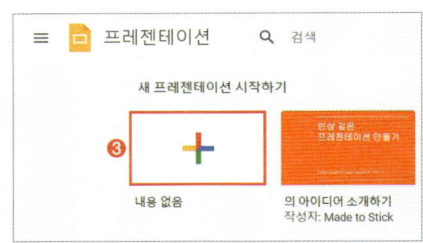

> **Plus Tip**
> 주소 표시줄에 "slides.new"를 입력하거나 드라이브 홈페이지(drive.google.com)에서 [새로 만들기] 버튼을 클릭하고, [Google 프레젠테이션]을 선택해도 새 프레젠테이션을 만들 수 있습니다.

2 '제목 없는 프레젠테이션' 탭이 열리면 제목을 입력하고, 이동(📁) 아이콘을 클릭하여 저장 위치를 변경합니다.

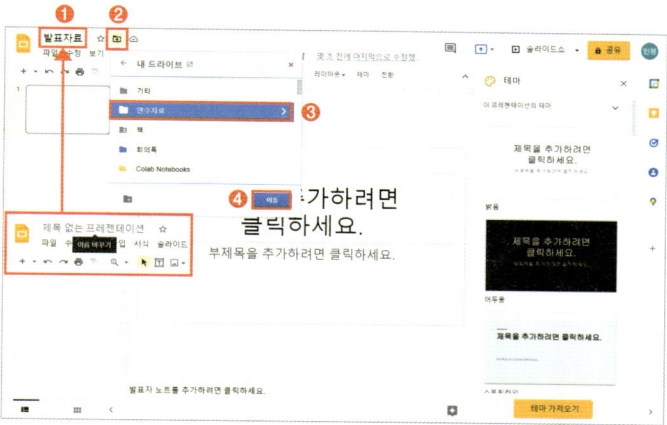

> **Plus Tip**
>
> 프레젠테이션은 자동으로 내 드라이브에 저장됩니다.

 제목 텍스트 템플릿을 클릭하고, 필요한 내용을 입력합니다.

> **Plus Tip**
>
> 기본적으로 '심플 라이트' 템플릿이 설정되어 있으며, 필요에 따라 '테마'에서 다양한 템플릿을 사용할 수 있습니다.

Upgrade slidesgo에서 다양한 Google 프레젠테이션 템플릿 다운받기

slidesgo(slidesgo.com)에서는 다채로운 무료 Google 프레젠테이션 템플릿을 제공합니다. Google 계정으로 가입한 후 마음에 드는 템플릿을 찾아 Google Slides용으로 다운로드하면 내 드라이브에 템플릿 사본이 저장됩니다. 내 드라이브에 저장된 템플릿 사본을 클릭하여 프레젠테이션 편집을 할 수 있습니다.

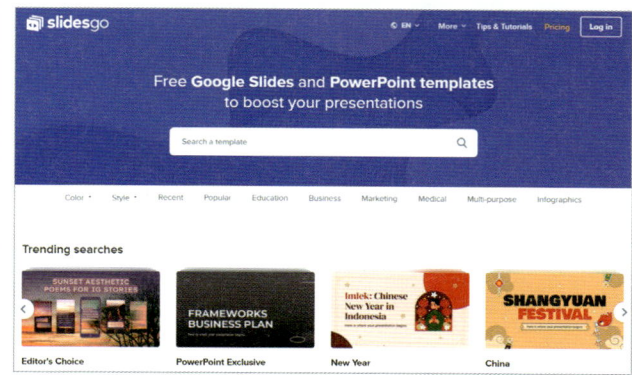

Section 02 다양한 개체 삽입하기

텍스트 상자 삽입하기

1 메뉴에서 [삽입]-[텍스트 상자]를 선택하거나 도구 상자에서 텍스트 상자(□) 아이콘을 클릭합니다.

2 슬라이드의 원하는 부분에서 마우스를 드래그하여 텍스트 상자를 만들고, 내용을 입력합니다.

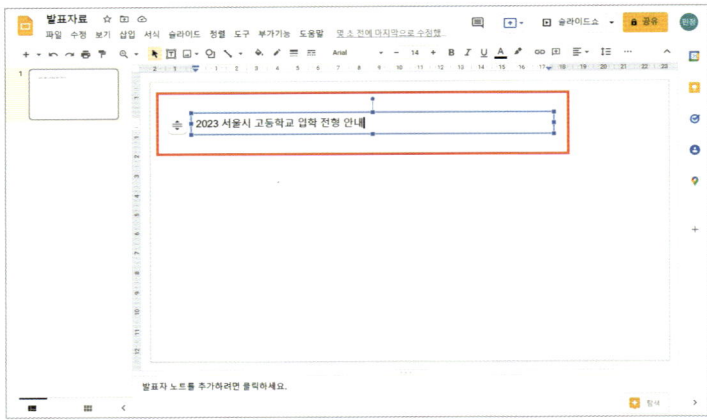

Upgrade 발표자 노트 추가하기

모든 슬라이드의 하단에는 발표자 노트 입력란이 있습니다. '발표자 노트를 추가하려면 클릭하세요.' 부분을 클릭하고 프레젠테이션 발표 시 참고할 내용을 입력하면 '발표자 보기'를 사용하여 발표할 때 입력해두었던 내용을 확인할 수 있습니다. '발표자 보기'에 대한 자세한 내용은 207쪽을 참고하세요.

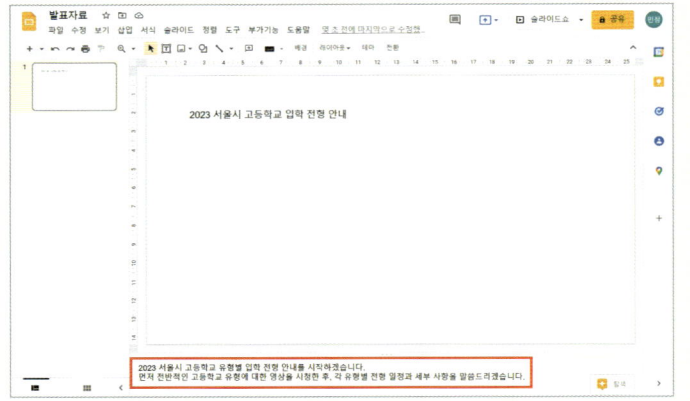

웹 검색하여 이미지 삽입하기

1 메뉴에서 [삽입]-[이미지]-[웹 검색]을 선택하거나 도구 상자에서 이미지 삽입(🖼)의 목록 단추(▼)를 클릭하고, [웹 검색]을 선택합니다.

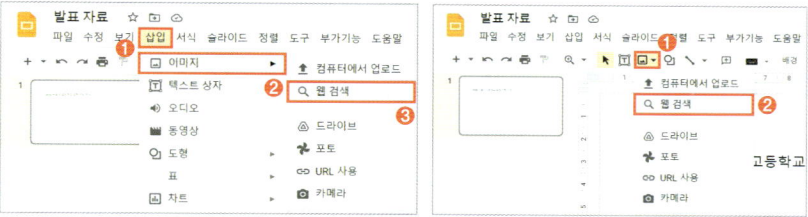

💡 Plus Tip
[컴퓨터에서 업로드]를 선택하면 컴퓨터에 저장된 이미지를 슬라이드에 삽입할 수 있으며, [드라이브] 또는 [포토]를 선택하면 드라이브와 Google 포토에 저장된 이미지를 삽입합니다.

2 Google 이미지 검색 패널에서 원하는 이미지를 검색한 후 하나를 선택하고, [삽입]을 클릭합니다.

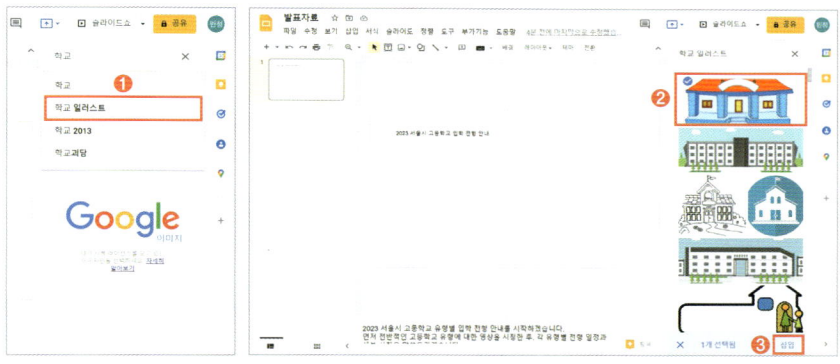

💡 Plus Tip
이미지에 마우스 포인터를 올리면 나타나는 이미지 미리보기(🔍) 아이콘을 클릭하여 이미지 삽입 전에 저작권 문제가 없는지 라이선스를 확인해야 합니다.

3 슬라이드에 이미지가 삽입되면 이미지를 클릭하여 위치를 조정하고, 테두리를 드래그하여 크기를 조절합니다.

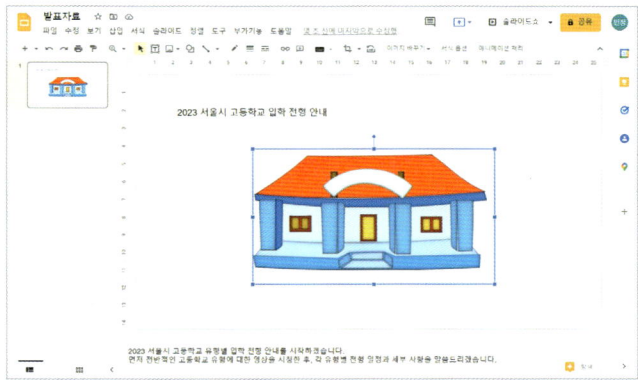

💡 Plus Tip
이미지를 클릭하고 도구 상자에서 [서식 옵션]을 클릭하면 크기, 위치, 색상 등 이미지의 서식을 변경할 수 있습니다.

도형 삽입하기

1 메뉴에서 [삽입]-[도형]-[도형]-[직사각형]을 선택하거나 도구 상자에서 도형(⬚) 아이콘을 클릭하고, [도형]-[직사각형]을 선택합니다.

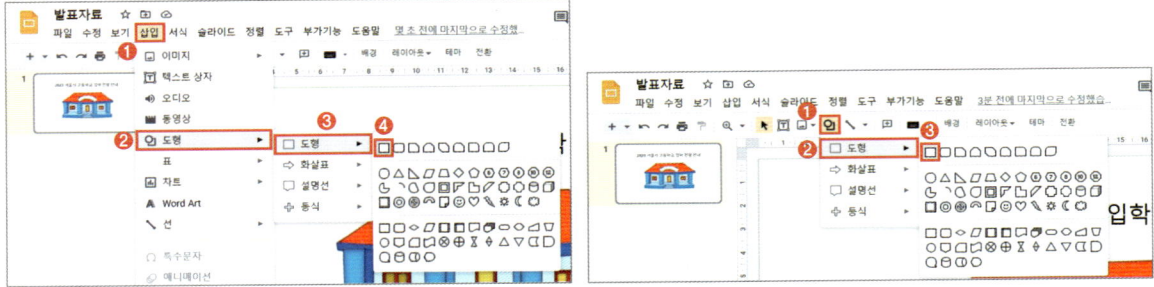

2 슬라이드의 원하는 위치에 마우스를 드래그하여 도형을 삽입합니다.

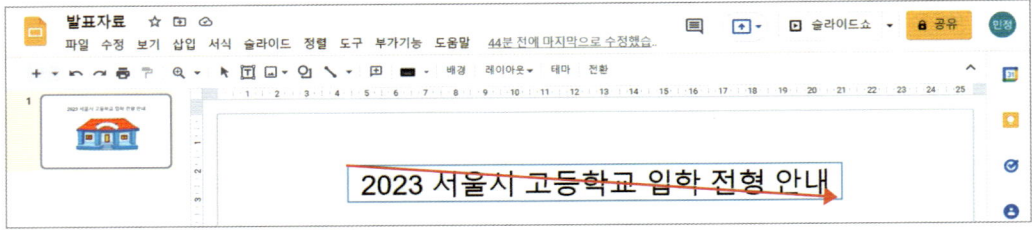

3 도형이 삽입되면 도형을 마우스 오른쪽 버튼으로 클릭하고, 바로가기 메뉴에서 [순서]-[맨 뒤로 보내기]를 선택하여 텍스트 상자와의 배열을 변경합니다.

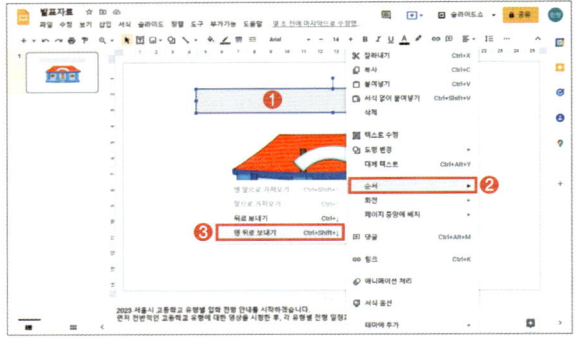
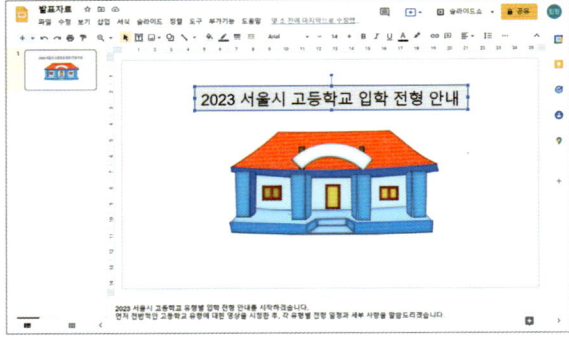

💡 Plus Tip

도형을 클릭하면 메뉴에 나타나는 채우기 색상(🎨), 테두리 색상(✏️), 테두리 두께(☰) 테두리 파선(☲) 아이콘을 클릭하여 서식을 변경합니다. 도형을 클릭하여 도형 안에 텍스트를 입력할 수도 있습니다.

동영상 삽입하기

1 메뉴에서 [삽입]-[동영상]을 선택하고, '동영상 삽입' 팝업 창에서 [Google Drive] 탭을 클릭합니다.

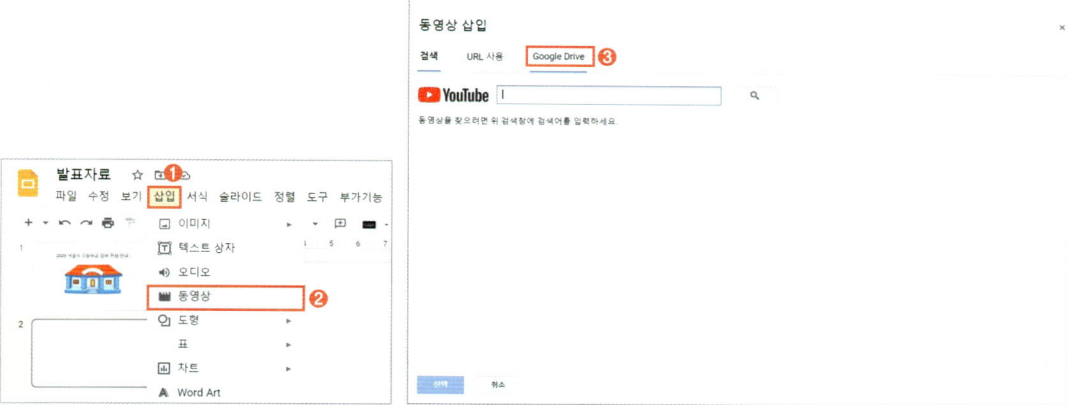

> **Plus Tip**
>
> 프레젠테이션에 동영상을 삽입하려면 동영상이 Youtube에 업로드되어 있거나 드라이브에 저장되어 있어야 합니다. 드라이브에 동영상 등 파일을 업로드하는 방법은 163쪽을 참고하세요.

2 [내 드라이브] 탭에서 삽입할 동영상을 검색한 후 해당 동영상을 선택하고, [선택] 버튼을 클릭합니다.

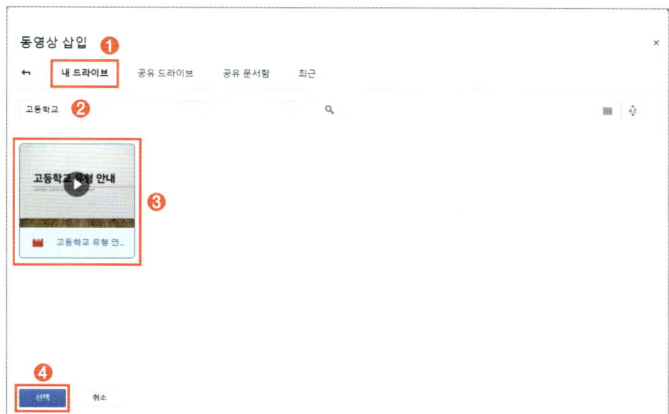

3 슬라이드에 동영상이 삽입되면 서식 옵션 패널에서 동영상 재생 옵션을 설정합니다.

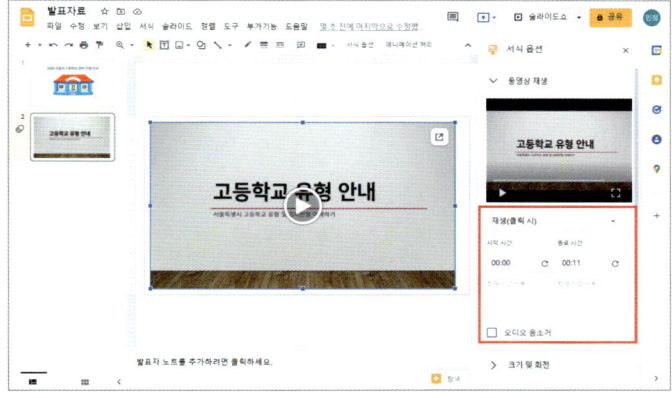

| Upgrade | 동영상 재생 옵션 설정하기 |

동영상 재생 옵션을 설정하려면 삽입된 동영상을 선택하고, 도구 상자에서 [서식 옵션]을 클릭한 후 [동영상 재생]을 선택합니다. [재생(클릭 시)]의 목록 단추(▼)를 클릭하면 재생 옵션을 변경할 수 있습니다. [재생(클릭 시)]는 슬라이드를 진행하면서 클릭 시 동영상이 자동으로 재생되고, [재생(자동)]은 클릭하지 않아도 동영상이 바로 재생됩니다. [재생(수동)]은 발표 시 영상을 직접 클릭하여 재생해야 합니다. '시작 시간'과 '종료 시간'을 변경하면 프레젠테이션 시 재생할 동영상의 시작 지점과 종료 지점을 설정할 수 있습니다. 또한, '오디오 음소거'를 체크(선택)하면 동영상 재생 시 소리가 나지 않습니다.

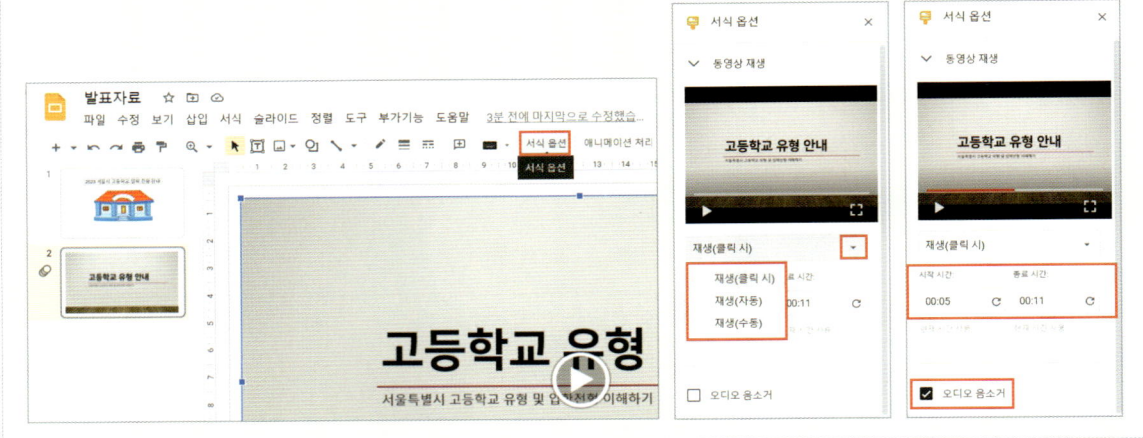

Section 03 슬라이드 배경 변경하기

이미지 검색을 이용하여 슬라이드 배경 변경하기

1 도구 상자에서 [배경 변경]을 선택하거나 슬라이드 배경을 마우스 오른쪽 버튼으로 클릭하고, 바로가기 메뉴에서 [배경 변경]을 선택합니다.

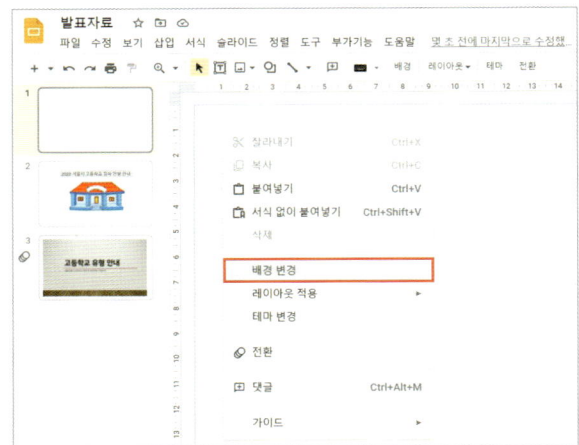

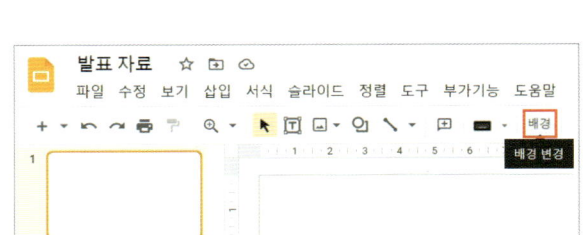

 '배경' 팝업 창에서 [이미지 선택] 버튼을 클릭합니다.

💡 Plus Tip

[색상]의 목록 단추(▼)를 클릭하면 단색 또는 그라데이션 배경을 설정할 수 있습니다.

③ '배경 이미지 삽입' 팝업 창에서 [GOOGLE 이미지 검색] 탭을 클릭한 후 '이미지 검색' 입력란에 "배경"을 입력하여 검색합니다.

💡 Plus Tip

[업로드] 탭에서는 컴퓨터의 이미지를 업로드하여 배경으로 설정할 수 있고, [사진] 탭에서는 Google 포토에 업로드한 이미지를, [GOOGLE DRIVE] 탭에서는 드라이브에 저장된 이미지를 사용할 수 있습니다.

④ 검색된 배경 중 원하는 이미지를 선택하고, [삽입]을 클릭합니다.

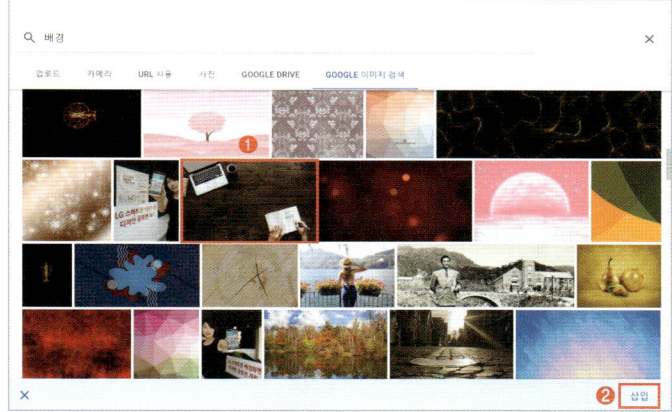

 '배경' 팝업 창에서 [완료] 버튼을 클릭하여 배경 설정을 마칩니다.

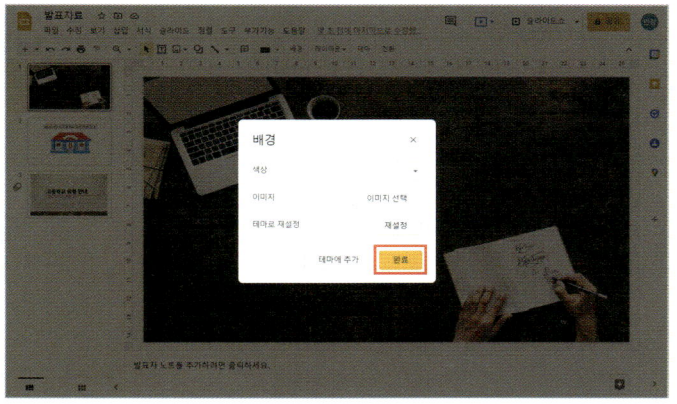

💡 Plus Tip

[테마에 추가] 버튼을 클릭하면 모든 슬라이드에 설정한 배경이 추가됩니다.

Section 04 슬라이드 전환과 애니메이션 사용하기

슬라이드 전환 추가하기

1 도구 상자에서 [전환]을 클릭한 후 모션 패널의 '슬라이드 전환'에서 [없음]의 목록 단추(▼)를 클릭하고, [사라지기]를 선택합니다.

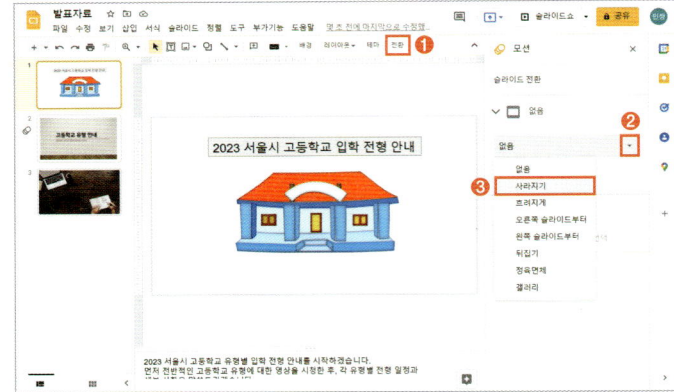

2 슬라이더를 드래그하여 시간을 '1.5초'로 조정한 후 [재생] 버튼을 클릭하여 슬라이드 전환 효과를 확인합니다.

Plus Tip
[모든 슬라이드에 적용] 버튼을 클릭하면 설정한 슬라이드 전환 효과가 모든 슬라이드에 적용됩니다. 슬라이드 전환 효과를 확인한 후에는 [중지] 버튼을 클릭합니다.

객체 애니메이션 추가하기

1 애니메이션을 추가할 객체를 선택하고, 도구 상자에서 [애니메이션 처리]를 클릭합니다.

Plus Tip
[애니메이션 처리]가 보이지 않으면 더보기(…) 아이콘을 클릭합니다.

2 모션 패널의 '객체 애니메이션'에서 [페이드인]의 목록 단추(▼)를 클릭하고, [왼쪽에서 날아옴]을 선택한 후 [클릭 시]의 목록 단추(▼)를 클릭하고, [이전 애니메이션 완료 후]를 선택합니다.

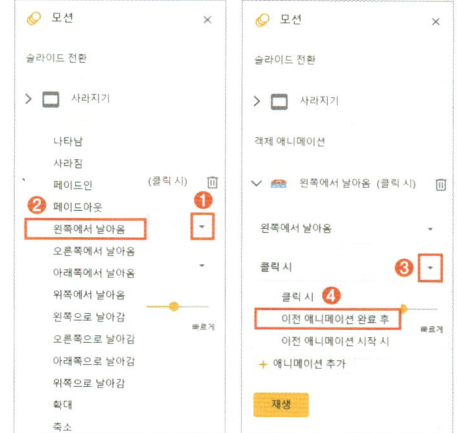

3 슬라이더를 드래그하여 속도를 적당히 조정한 후 [재생] 버튼을 클릭하여 객체 애니메이션을 확인하고, [중지] 버튼을 클릭하여 확인을 마칩니다.

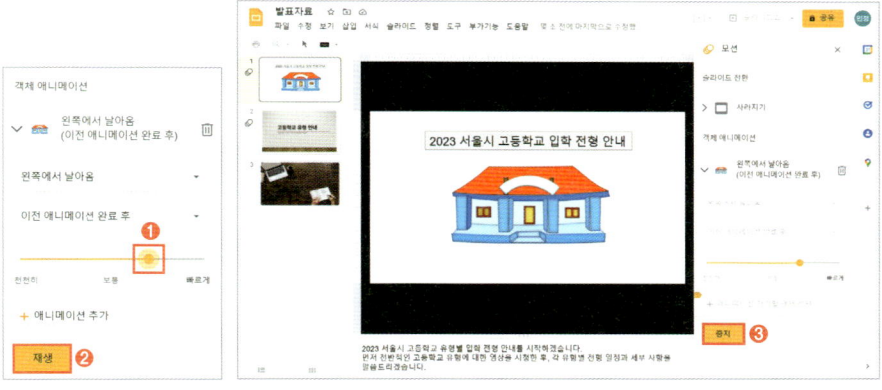

💡 Plus Tip

[애니메이션 추가] 버튼을 클릭하면 새로운 애니메이션을 추가할 수 있습니다. 만약, 애니메이션을 삭제하고 싶다면 삭제(🗑) 아이콘을 클릭하고, 여러 개의 애니메이션이 있을 때 순서를 변경하려면 이동(⋮⋮) 아이콘을 위아래로 드래그합니다.

Section 05 프레젠테이션 보기

발표자 보기 사용하여 프레젠테이션 보기

1 [슬라이드쇼]의 목록 단추(▼)를 클릭하고, [발표자 보기]를 선택합니다.

> 💡 **Plus Tip**
>
> 발표자 노트가 없고 청중 Q&A가 계획되지 않은 경우 [슬라이드쇼] 버튼을 클릭하거나 단축키 `Ctrl`+`F5`를 누르면 현재 슬라이드부터 프레젠테이션을 볼 수 있고, 단축키 `Ctrl`+`Shift`+`F5`를 누르면 처음 슬라이드부터 프레젠테이션을 볼 수 있습니다.

2 프레젠테이션이 전체 화면으로 나타나고, '발표자 보기' 창이 추가로 나타나 발표를 진행하면서 슬라이드에 추가한 발표자 노트를 확인할 수 있습니다.

> 💡 **Plus Tip**
>
> 발표자 노트 추가에 대한 자세한 내용은 200쪽을 참고하세요.

청중 도구 사용하기

1 청중들에게 질문을 받기 위해 '발표자 보기' 창에서 [청중 도구] 탭을 선택하고, [새 세션 시작] 버튼을 클릭합니다.

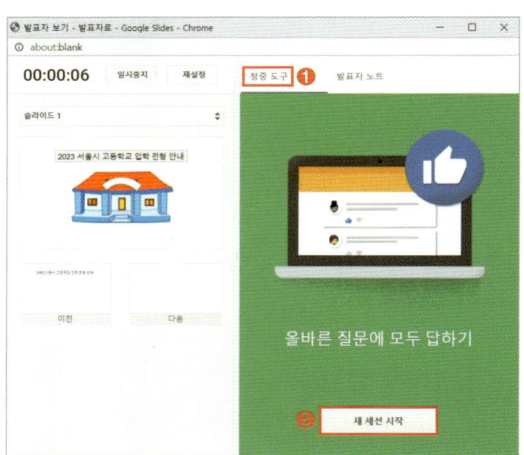

2 프레젠테이션 화면에 청중들이 질문을 제출할 링크가 나타나는데 청중들은 해당 링크를 주소 표시줄에 입력했을 때 나타나는 페이지의 '질문하기' 입력란에 질문을 입력한 후 [제출] 버튼을 클릭하면 프레젠테이션과 관련된 질문을 제출할 수 있습니다.

 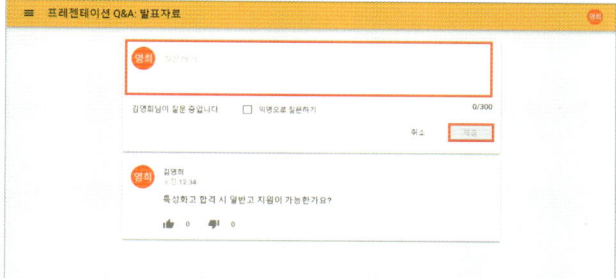

Plus Tip

'익명으로 질문하기'를 선택(체크)하면 질문자의 이름과 프로필이 나타나지 않습니다.

3 '발표자 보기' 창에서 청중이 제출한 질문이 나타나고, [표시] 버튼을 클릭하면 해당 질문을 프레젠테이션에 띄워 모든 청중과 공유할 수 있습니다.

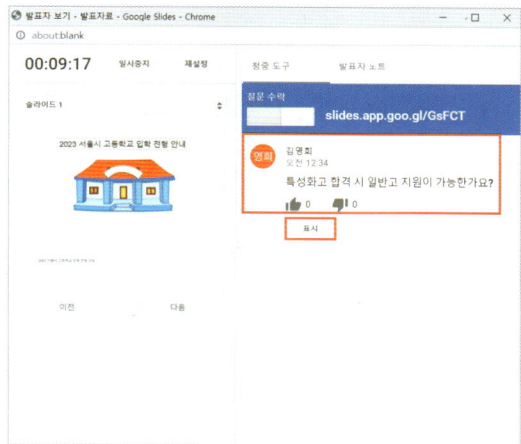 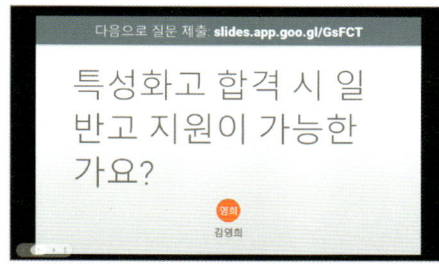

Plus Tip

질문 공유를 중지하려면 '발표자 보기' 창에서 [숨기기] 버튼을 클릭합니다.

4 질문 수집을 중단하려면 '질문 수락'을 비활성화하여 [사용 안함]으로 설정합니다.

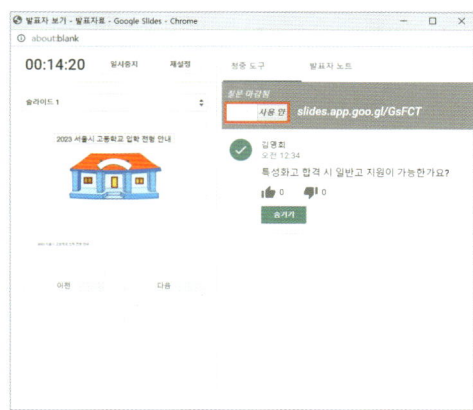

Upgrade 프레젠테이션 공유하기

화면 오른쪽 상단의 [공유] 버튼을 클릭하여 '링크 보기' 팝업 창에서 링크를 복사하면 여러 사람들에게 프레젠테이션 편집 파일을 공유할 수 있습니다. 만약, 프레젠테이션 편집 파일이 아니라 완성된 프레젠테이션만 공유하려면 메뉴에서 [파일]-[웹에 게시]를 선택한 후 '웹에 게시' 팝업 창의 '자동 진행 슬라이드'에서 다음 슬라이드로 전환하는데 걸리는 시간을 선택하고, [게시] 버튼을 클릭합니다. 이후 생성된 링크를 다른 사용자에게 전달하면 해당 사용자는 완성된 프레젠테이션을 볼 수 있습니다.

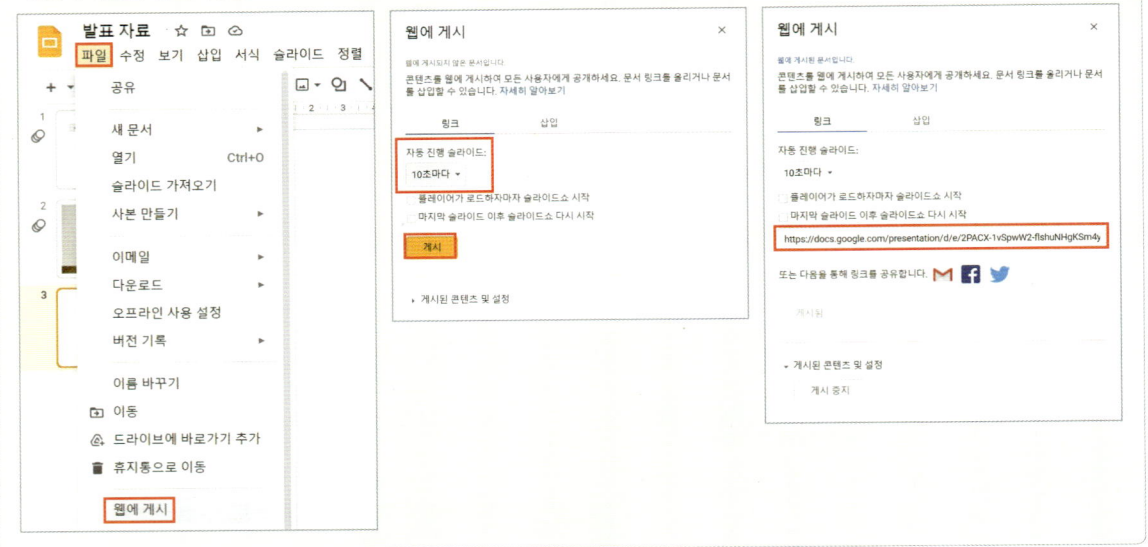

Chapter 05 Google 스프레드시트 사용하기

Google 스프레드시트는 MS Office의 Excel 앱과 유사합니다. Google 스프레드시트를 이용하여 다양한 수식과 함수가 포함된 시트를 만들고 데이터를 가공할 수 있습니다. 이번 Chapter에서는 Google 스프레드시트를 사용하는 방법에 대해 알아보겠습니다.

Section 01 새 스프레드시트 만들기

Google 스프레드시트 시작하기

1 Google 스프레드시트를 이용하여 새 스프레드시트를 작성하려면 Google 홈페이지에서 Google 앱 아이콘(⋮⋮⋮)을 클릭하고, [스프레드시트]를 선택한 후 Google Sheets 웹페이지(sheets.google.com)에서 '새 스프레드시트 시작하기'의 [내용 없음]을 선택합니다.

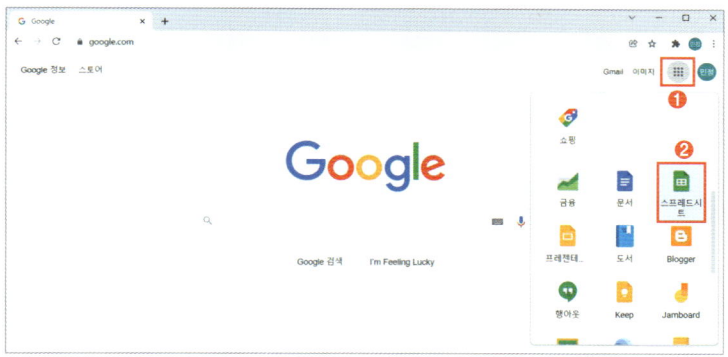

💡 Plus Tip

주소 표시줄에 "sheets.new"를 입력하거나 드라이브 홈페이지(drive.google.com)에서 [새로 만들기] 버튼을 클릭하고, [Google 스프레드시트]를 선택해도 새 스프레드시트를 만들 수 있습니다.

2 '제목 없는 스프레드시트' 탭이 열리면 제목을 입력하고, 이동(📁) 아이콘을 클릭하여 저장 위치를 변경한 후 각 셀에 내용을 입력합니다.

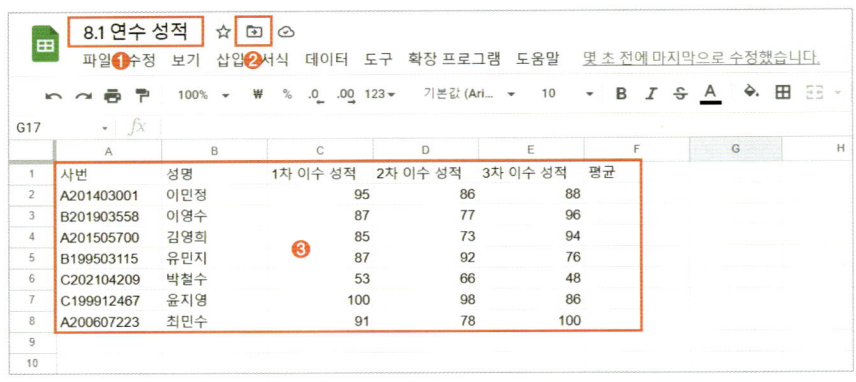

💡 Plus Tip
MS Office Excel처럼 각 셀 포인트의 오른쪽 아래에 있는 채우기 핸들(┌──┐)을 드래그하여 자동 채우기 기능을 사용할 수 있습니다.

Upgrade 셀에 체크박스 추가하기

더 이상 워크시트에 ○, ×를 일일이 입력하지 않아도 됩니다. 체크박스를 삽입하면 완료한 일 표시, 가능 여부 표시 등 다양한 용도로 활용할 수 있습니다. 체크박스를 삽입하려면 삽입할 셀을 클릭한 후 메뉴에서 [삽입]-[체크박스]를 선택합니다. 체크박스는 차트, 필터, 피봇 테이블, 함수에서도 사용이 가능합니다. 기본 설정은 체크박스에 체크된 경우 'TRUE'이고, 체크 되지 않은 경우는 'FALSE'이므로 함수를 사용할 때 주의해야 합니다.

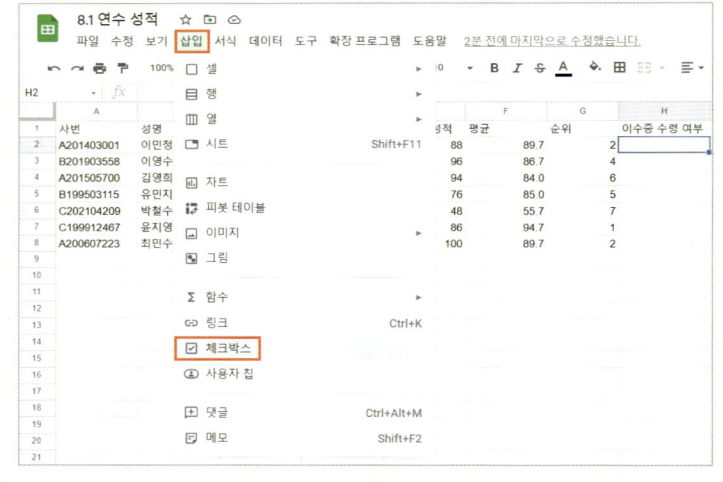
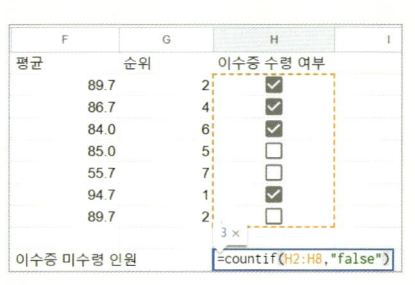

Section 02 시트 관리하기

새 시트 추가하기

1 스프레드시트 화면의 왼쪽 아래에서 시트 추가(+) 아이콘을 클릭합니다.

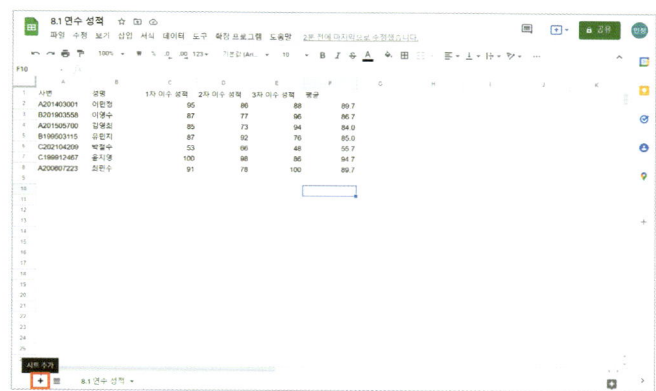

2 시트가 추가되면 추가된 시트에서 목록 단추(▼)를 클릭하고, [이름 바꾸기]를 선택합니다.

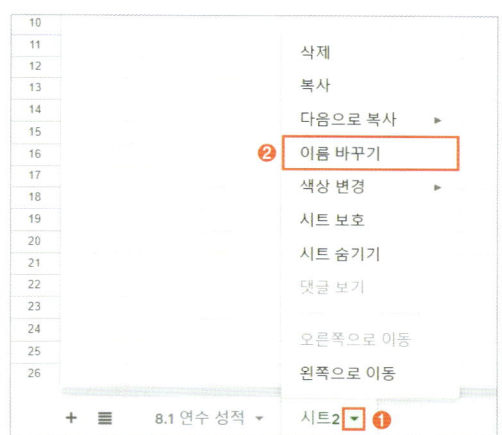

💡 Plus Tip
시트의 삭제, 복사, 색상 변경, 숨기기, 이동 등의 작업이 가능합니다.

3 입력란에 새로운 시트 이름을 입력하고, Enter 키를 누릅니다.

시트 보호하기

1 시트 보호를 하기 위해 해당 시트의 목록 단추(▼)를 클릭하고, [시트 보호]를 선택합니다.

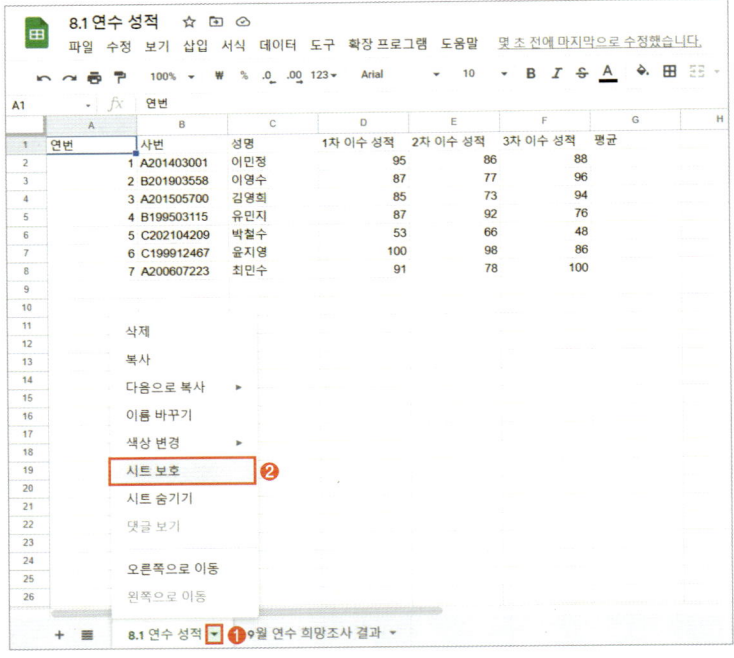

💡 Plus Tip

여러 명이 한 번에 스프레드시트를 작성할 때 원본 데이터가 훼손되는 것을 막으려면 시트와 셀의 '보호' 기능을 사용해야 합니다. '보호' 기능을 사용하면 파일 소유자 또는 허가된 사용자만 내용을 변경하도록 설정할 수 있습니다. 보호한 시트 또는 범위는 메뉴의 [데이터]-[시트 및 범위 보호]에서 확인할 수 있습니다.

2 보호된 시트 및 범위 패널이 나타나면 [권한 설정] 버튼을 클릭합니다.

3 '범위 수정 권한' 팝업 창에서 '이 범위를 수정할 수 있는 사용자 제한'이 선택되어 있는지 확인하고, [나만]의 목록 단추(▼)를 클릭하여 [맞춤]을 선택합니다.

Plus Tip
[나만]을 선택하고 [완료] 버튼을 클릭하면 파일 소유자만 해당 범위를 수정할 수 있습니다.

4 '수정자 추가' 입력란에 범위 수정 권한을 줄 사용자의 이메일을 입력하고, [완료] 버튼을 클릭하면 지정한 범위는 추가한 사용자만 수정할 수 있습니다.

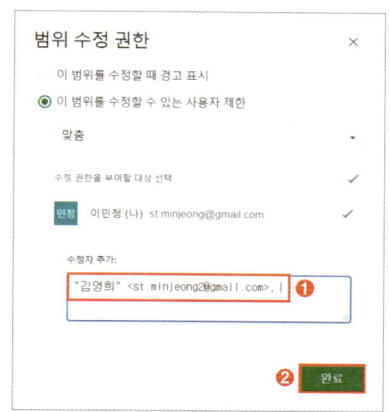

Plus Tip
추가한 사용자는 해당 파일의 액세스 권한이 있어야 하므로 액세스 권한이 없는 경우는 '수신자에게 파일 액세스 권한을 부여해야 함' 팝업 창이 나타납니다. 해당 팝업 창에서 [공유]를 클릭하면 권한을 부여할 수 있습니다.

Upgrade 셀 보호하기

필요에 따라 전체 시트가 아닌 일부 셀만 수정하지 못하도록 설정할 수 있습니다. 셀 보호를 하기 위해 보호할 범위를 드래그하여 선택한 후 마우스 오른쪽 버튼을 클릭하고, 바로 가기 메뉴에서 [셀 작업 더보기]-[범위 보호]를 선택합니다. 보호된 시트 및 범위 패널이 나타나면 [권한 설정] 버튼을 클릭합니다.

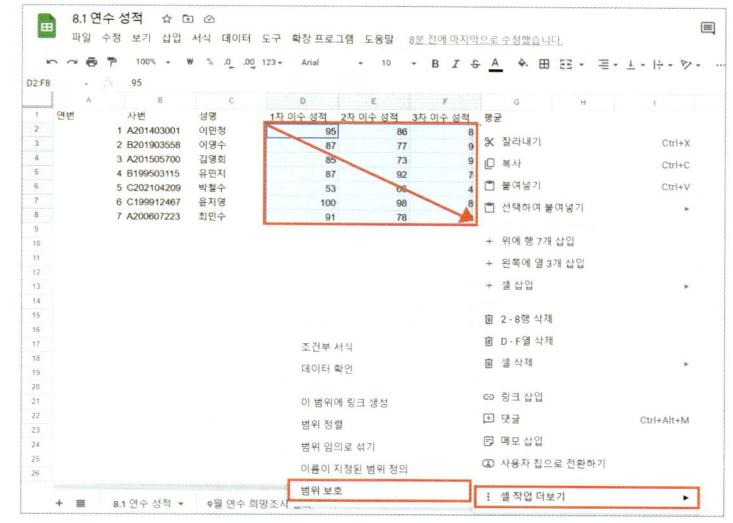
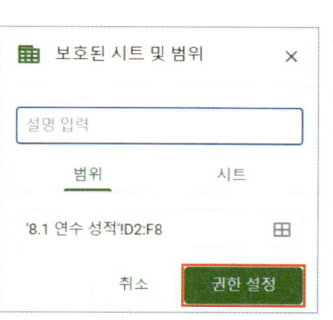

Section 03 수식과 함수 활용하기

스프레드시트의 수식과 함수 사용하기

MS Office Excel처럼 Google 스프레드시트에서도 다양한 수식과 함수 기능을 제공합니다. 수식을 사용하여 값을 계산하려면 셀에 등호(=)를 입력하고, 수식 또는 함수를 입력합니다. 자주 사용하는 기본 함수는 다음과 같습니다.

기본 함수	기능	사용 예시
SUM	셀 값의 합계를 구합니다.	=SUM(A1:A10) : [A1:A10] 범위의 값을 모두 합한 값을 구합니다.
AVERAGE	셀 값의 평균을 구합니다.	=AVERAGE(A1:A10) : [A1:A10] 범위의 평균값을 구합니다.
MAX	지정한 범위에서 가장 큰 값을 구합니다.	=MAX(A1:A10) : [A1:A10] 범위에서 최대값을 구합니다.
MIN	지정한 범위에서 가장 작은 값을 구합니다.	=MIN(A1:A10) : [A1:A10] 범위에서 최소값을 구합니다.
IF	가정문이 사실이면 사실값, 거짓이면 거짓값을 나타냅니다.	=IF(A1>10,"TRUE","FALSE") : [A1] 셀이 10을 초과하면 TRUE, 그렇지 않으면 FALSE를 표기합니다.
COUNT	해당 범위에 포함된 숫자 데이터의 개수를 구합니다.	=COUNT(A1:A10) : [A1:A10] 범위에서 숫자 데이터의 개수를 구합니다.
COUNTIF	조건문과 일치하는 셀의 개수를 구합니다.	=COUNTIF(A1:A10,">5") : [A1:A10] 범위에서 5 초과인 셀의 개수를 구합니다.
SUBSTITUTE	텍스트 중에서 특정 문자를 지정한 문자로 변경합니다.	=SUBSTITUTE(A1,"-"," ",1) : '-'이 한 개 있는 [A1] 셀의 텍스트에서 '-'를 찾아 공백으로 변경합니다.
LEFT	선택한 셀의 텍스트 중 왼쪽부터 지정한 만큼의 문자들을 나타냅니다.	=LEFT(A1,3) : [A1] 셀의 텍스트에서 왼쪽 3글자를 나타냅니다.
MID	선택한 셀의 텍스트 중 일부를 나타냅니다.	=MID(A1,3,2) : [A1] 셀의 텍스트에서 3번째 글자부터 2개의 글자를 나타냅니다.
RIGHT	선택한 셀의 텍스트 중 오른쪽부터 지정한 만큼의 문자들을 나타냅니다.	=RIGHT(A1,3) : [A1] 셀의 텍스트에서 오른쪽 3글자를 나타냅니다.
TEXT	숫자를 특정한 서식에 따라 텍스트로 바꿉니다.	=TEXT(A1,"##.0") : [A1] 셀의 값을 텍스트 00.0 방식으로 표시합니다.
VALUE	텍스트를 숫자로 바꿉니다.	=VALUE(A1) : [A1] 셀의 텍스트를 숫자로 변경합니다.
RANK	선택한 범위에서 해당 셀의 순위를 나타냅니다.	=RANK(A1,A1:A10,1) : [A1:A10] 범위에서 [A1] 셀의 순위를 오름차순으로 나열합니다. 내림차순으로 나열하려면 =RANK(A1,A1:A10,0)을 사용합니다.
PERCENTRANK	선택한 범위에서 해당 셀의 순위를 백분율로 나타냅니다.	=PERCENTRANK(A1:A10,A1) : [A1:A10] 범위에서 [A1] 셀의 순위를 백분율로 나타냅니다.
VLOOKUP	검색 결과와 일치하는 행의 특정한 열에 있는 데이터를 가져옵니다.	=VLOOKUP(A2,A1:D10,4,FALSE) : [A1:D10] 범위에서 A2 행의 4번째 열에 있는 데이터를 가져옵니다.

HLOOKUP	검색 결과와 일치하는 열의 특정한 행에 있는 데이터를 가져옵니다.	=HLOOKUP(A2,A1:D10,4,FALSE) : [A1:D10] 범위에서 A2 열의 4번째 행에 있는 데이터를 가져옵니다.
TRANSPOSE	행과 열을 교체합니다.	=TRANSPOSE(A1:D10) : [A1:D10] 범위에서 데이터의 행과 열 배열을 교체합니다.
NOW	현재 시각을 나타냅니다.	=NOW( ) : 현재 날짜와 시간을 표시합니다.
SPLIT	한 셀의 텍스트를 특정 문자 기준으로 분리합니다.	=SPLIT("1/2/3/4","/") : 1/2/3/4 텍스트를 /를 기준으로 분리합니다.
JOIN	여러 셀의 텍스트를 연결합니다.	=JOIN(",",A1:C1) : [A1] 셀부터 [C1] 셀까지의 텍스트를 , 를 사이에 두고 연결합니다.
IMAGE	URL을 이용하여 이미지를 워크시트에 삽입합니다.	=IMAGE("https://google.com") : 주어진 링크에 해당하는 이미지를 셀에 삽입합니다.
IMPORTRANGE	다른 스프레드시트의 데이터를 가져옵니다.	=IMPORTRANGE("docs.google.com/spreadsheets/","시트1!A1:D8") : 링크에 해당하는 스프레드시트에서 시트1의 [A1:D8] 범위에 있는 데이터를 그대로 가져옵니다.

> **Plus Tip**
> 더 많은 수식과 함수는 문서 편집기 고객센터(support.google.com/docs/table/25273) 웹페이지를 참고하세요.

MS Office Excel과 마찬가지로 참조하는 셀 위치를 고정해야 할 경우 절대 참조 또는 혼합 참조를 사용해야 합니다. 상대 참조를 절대 참조 또는 혼합 참조로 바꾸기 위해서는 F4 키를 누릅니다. F4 키를 한 번 누르면 절대 참조로 변하고, 두 번 누르면 행만 고정, 세 번 누르면 열만 고정하는 혼합 참조로 변경할 수 있습니다. 열 고정 혼합 참조 상태에서 다시 한 번 F4 키를 누르면 상대 참조로 변경됩니다.

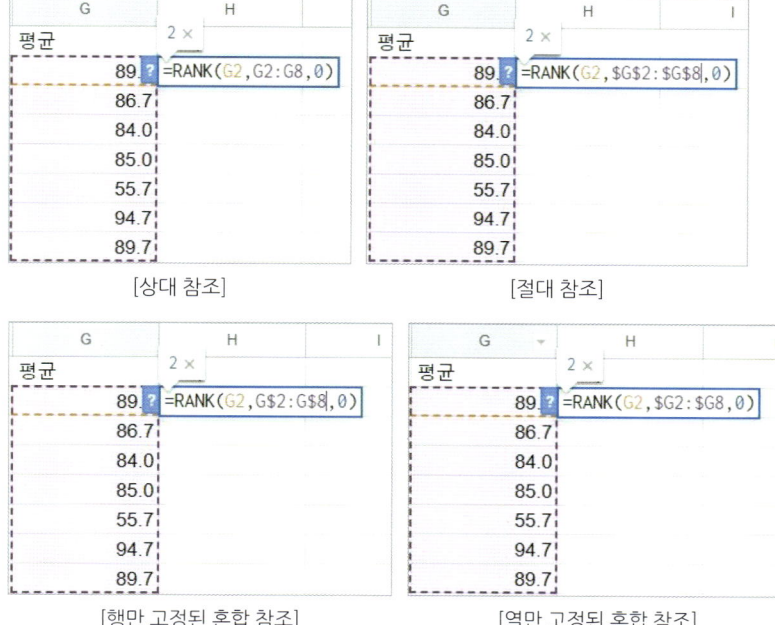

[상대 참조]   [절대 참조]

[행만 고정된 혼합 참조]   [열만 고정된 혼합 참조]

> **Upgrade** 합계 및 평균 빠르게 조회하기
>
> 함수를 사용하지 않고도 데이터의 합계, 평균, 최소값, 최대값, 개수, 횟수를 빠르게 조회할 수 있습니다. 합계를 구할 데이터의 범위를 드래그하여 지정하고, 워크시트 오른쪽 하단에서 [합:#]의 목록 단추(▼)를 클릭합니다. 데이터의 합계, 평균, 최소값, 최대값, 개수, 횟수가 한 번에 나타납니다. 이때, 개수는 데이터가 있는 셀의 개수이고, 횟수는 숫자 데이터가 있는 셀의 개수를 나타냅니다.

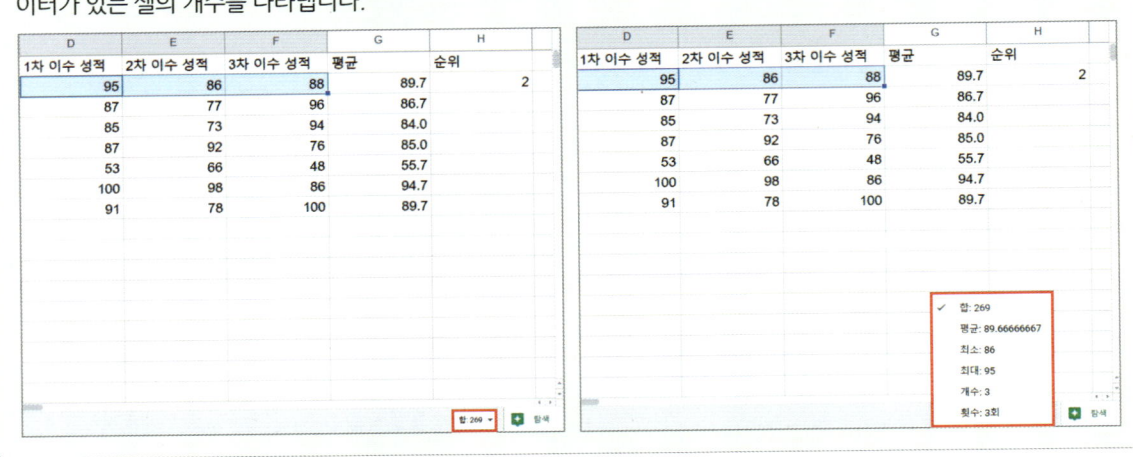

Section 04 조건부 서식 사용하기

조건부 서식 추가하기

1 평균 중 90 이상인 셀을 노란색으로 표시하기 위해 평균 데이터를 드래그하여 선택하고, 메뉴에서 [서식]-[조건부 서식]을 선택합니다.

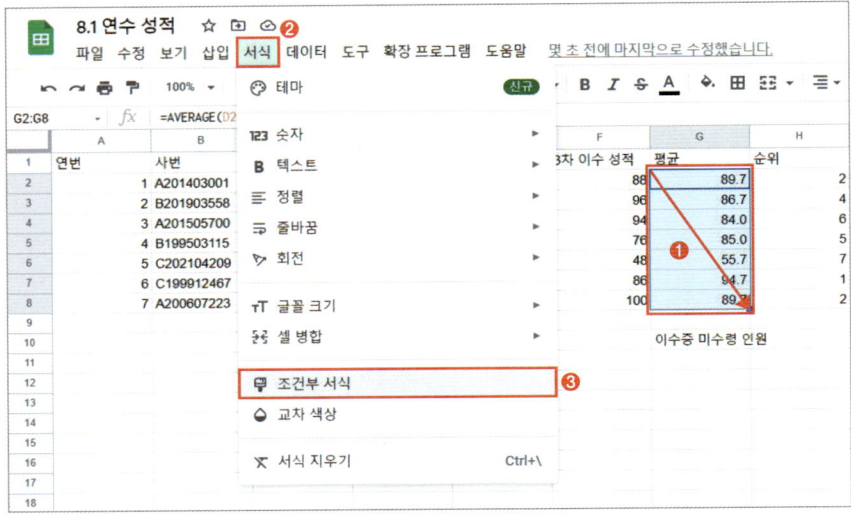

2 조건부 서식 규칙 패널에서 '다음의 경우 셀 서식 지정...'의 [비어 있지 않음]에 있는 목록 단추(▼)를 클릭하고, [보다 크거나 같음]을 선택합니다.

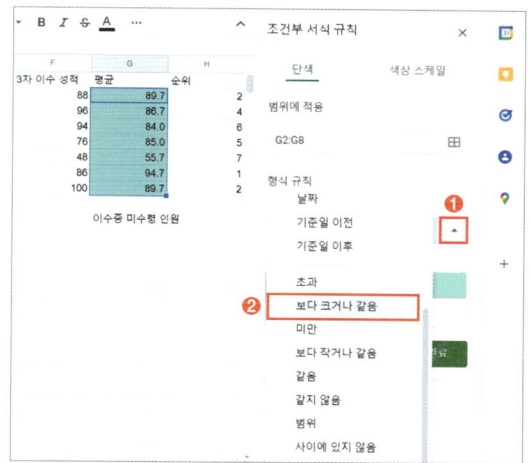

3 '값 또는 수식' 입력란에 "90"을 입력하고, [채우기 색상(🎨)]의 목록 단추(▼)를 클릭하여 '노란색'으로 변경한 후 [완료] 버튼을 클릭합니다.

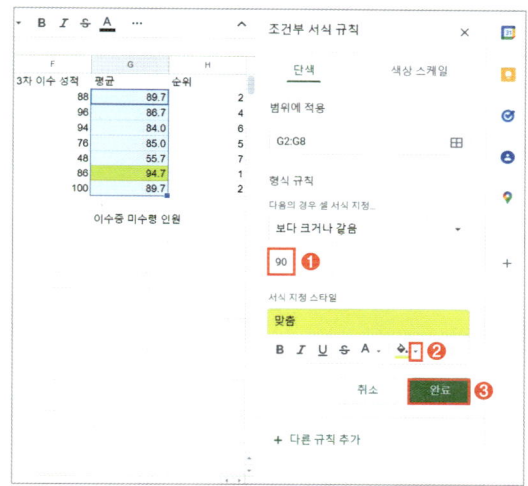

Section 05 필터 만들기

필터 추가하기

1 필터를 추가할 행의 셀을 클릭하고, 메뉴에서 [데이터]-[필터 만들기]를 선택합니다.

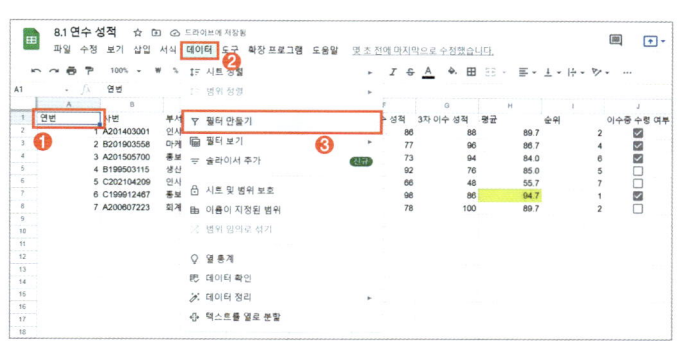

💡 Plus Tip

필터를 삭제하려면 메뉴에서 [데이터]-[필터 삭제]를 선택합니다.

Chapter 05 Google 스프레드시트 사용하기 **219**

2 각 열의 첫 번째 행에 필터(≡) 아이콘이 나타나면 이를 클릭하여 원하는 조건에 맞는 데이터만 선택하여 볼 수 있습니다.

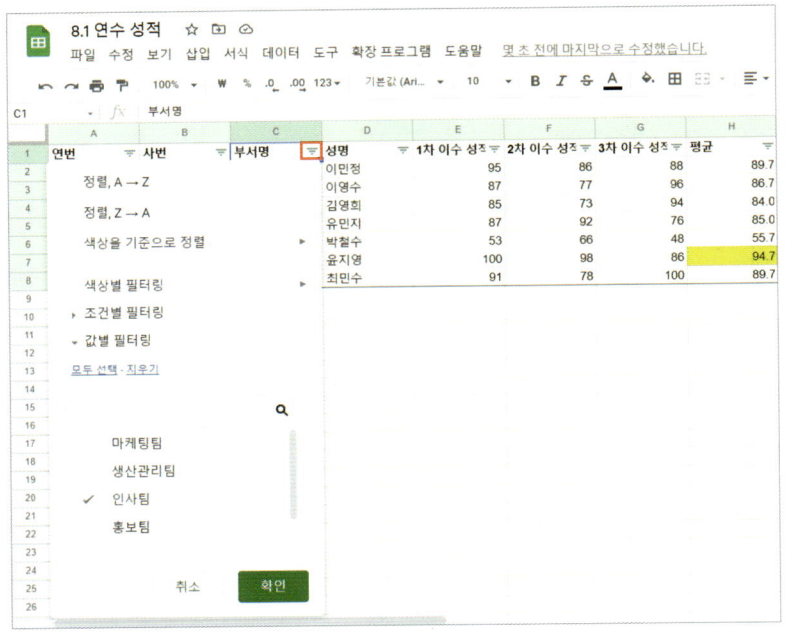

💡 Plus Tip
필터(≡) 아이콘을 클릭하고 [정렬, A→Z], [정렬, Z→A]를 선택하면 데이터가 오름차순, 내림차순으로 정렬됩니다.

Upgrade 오름차순, 내림차순으로 데이터 정렬하기

데이터를 오름차순, 내림차순으로 정렬하기 위해서는 정렬할 데이터가 있는 셀들을 드래그하여 선택하고, 메뉴에서 [데이터]-[범위 정렬]-[고급-범위 정렬 옵션]을 선택합니다. '#에서 #까지 범위 정렬' 팝업 창이 나타나면 정렬 기준 열을 선택하고, 오름차순 정렬은 'A→Z'를, 내림차순 정렬은 'Z→A'를 지정한 후 [정렬] 버튼을 클릭합니다. '데이터에 머리글 행이 있습니다'는 열 제목이 셀들에 포함되어있는 경우 선택합니다. [다른 정렬 기준 열 추가] 버튼을 클릭하면 기준을 여러 개 두고 데이터를 정렬할 수 있습니다.

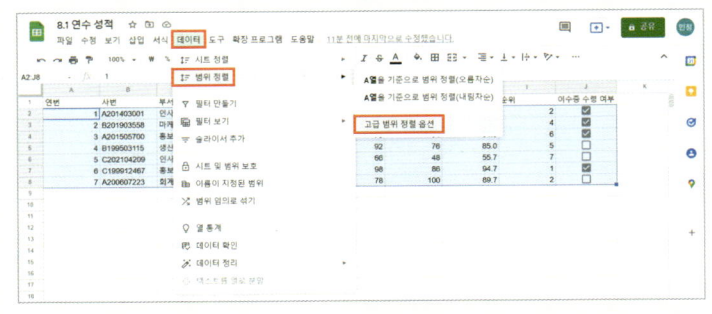

Section 06 피봇 테이블 사용하기

피봇 테이블 만들기

1 피봇 테이블에 포함될 데이터를 마우스로 드래그하여 모두 선택하고, 메뉴에서 [삽입]-[피봇 테이블]을 선택합니다.

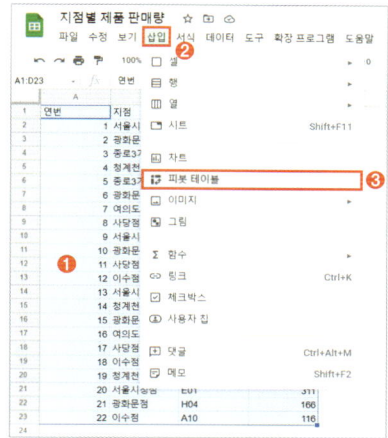

2 '피봇 테이블 만들기' 팝업 창이 나타나면 삽입 위치를 '새 시트'로 선택하고, [만들기] 버튼을 클릭합니다.

💡 Plus Tip
'기존 시트'를 선택하면 현재 데이터가 생성되어 있는 시트에서 범위를 선택하여 피봇 테이블을 삽입할 수 있습니다.

3 '피봇 테이블 1' 시트가 새롭게 추가되면 오른쪽의 피봇 테이블 편집기 패널에서 행, 열, 값, 필터의 [추가] 버튼을 클릭하여 피봇 테이블을 설정합니다.

💡 Plus Tip
원본 데이터가 있는 시트에서 데이터 값을 변경하면 피봇 테이블에도 자동으로 반영됩니다.

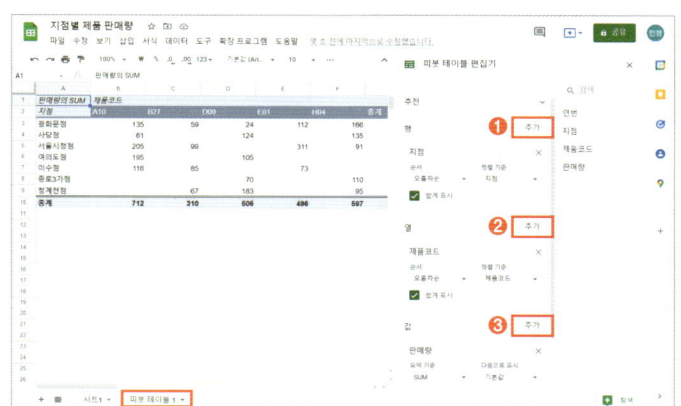

Chapter 06 Google 설문지 사용하기

Google 설문지를 사용하면 다수의 사람들로부터 쉽고 빠르게 의견을 취합할 수 있습니다. Google 설문지를 작성하고 응답을 취합한 후 Google 스프레드시트를 이용하여 쉽고 빠르게 응답을 분석할 수도 있습니다. 이번 Chapter에서는 Google 설문지를 작성하고, 이를 이용하여 응답을 취합하는 방법에 대해 알아보겠습니다.

Section 01 새 설문지 만들기

Google 설문지 시작하기

1 새 설문지를 작성하려면 Google 홈페이지에서 Google 앱 아이콘(⋮⋮⋮)을 클릭하고, [설문지]를 선택한 후 Google 설문지 웹페이지(forms.google.com)에서 '새 양식 시작하기'의 [내용 없음]을 선택합니다.

> 💡 **Plus Tip**
> 주소 표시줄에 "forms.new"를 입력하거나 드라이브 홈페이지(drive.google.com)에서 [새로 만들기] 버튼을 클릭하고, [Google 설문지]를 선택해도 새 설문지를 시작할 수 있습니다.

2 '제목 없는 설문지' 탭이 열리면 제목을 입력하고, 폴더로 이동(📁) 아이콘을 클릭하여 저장 위치를 변경합니다.

> 💡 **Plus Tip**
> 제목을 변경하면 설문지 제목도 함께 변경됩니다.

3 설문지 제목을 변경하고, 설문지 설명을 입력합니다.

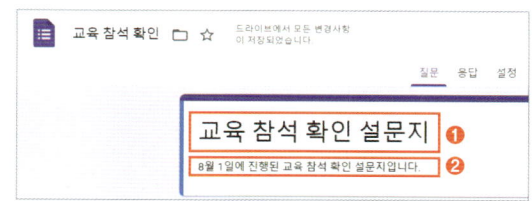

Plus Tip
모든 설문지 편집은 [질문] 탭에서 이루어집니다.

Upgrade 설문지 테마 변경하기

설문지 오른쪽 상단의 테마 맞춤설정() 아이콘을 클릭하여 설문지 테마를 변경하면 더욱 다채로운 설문지를 만들 수 있습니다. '머리글'의 [이미지 선택] 버튼을 클릭하면 설문지 제목과 내용이 있는 머리글 위에 이미지를 삽입할 수 있습니다. 또한, '테마 색상', '배경 색상'에서 테마와 배경 색깔을 자유자재로 변경할 수 있으며, '글꼴 스타일'에서는 설문지의 글꼴을 변경할 수 있습니다. 머리글에 이미지를 삽입하면 자동으로 테마 색상과 배경 색상이 변경됩니다.

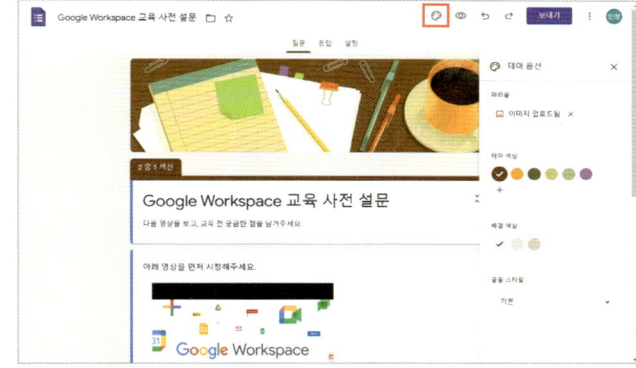

Section 02 설문지 설정하기

설문지 설정 변경하기

1 설문지에서 [설정] 탭을 클릭합니다.

Plus Tip
설문지 작성 전 반드시 설문지 설정이 선행되어야 합니다.

2 '응답'의 열기(⌄) 아이콘을 클릭한 후 '이메일 주소 수집', '응답 수정 허용', '응답 횟수 1회로 제한'을 활성화 합니다.

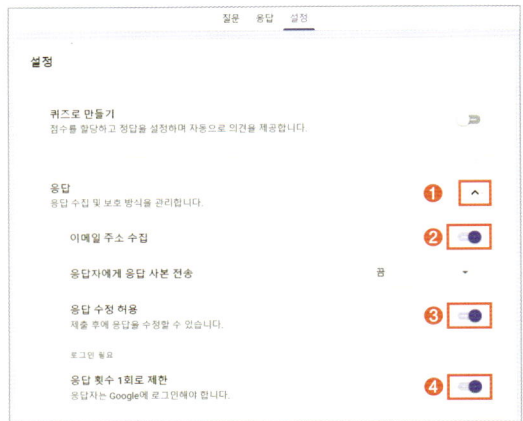

💡 Plus Tip
응답을 익명으로 수집하려면 '이메일 주소 수집'을 비활성화합니다. '응답자에게 응답 사본 전송'을 [요청 시] 또는 [항상]으로 선택하면 응답자는 자신의 응답을 이메일로 받아볼 수 있으며, '응답 수정 허용'을 활성화하면 응답자는 제출 후 응답 내용을 수정할 수 있습니다. '응답 횟수 1회로 제한'을 활성화하는 경우 응답자는 Google 계정으로 로그인해야 하고, 설문지에 단 1번만 응답할 수 있습니다.

3 '프레젠테이션'의 열기(⌄) 아이콘을 클릭하고, '진행률 표시줄 표시하기'를 활성화한 후 '질문 순서 무작위로 섞기', '다른 응답을 제출할 링크 표시', '결과 요약 보기', '모든 응답자를 대상으로 자동저장 사용 중지'가 비활성화 상태인지를 확인한 다음 '확인 메시지'의 [수정]을 클릭합니다.

💡 Plus Tip
'진행률 표시줄 표시하기'를 활성화하면 응답자들이 문항에 응답하면서 전체 진행률을 알 수 있고, '질문 순서 무작위로 섞기'를 활성화하면 문항 순서가 섞여 응답자마다 문항의 순서가 다르게 나타납니다. '다른 응답을 제출할 링크 표시'는 [응답] 탭의 '응답 횟수 1회로 제한'이 비활성화되어 있어야 활성화할 수 있으며, 이를 활성화할 경우 응답 이후 다른 응답을 제출할 수 있는 링크가 나타납니다. '결과 요약 보기'를 활성화하면 응답자들이 제출 후 응답 통계를 확인할 수 있습니다. '모든 응답자를 대상으로 자동저장 사용 중지'를 활성화하는 경우 응답자가 브라우저를 닫으면 처음부터 다시 응답해야 합니다.

4 '확인 메시지' 입력란에 "제출이 완료되었습니다."를 입력한 후 [저장]을 클릭합니다.

Plus Tip
확인 메시지는 응답자가 응답 제출 이후 보게 되는 안내 문구입니다.

Upgrade 설문지 설정 - 퀴즈로 만들기, 기본값

[설정] 탭에서 '퀴즈로 만들기'를 활성화하면 설문지를 퀴즈로 변경하여 각 문항별 채점이 가능하도록 설정할 수 있습니다. '퀴즈로 만들기'를 활성화하고 설정을 변경한 후 각 문항에 점수와 답안을 입력하면 응답자가 응답을 제출한 이후 자동으로 채점이 완료됩니다. '결과 공개'에서 '제출 후 바로 공개'를 선택하면 응답자가 응답 직후 결과를 바로 확인할 수 있습니다. 이는 각 문항에 답안을 미리 입력하여 자동 채점을 수행하는 경우 선택하는 것이 좋습니다. 반면, '직접 검토 후 공개'를 선택하면 설문지 소유자가 응답자들의 답안을 확인한 후 점수를 부여하고, 그 결과를 메일로 전송해야 합니다. 또한, '응답'의 '이메일 주소 수집'이 자동으로 활성화됩니다. '응답자 설정'에서는 응답자가 결과를 받은 후 볼 수 있는 항목들을 활성화합니다. '기본 질문 점수'는 새 문항을 생성할 때 각 문항에 자동으로 할당되는 점수입니다.

'기본값'은 모든 설문지와 모든 문항들에 적용되는 설정입니다. '양식 기본값'의 열기(∨) 아이콘을 클릭하고, '기본적으로 이메일 주소 수집'을 활성화하면 새로운 설문지를 작성할 때 '응답'의 '이메일 주소 수집'이 활성화 되어 있습니다. 또한, '질문 기본값'의 열기(∨) 아이콘을 클릭한 후 '기본적으로 필수 질문으로 지정'을 활성화하면 문항을 새롭게 생성할 때 '필수' 항목이 자동으로 활성화됩니다.

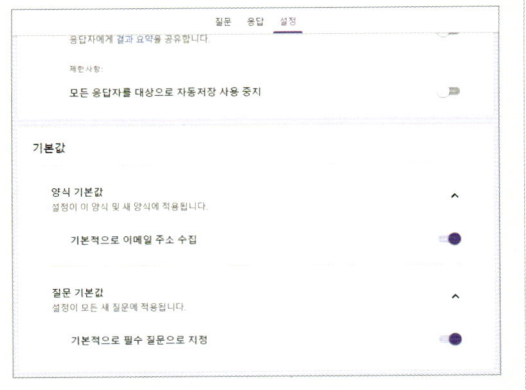

Section 03 문항 만들기

단답형 문항 만들기

1 [질문] 탭에 추가된 문항을 선택한 후 [객관식 질문]의 목록 단추(▼)를 클릭하고, [단답형]으로 문항 유형을 변경합니다.

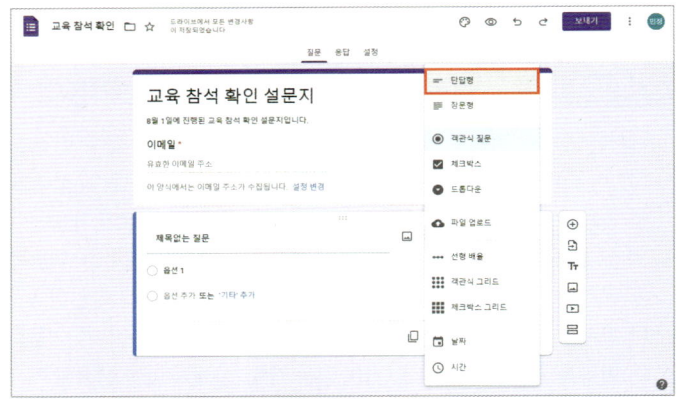

🔅 Plus Tip
새 설문지를 시작하면 '객관식 질문' 1문항은 추가되어 있습니다. 문항을 추가하려면 오른쪽의 내비게이션 바에서 질문 추가(⊕) 아이콘을 클릭합니다.

2 문항 내용을 입력하고, '필수'를 활성화합니다.

🔅 Plus Tip
문항을 '필수'로 설정하면 응답자는 반드시 해당 문항에 답변해야 합니다.

> **Upgrade** 응답 확인 활용하기

응답의 형식을 숫자, 텍스트 등으로 제한하고 싶다면 문항의 게재(⋮) 아이콘을 클릭하고, [응답 확인]을 선택합니다. 답변이 숫자인 경우 숫자 크기로 제한할 수도 있고, 텍스트인 경우 특정 텍스트를 포함하도록 제한할 수도 있습니다. 특히, 이메일 주소를 수집하는 경우는 [숫자]의 목록 단추(▼)를 클릭하여 [텍스트]로 변경하고, [포함]의 목록 단추(▼)를 클릭하여 [이메일]로 변경한 후 '맞춤 오류 텍스트' 입력란에 답변 형식이 어긋났을 때 안내할 문구를 입력하면 됩니다.

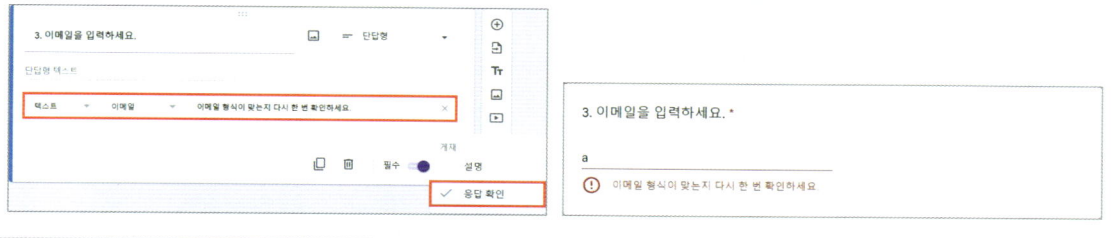

객관식 문항 만들기

1 내비게이션 바에서 질문 추가(⊕) 아이콘을 클릭하여 객관식 문항을 추가하고, 문항 내용을 입력합니다.

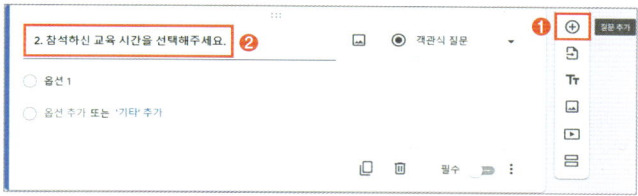

💡 **Plus Tip**

객관식 문항에서는 응답자가 단 하나의 선택지만을 선택할 수 있습니다.

2 '옵션 추가'를 클릭하여 필요한 만큼 선택지를 추가하고, '옵션 1'을 클릭하여 선택지 내용을 변경한 후 '필수'를 활성화합니다.

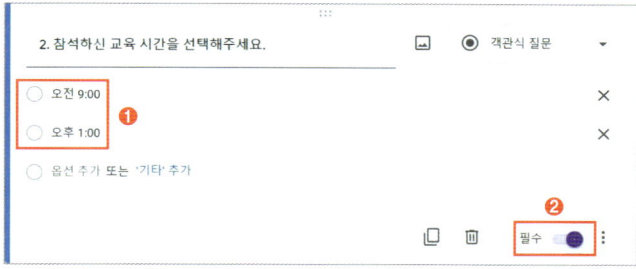

💡 **Plus Tip**

['기타' 추가]를 클릭하면 '기타…' 선택지가 추가됩니다. 선택지에 마우스 포인터를 올리면 나타나는 이동(⋮⋮) 아이콘을 위, 아래로 드래그하면 선택지간 순서를 변경할 수 있고, 삭제(✕) 아이콘을 클릭하면 선택지를 삭제할 수 있습니다.

Upgrade — 여러 가지 문항 유형 활용하기

Google 설문지에서는 다양한 유형의 문항을 제작할 수 있습니다.

문항 유형	특성	문항 예시
장문형	단답형보다 긴 답변을 수집합니다.	연수 소감을 남겨주세요. (장문형 텍스트)
체크박스	객관식 질문과 유사하지만 응답자가 선택지를 여러 개 선택할 수 있습니다.	참석할 수 있는 시간을 모두 선택하세요. □ 오전 9:00 / □ 오전 10:00 / □ 오전 11:00 / 옵션 추가 또는 '기타' 추가
드롭다운	응답자가 목록 단추(▼)를 클릭하면 여러 옵션들이 나타나며, 옵션 중 하나만 선택할 수 있습니다.	듣고싶은 연수를 선택하세요. 1 스프레드시트 활용하기 / 2 문서 작성 고급과정 / 3 Meet 회의 실전 / 4 설문지 작성 방법 / 5 옵션 추가
파일 업로드	응답자는 파일을 업로드해야 합니다.	연수 이수증 파일을 업로드하세요. 특정 파일 형식만 허용 / 최대 파일 수 1 / 최대 파일 크기 100MB
선형 배율	특성에 단계를 나누어 '정도'를 답변합니다.	연수의 만족도를 선택해주세요. 1 ~ 5 / 1 매우 불만족 / 5 매우 만족

객관식 그리드	설문 조사에 많이 사용되는 유형으로 응답자는 행마다 한 개의 옵션을 선택합니다.	
체크박스 그리드	설문 조사에 많이 사용되는 유형으로 응답자는 행마다 여러 개의 옵션을 선택합니다.	
날짜	날짜를 수집합니다.	
시간	시간을 수집합니다.	

Section 04 설문지에 이미지와 동영상 삽입하기

설문지에 이미지 삽입하기

1 오른쪽 내비게이션 바에서 이미지 추가(🖼) 아이콘을 클릭합니다.

> 💡 **Plus Tip**
>
> 이미지는 현재 선택된 항목 이후에 삽입됩니다.

2 '이미지 삽입' 팝업 창에서 [GOOGLE 이미지 검색] 탭을 클릭한 다음 필요한 이미지를 검색한 후 삽입할 이미지를 선택하고, [삽입]을 클릭합니다.

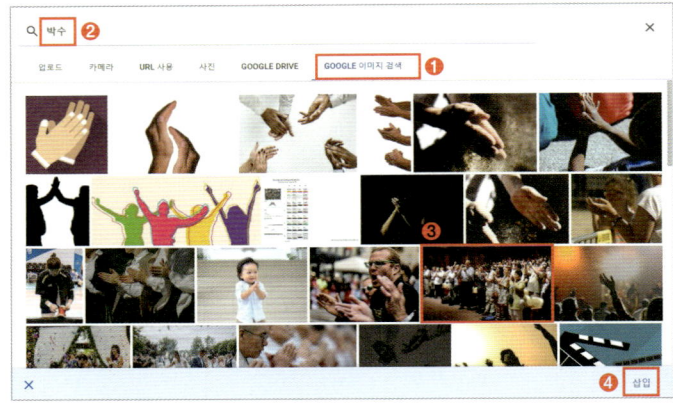

> 💡 **Plus Tip**
>
> [업로드] 탭에서는 컴퓨터에 저장된 이미지를 삽입할 수 있고, [사진] 탭에서는 Google 포토에 저장된 이미지를, [GOOGLE DRIVE] 탭에서는 드라이브에 저장된 이미지를 삽입할 수 있습니다.

3 이미지가 삽입되면 이미지 제목을 입력합니다.

> 💡 **Plus Tip**
>
> 더보기(:) 아이콘을 클릭하면 이미지의 배치를 변경하거나 이미지를 교체 및 삭제할 수 있고, 이미지를 클릭하면 나타나는 크기 조절 핸들을 이용하여 이미지의 크기를 조절할 수 있습니다.

Upgrade 문항 내에 이미지 삽입하기

설문지 내에 이미지를 삽입하는 것과 마찬가지로 문항 내에서도 이미지를 삽입할 수 있습니다. 특히, 객관식 질문과 체크박스 문항의 경우 각 선택지에도 이미지 추가가 가능합니다. 문항의 이미지 추가(🖼) 아이콘을 클릭하면 이미지를 삽입할 수 있으며, 객관식 질문과 체크박스 문항의 선택지에 이미지를 추가하려면 각 선택지에 마우스 포인터를 올리면 나타나는 이미지 추가(🖼) 아이콘을 클릭합니다.

동영상 삽입하기

1 오른쪽 내비게이션 바에서 동영상 추가(▶) 아이콘을 클릭합니다.

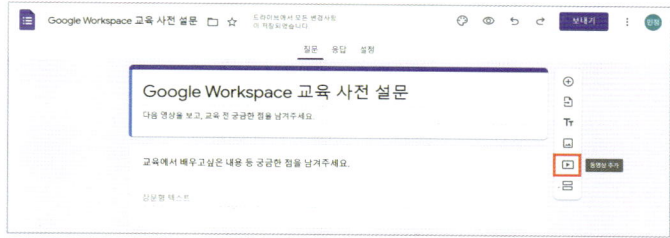

2 '동영상 선택' 창의 [동영상 검색] 탭에서 필요한 Youtube 영상을 검색한 후 삽입할 영상을 선택하고, [선택] 버튼을 클릭합니다.

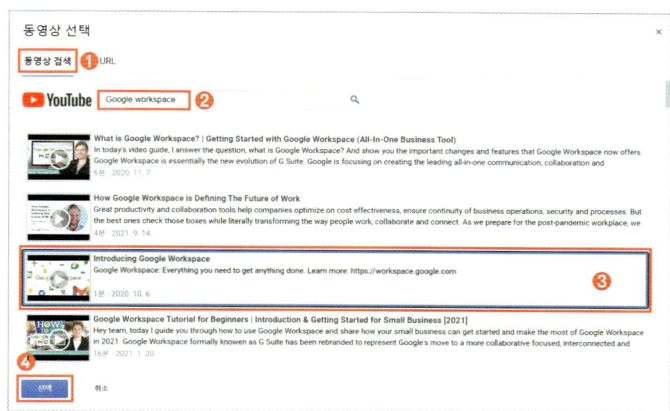

💡 Plus Tip

설문지에는 Youtube에 업로드된 영상만 삽입할 수 있습니다. 만약, 삽입하려는 Youtube 영상의 URL을 알고 있다면 [URL] 탭에서 해당 URL 주소를 붙여넣기하여 영상을 추가합니다.

3 동영상이 삽입되면 동영상 제목을 입력하고, 동영상을 클릭하면 나타나는 크기 조절 핸들을 드래그하여 크기를 조절합니다.

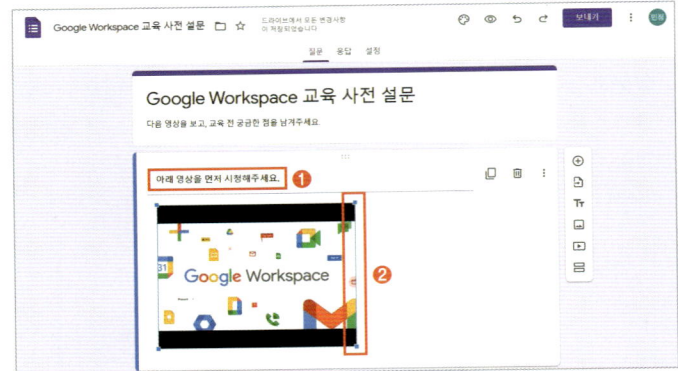

💡 Plus Tip
이미지와 마찬가지로 더보기(:) 아이콘을 클릭하면 동영상의 배치를 변경하거나 동영상을 교체 및 삭제할 수 있습니다.

Section 05 문항 가져오기

다른 설문지에서 문항 가져오기

1 오른쪽 내비게이션 바에서 질문 가져오기(🗐) 아이콘을 클릭합니다.

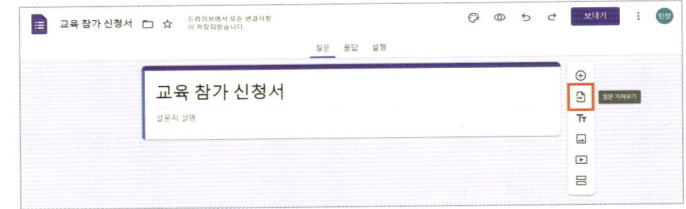

💡 Plus Tip
다른 설문지에서 만들어둔 문항을 그대로 재사용할 수 있습니다.

2 '양식 선택' 창에서 가져올 문항이 있는 설문지를 선택하고, [선택] 버튼을 클릭합니다.

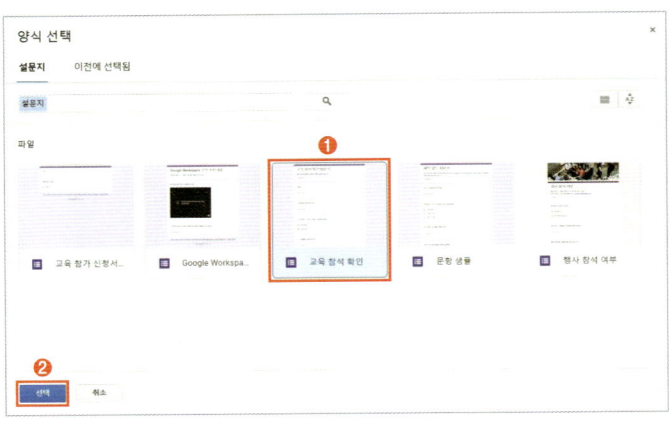

3 질문 가져오기 패널에서 가져올 문항을 체크(선택)하고, [질문 가져오기(#개)] 버튼을 클릭합니다.

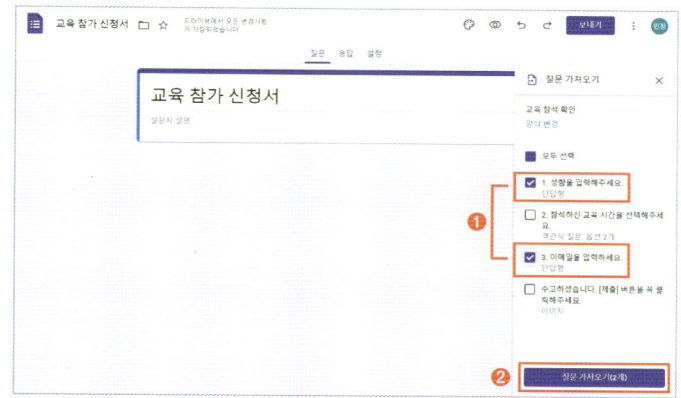

Plus Tip
여러 개의 문항을 한꺼번에 가져올 수 있으며, [양식 변경]을 클릭하면 문항을 가져올 설문지를 다시 선택할 수 있습니다.

4 가져온 문항을 확인하고, 필요에 따라 수정합니다.

Section 06 섹션 나누기

응답별 섹션 진행 설정하기

1 섹션을 나눌 부분을 기준으로 위의 항목을 선택하고, 오른쪽 내비게이션 바에서 섹션 추가(냅) 아이콘을 클릭합니다.

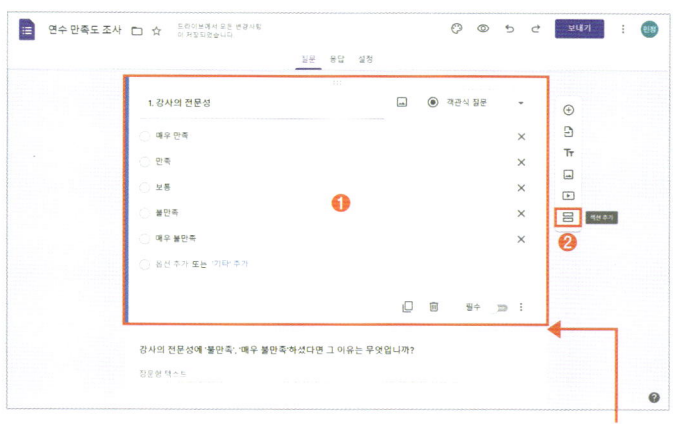

섹션을 나눌 부분

Plus Tip

섹션은 페이지 개념으로 섹션을 나누면 응답자는 [다음] 버튼을 클릭하여 페이지를 넘기면서 응답하게 됩니다. 또한, 객관식 질문 문항에서는 응답자가 선택하는 것에 따라 다른 섹션으로 이동하도록 설정할 수 있습니다.

2 섹션 제목을 입력한 후 선택지에 따라 섹션을 이동할 객관식 질문 문항에서 게재 아이콘(⋮)을 클릭하고, [답변을 기준으로 섹션 이동]을 선택합니다.

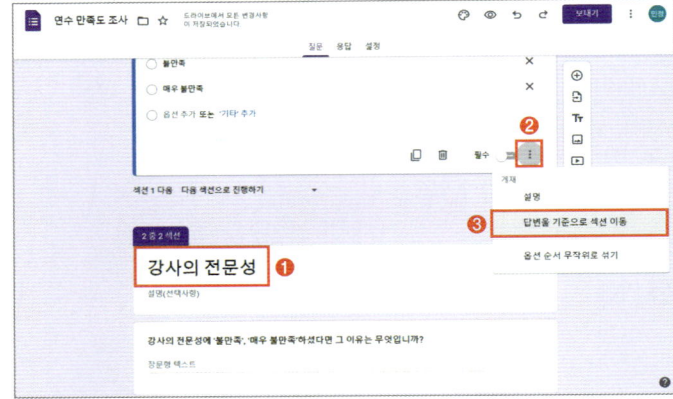

3 선택지의 [다음 섹션으로 진행하기]의 목록 단추(▼)를 클릭하고, 원하는 섹션을 선택합니다.

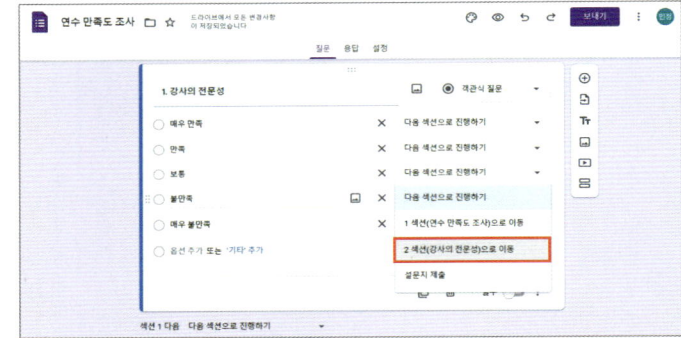

Plus Tip

각 섹션 마지막 문항 아래의 '섹션 # 다음'을 변경하여 해당 섹션 이후 진행할 섹션을 선택할 수 있습니다.

Upgrade 설문지 미리보기

설문지의 문항을 작성하고, 섹션을 나누어 페이지를 구성하는 과정에서 반드시 필요한 작업은 설문지가 실제 응답자들에게 어떻게 보여지는지를 확인하는 것입니다. 설문지 편집 화면의 오른쪽 상단에서 미리보기(◉) 아이콘을 클릭하면 응답자 화면을 확인할 수 있습니다.

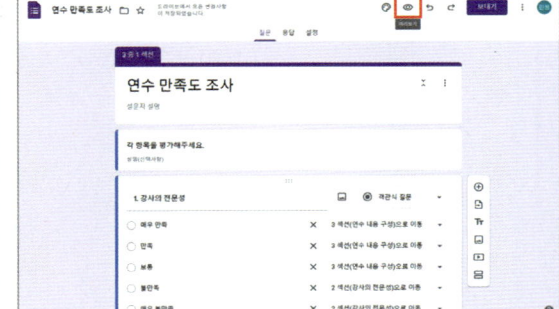
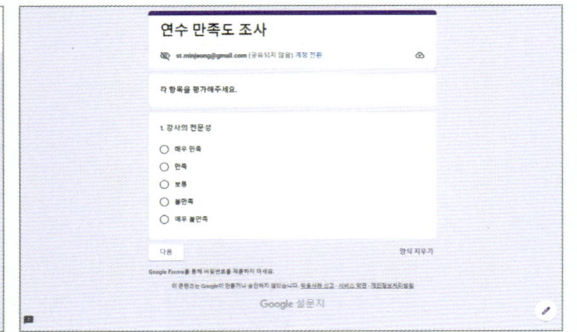

Section 07 설문지 보내기

이메일로 설문지 보내기

1 설문지 편집 화면 오른쪽 상단에서 [보내기] 버튼을 클릭합니다.

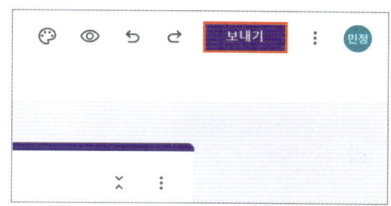

2 '설문지 보내기' 팝업 창의 [이메일(✉)] 탭에서 '받는사람'에 응답자의 이메일 주소를 입력하고, '이메일에 설문지 첨부'를 체크(선택)한 후 [보내기] 버튼을 클릭합니다.

3 응답자는 메일로 설문지를 받아볼 수 있습니다.

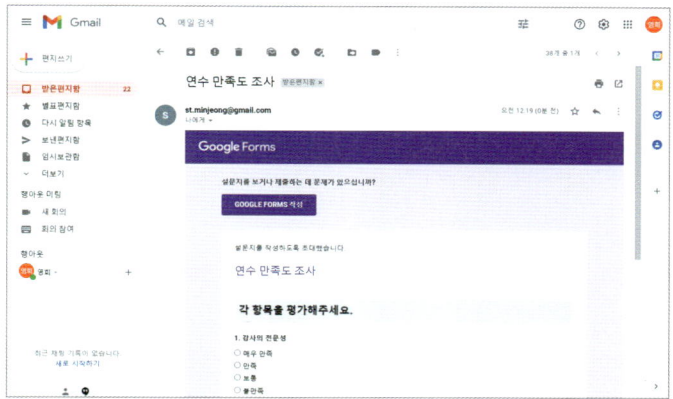

설문지 링크로 공유하기

1 설문지 편집 화면에서 [보내기] 버튼을 클릭하고, '설문지 보내기' 팝업 창에서 [링크(🔗)] 탭을 클릭합니다.

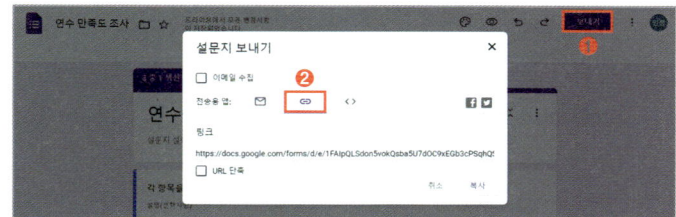

2 'URL 단축'을 체크(선택)하고, [복사] 버튼을 클릭한 후 응답자들에게 메일 등으로 복사된 링크를 각각 전달합니다.

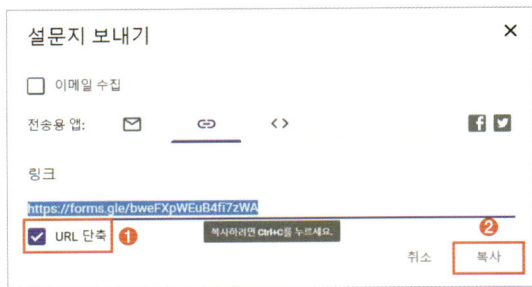

Upgrade 응답자별 답변 확인하기

설문지 편집 화면에서 [응답] 탭을 클릭하면 응답자들의 답변을 확인할 수 있습니다. [응답] 탭 오른쪽의 숫자는 설문지에 응답한 사람의 수를 나타냅니다. [응답] 탭은 [요약], [질문], [개별 보기] 탭으로 이루어져 있습니다.

[응답] 탭에서는 '응답받기'를 활성화, 비활성화하여 응답 수집을 제한할 수 있습니다. 또한, [요약] 탭에서는 전체 응답의 통계가 나타나고, [질문] 탭에서는 문항별 답변을 모아볼 수 있습니다. 그리고 [개별 보기] 탭에서는 응답자별 응답 내용을 확인할 수 있습니다.

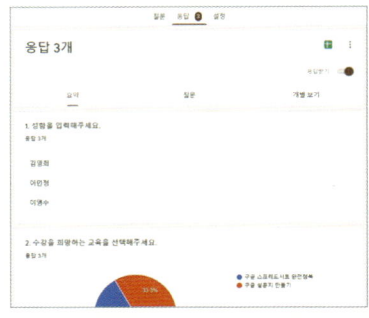

Section 08 — 스프레드시트로 답변 모아보기

스프레드시트로 모든 응답 모아보기

1 [응답] 탭에서 스프레드시트 만들기(🟩) 아이콘을 클릭합니다.

> 💡 **Plus Tip**
>
> 스프레드시트로 모든 응답을 한 눈에 모아 볼 수 있습니다. 스프레드시트를 사용하면 응답자들의 답변뿐만 아니라 데이터 처리에 유용합니다.

2 '응답 수집 장소 선택' 팝업 창에서 '새 스프레드시트 만들기'가 선택되어있는지 확인한 후 [만들기]를 클릭합니다.

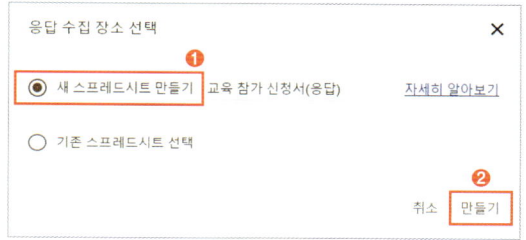

> 💡 **Plus Tip**
>
> 필요에 따라 파일명을 변경할 수 있으며, '기존 스프레드시트 선택'을 선택하는 경우 드라이브에 저장된 다른 스프레드시트에 응답을 모아볼 수 있습니다. '응답 수집 장소 선택' 팝업 창은 최초 1회 생성 시에만 나타납니다.

3 스프레드시트가 자동으로 열리면서 모든 응답이 스프레드시트에 응답 시간순으로 정리되어 나타납니다.

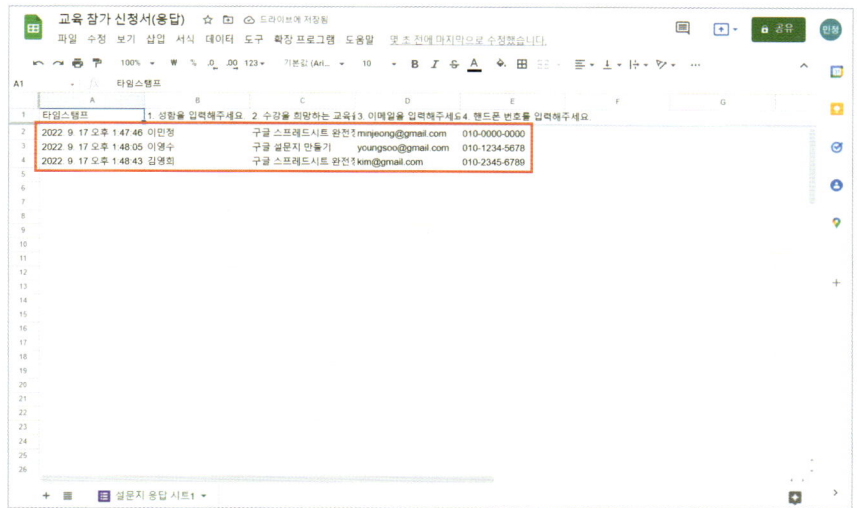

PART 05

다양한 구글 앱 활용

Google의 다양한 앱들은 일상에서 편리함을 더해줍니다. Google 포토를 이용하면 많은 양의 사진들을 관리하고 다른 사람들과 나눌 수 있으며, 사이트 도구를 이용하면 누구나 쉽게 나만의 웹사이트를 운영할 수 있습니다. 이번 Part에서는 Google 포토와 사이트 도구를 활용하는 방법에 대해서 알아보겠습니다.

Chapter 01

Google 포토 활용하기

Chapter 02

사이트 도구로 웹사이트 만들기

Chapter 01 Google 포토 활용하기

Google 포토는 사진과 동영상을 별도로 관리하는 드라이브 앱입니다. 사진과 동영상을 업로드하고 앨범이나 영상을 만들어 다른 사람들과 공유할 수 있습니다. 또한, Google 포토는 모바일 기기와도 연동되어 모바일 기기의 사진도 손쉽게 백업할 수 있는 장점이 있습니다. 이번 Chapter 에서는 Google 포토를 이용하여 사진과 동영상을 관리하는 방법에 대해 알아보겠습니다.

Section 01 Google 포토 화면 구성 이해하기

Google 포토 화면 구성 살펴보기

❶ **사진 검색란** : Google 포토에 업로드된 사진과 동영상을 날짜, 장소, 얼굴 그룹, 키워드 등으로 검색합니다.
❷ **사진 업로드** : 컴퓨터 또는 Google 드라이브에 있는 사진과 동영상을 Google 포토에 업로드합니다.
❸ **설정** : 업로드 설정을 바꾸거나, 공유 환경 설정을 바꾸거나, 데이터 백업 파일을 만드는 등 Google 포토의 다양한 설정을 변경합니다.
❹ **포토** : Google 포토에 업로드된 모든 사진과 동영상들을 모아서 보여줍니다.
❺ **탐색** : 항목들을 쉽게 찾을 수 있도록 내 활동, 만든 항목, 카테고리별로 사진과 동영상들을 정리하여 보여줍니다.
❻ **공유** : 다른 사람들과 공유하는 항목들이 나타납니다.
❼ **즐겨찾기** : 즐겨찾기로 설정한 사진과 동영상들이 나타납니다.

❽ **앨범** : 사진을 이용하여 앨범을 만들고, 만들어진 앨범들을 확인합니다.
❾ **관리 기능** : 사진을 이용하여 영화, 애니메이션, 콜라주를 만들고, 사진을 보관처리합니다.
❿ **보관처리** : 보관처리한 사진과 동영상들이 나타납니다.
⓫ **휴지통** : 삭제한 사진과 동영상들이 나타납니다.

Section 02 사진 업로드 및 관리하기

컴퓨터에 저장된 사진 업로드하기

1 Google 포토 홈페이지(photos.google.com)에서 [업로드]를 클릭하고, 메뉴에서 [컴퓨터]를 선택합니다.

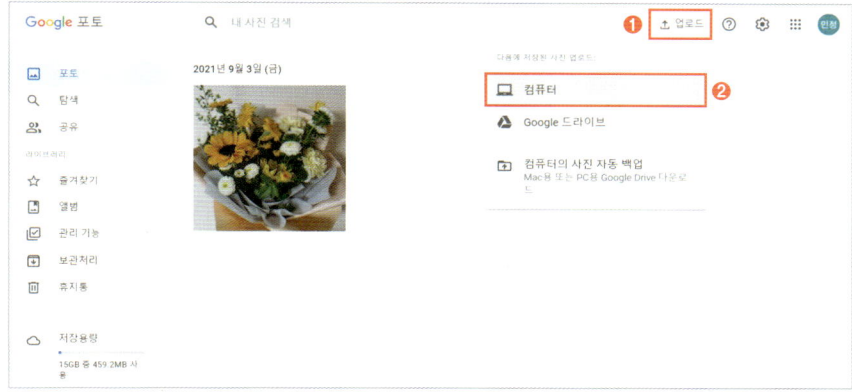

> 💡 **Plus Tip**
>
> [Google 드라이브]를 선택하면 드라이브에 저장된 사진을 Google 포토에 저장할 수 있고, [컴퓨터의 사진 자동 백업]을 선택하면 데스크톱용 구글 드라이브를 이용하여 사진을 업로드합니다. 데스크톱용 구글 드라이브에 대한 자세한 내용은 175쪽을 참고하세요.

2 [열기] 대화 상자에서 업로드할 사진을 찾아 선택한 후 [열기] 버튼을 클릭합니다.

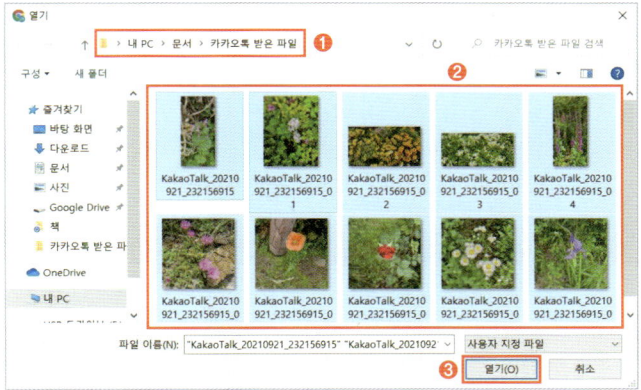

3 [포토]에 사진들이 자동으로 업로드됩니다.

Plus Tip
[포토]에 사진을 드래그하여 업로드할 수 있으며, 사진의 날짜는 촬영되거나 수정된 날짜가 나타납니다.

사진 미리보기 화면에서 사진 관리하기

Google 포토에 업로드된 사진을 클릭하면 사진 미리보기 화면에서 사진을 크게 볼 수 있을 뿐만 아니라 화면 오른쪽 상단의 여러 아이콘을 클릭하여 사진을 수정하고, 다운로드하고, 삭제하는 등 다양한 기능을 수행할 수 있습니다.

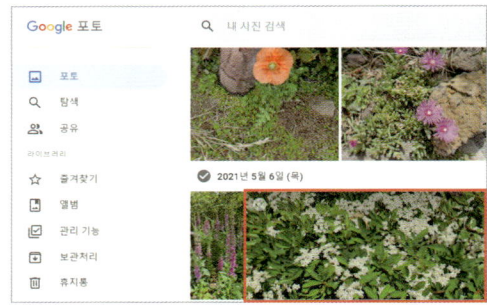 

사진 미리보기 화면의 오른쪽 상단에서 수정() 아이콘을 클릭하면 별도로 앱을 설치하지 않아도 색상, 밝기, 크기 및 회전 조절이 가능하고, 사진을 잘라낼 수도 있습니다.

Plus Tip
사진 편집이 끝난 후 [완료]를 클릭하면 원본이 수정되며, 옵션 더보기( ) 아이콘을 클릭하고 [사본 저장]을 선택하면 원본 사진은 변하지 않고 수정사항이 반영된 사본만 저장됩니다.

사진 미리보기 화면에서 즐겨찾기(☆) 아이콘을 클릭하면 해당 사진이 [즐겨찾기]에 추가되고, 삭제(🗑) 아이콘을 클릭한 후 팝업 창에서 [휴지통으로 이동] 버튼을 클릭하면 휴지통으로 이동합니다. 또한, 옵션 더보기(⋮) 아이콘을 클릭하면 사진을 다운로드하거나, 보관 처리하거나, 앨범에 추가하는 등 다양한 작업을 수행할 수 있습니다.

Section 03 사진 및 동영상 공유하기

여러 장의 사진을 한 번에 공유하기

1 [포토]에서 공유할 사진을 선택하고, 오른쪽 상단에서 공유(⋖) 아이콘을 클릭합니다.

💡 Plus Tip
사진을 한 장만 공유하는 경우는 사진 미리보기 화면에서 공유(⋖) 아이콘을 클릭해도 됩니다.

2 'Google 포토에서 보내기' 팝업 창의 '받는사람' 입력란에 사진을 공유할 사용자의 이메일 주소를 입력하고, '검색결과'에서 해당 이메일 주소를 선택합니다.

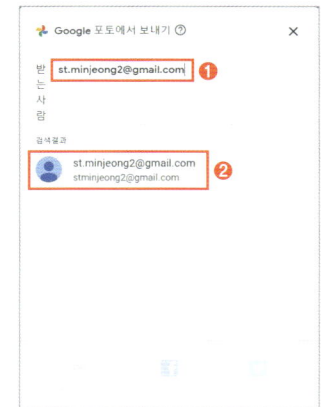

💡 Plus Tip
[링크 만들기]를 클릭하여 링크를 생성한 후 링크를 전달하면 링크를 전달받은 모든 사용자들이 사진을 볼 수 있습니다.

3 메시지 창이 나타나면 '댓글 달기' 입력란에 전송할 댓글을 입력하고, 보내기(▶) 아이콘을 클릭합니다.

4 댓글과 함께 사진이 공유되며, 공유받은 사용자는 [공유]에서 사진을 확인할 수 있습니다.

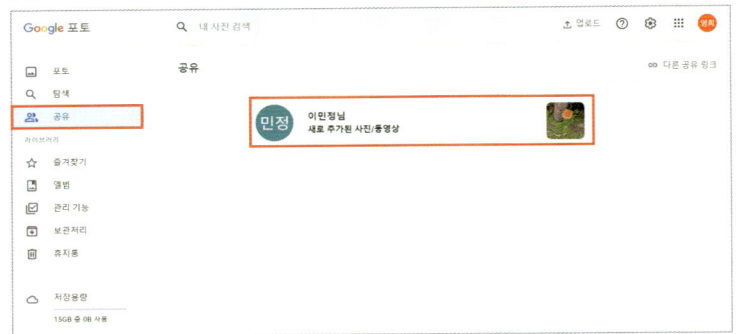

파트너 계정 추가하기

1 Google 포토에 있는 설정(⚙) 아이콘을 클릭하면 나타나는 설정 화면에서 [파트너와 공유]를 선택합니다.

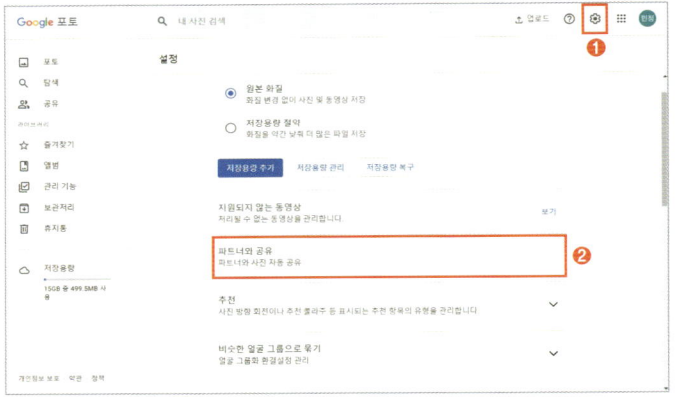

 **Plus Tip**
파트너 계정을 추가하면 특정 인물의 사진 또는 특정 날짜 이후의 사진들을 모두 공유할 수 있습니다.

2 '내 사진을 공유하세요.' 팝업 창에서 [시작하기] 버튼을 클릭합니다.

3 '파트너 선택' 팝업 창에서 '받는사람' 입력란에 파트너로 지정할 사용자의 이메일 주소를 입력하고, '검색결과'에서 해당 이메일 주소를 선택한 후 [다음] 버튼을 클릭합니다.

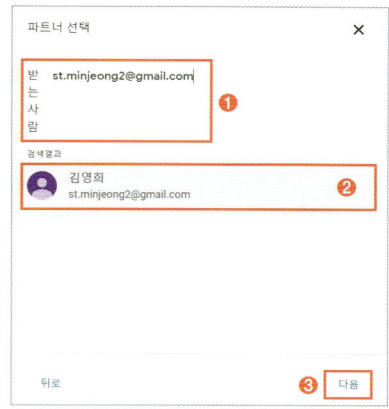

4 '설정 선택' 팝업 창의 '액세스 권한 부여'에서 '모든 사진'이 선택되어있는지 확인한 후 [다음] 버튼을 클릭하고, '확인' 팝업 창에서 [초대장 보내기] 버튼을 클릭하여 파트너에게 초대장을 발송합니다.

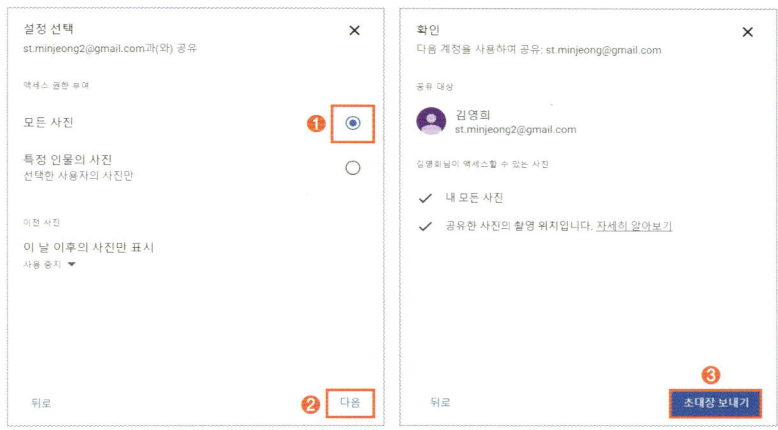

💡 Plus Tip

'특정 인물의 사진'을 선택하면 Google 포토에서 자동으로 인식한 인물 중 선택한 인물의 사진만 공유됩니다. 또한, '이전 사진'에서 선택한 날짜 이후의 사진은 모두 공유되도록 설정할 수 있습니다.

5 초대받은 파트너가 [공유]에서 공유받은 초대장을 선택하고, '파트너와 공유' 초대 팝업 창에서 [수락] 버튼을 클릭하면 파트너 계정 추가가 완료됩니다.

Section 04 사진 앨범 만들기

사진으로 앨범 만들기

1. Google 포토의 [앨범]에서 [앨범 만들기]를 클릭합니다.

2. '제목 추가' 입력란에 제목을 "꽃 사진 모음"으로 입력하고, [사진 추가] 버튼을 클릭합니다.

3. 앨범에 추가할 사진을 선택하고, [완료] 버튼을 클릭합니다.

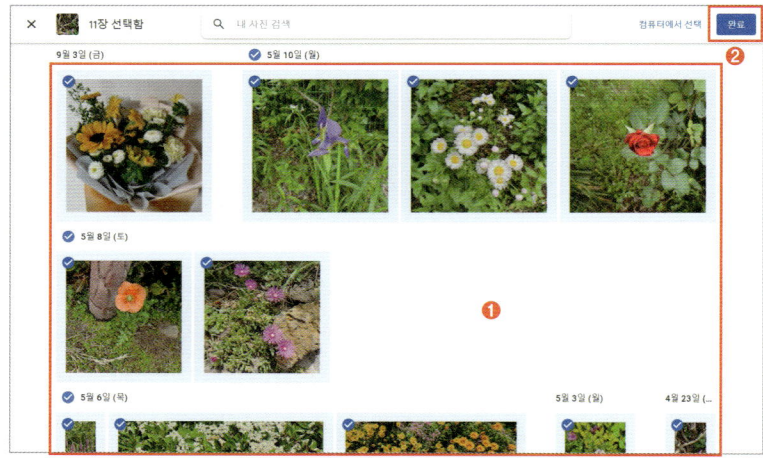

💡 **Plus Tip**

[컴퓨터에서 선택]을 클릭하면 컴퓨터에 저장된 사진을 업로드한 후 앨범에 추가합니다.

4 앨범이 새롭게 생성되고, [앨범]의 하위 메뉴로 추가한
앨범의 제목이 나타납니다.

공유 앨범 만들기

1 공유할 앨범에서 오른쪽 상단에 있
는 공유(<) 아이콘을 클릭합니다.

Plus Tip
앨범을 다른 사용자와 공유하면 여러 사용자가 실시간으로 앨범에 사진을 올리고 앨범을 편집할 수 있습니다.

2 '앨범에 초대' 팝업 창에서 '받는사람' 입력란에 앨범을 공유할
사용자의 이메일 주소를 추가하고, 보내기(▶) 아이콘을 클릭합
니다.

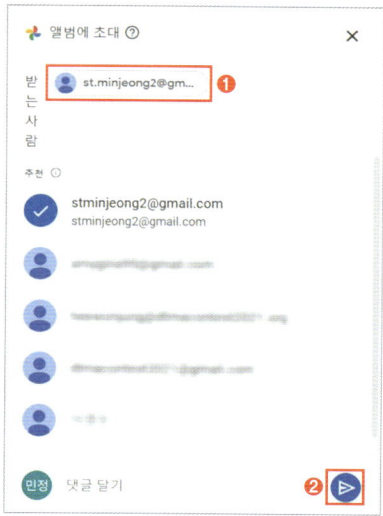

Chapter 01 Google 포토 활용하기 **247**

3 앨범이 공유되면 앨범을 공유받은 사용자는 [공유]에서 공유받은 앨범을 찾을 수 있으며, 해당 앨범에서 [참여] 버튼을 클릭하여 앨범에 참여합니다.

Upgrade 앨범 공유 설정

공유 앨범의 더보기(⋮) 아이콘을 클릭하고, 메뉴에서 [옵션]을 선택하면 '옵션' 팝업 창이 나타나서 앨범 공유 설정을 변경할 수 있습니다. 옵션 중 '사진 촬영 장소 공유'를 활성화하면 사진에 포함된 위치를 다른 사용자가 볼 수 있으며, '공동 작업'을 비활성화하면 다른 사용자들은 사진 또는 동영상을 앨범에 추가할 수 없습니다. '댓글 및 좋아요 표시'를 비활성화하면 다른 사용자들은 댓글과 좋아요 표시를 남길 수 없습니다. '링크 공유'를 활성화하면 앨범의 링크가 생성되며, 해당 링크를 가지고 있는 다른 사용자들이 앨범에 접근할 수 있습니다. 만약, 앨범을 공유하는 사용자를 삭제하고 싶다면 '사용자 초대'에서 사용자 오른쪽의 옵션 더보기(⋮) 아이콘을 클릭하고, [사용자 삭제]를 선택합니다.

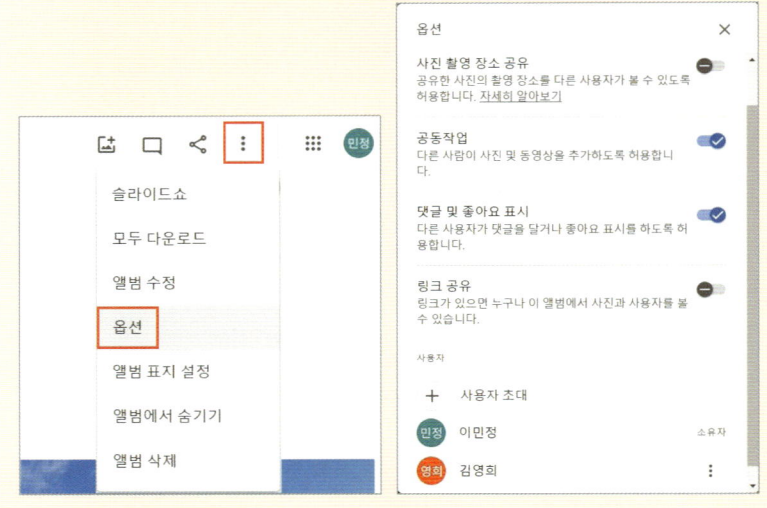

Section 05 모바일 기기 동기화하기

모바일 기기의 사진 동기화하기

1 모바일 기기의 앱스토어에서 Google 포토를 찾아 설치하고, Google 포토 앱에서 기기의 사진 및 미디어에 접근 권한을 허용한 후 오른쪽 상단의 계정() 아이콘을 클릭합니다.

💡 **Plus Tip**

모바일 기기의 사진을 동기화하면 모바일 기기에서 찍은 사진이 자동으로 Google 포토에 업로드됩니다.

2 [백업 사용]을 선택한 후 '백업 및 동기화 설정'에서 [원본 화질]을 선택하고, [확인] 버튼을 클릭하면 자동으로 동기화가 진행됩니다.

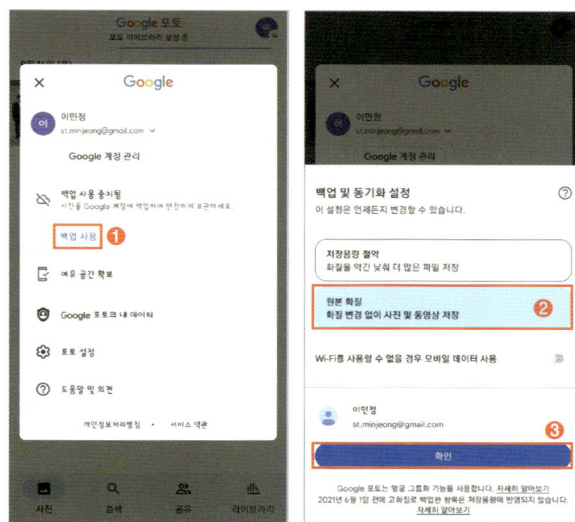

💡 **Plus Tip**

Google 포토에서 동기화된 사진을 삭제하면 모바일 기기에 저장된 사진도 함께 삭제되므로 주의해야 합니다. 반대로 동기화 완료된 사진을 모바일 기기에서 삭제하면 Google 포토에서는 삭제되지 않습니다.

Chapter 02 사이트 도구로 웹사이트 만들기

사이트 도구를 이용하면 웹 개발 언어를 이용한 코딩 과정 없이도 나만의 홈페이지를 만들 수 있습니다. 또한, 다양한 콘텐츠를 이용하여 홈페이지를 꾸미고, 다른 사용자들이 내가 만든 사이트에 접근할 수 있도록 사이트를 배포할 수 있습니다. 이번 Chapter에서는 사이트 도구를 이용하여 빠르고 쉽게 나만의 홈페이지를 만드는 방법에 대해 알아보겠습니다.

Section 01 사이트 도구 화면 구성 이해하기

사이트 도구 화면 구성 살펴보기

❶ **사이트 문서 이름** : 사이트 문서의 이름을 지정합니다. 여기에 입력한 이름이 드라이브에 파일명으로 나타납니다.

❷ **마지막 작업 실행 취소/마지막 작업 다시 실행** : 편집 중 이전 상태로 되돌리거나 작업을 다시 실행합니다.

❸ **미리보기** : 현재 편집중인 사이트가 모바일 기기, 태블릿, 컴퓨터 화면에서 각각 어떻게 보이는지 미리보기합니다.

❹ **게시된 사이트 링크 복사** : 사이트 게시 이후 해당 사이트의 링크를 복사합니다. 게시 전에는 사용할 수 없습니다.

❺ **다른 사용자와 공유** : 사이트 문서 편집자를 추가하거나 링크 사용 권한을 설정합니다.

❻ **설정** : 사이트 메뉴 위치를 변경하거나, 로고와 파비콘을 추가하거나, 커스텀 도메인을 사용 설정하거나, 공지사항 배너를 등록합니다.

❼ **더보기** : 버전 기록을 확인하거나, 사이트의 사본을 생성하거나, 도움말을 살펴봅니다.

❽ **게시** : 사이트를 게시하여 다른 사용자들이 사이트를 볼 수 있도록 합니다.

❾ **게시 옵션** : 게시 설정을 변경하거나 게시를 취소합니다. 게시 이전에는 나타나지 않습니다.

❿ **공지사항 배너** : 다른 사용자들이 가장 먼저 확인해야 할 내용을 공지사항 배너에 설정합니다. 공지사항 배너 설정 방법은 261쪽을 참고하세요.

⓫ **사이트 이름** : 현재 편집중인 사이트 이름을 입력합니다. 사이트 이름으로 지정한 내용은 Chrome 브라우저에서 탭 이름으로 나타납니다.

⓬ **사이트 메뉴** : 사이트에 여러 페이지가 있는 경우 페이지 목록을 보여줍니다.

⓭ **머리글** : 이미지와 제목이 있는 페이지 배너입니다. 이미지 크기와 유무는 설정할 수 있습니다.

⓮ **섹션** : 텍스트, 이미지, 문서, 지도 등 사이트를 구성하는 항목입니다. [삽입] 탭에서 각 섹션을 추가할 수 있습니다.

⓯ **삽입** : 텍스트 상자, 이미지, 링크, 드라이브, 내 파일 등 다양한 섹션을 추가합니다.

⓰ **페이지** : 사이트에 페이지 또는 하위 페이지를 추가합니다.

⓱ **테마** : 사이트의 디자인을 설정합니다. Google에서 만든 테마를 사용하거나 색상 및 글꼴을 직접 설정하여 맞춤 테마를 만들고 이용할 수 있습니다.

Section 02 새 사이트 만들기

새 사이트 시작하기

1 새 사이트를 생성하려면 주소 표시줄에 "sites.new"를 입력하거나 사이트 도구 웹페이지(sites.google.com)에서 '새 사이트 시작'의 [내용 없음]을 선택합니다.

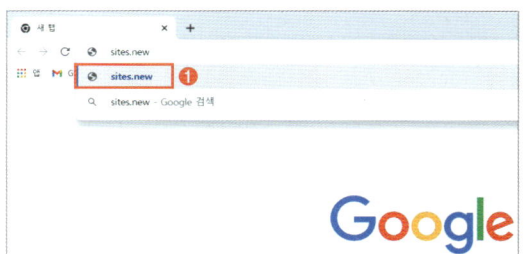 

💡 **Plus Tip**

새롭게 생성한 사이트 문서는 [내 드라이브]에서 찾을 수 있으며, 다른 Google 문서 도구처럼 별도의 저장 과정 없이도 변경 사항이 자동으로 저장됩니다.

2 '제목 없는 사이트' 탭이 열리면 사이트 문서 이름을 입력하고, 머리글의 '내 페이지 제목'을 클릭하여 페이지 이름을 변경합니다.

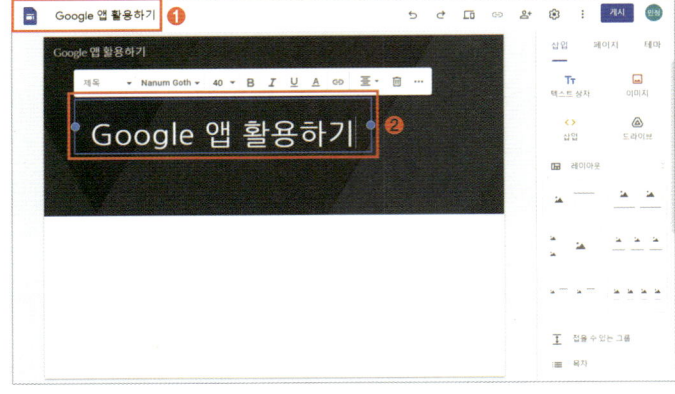

Plus Tip
사이트 문서 이름을 변경하면 사이트 이름이 함께 변경되고, 페이지 이름을 클릭하면 서식 도구 상자를 이용하여 서식을 자유롭게 변경할 수 있습니다.

머리글에 이미지 추가하기

1 머리글에 마우스 포인터를 올리면 나타나는 [이미지 변경]의 목록 단추(▼)를 클릭하고, [이미지 선택...]을 선택합니다.

Plus Tip
[업로드]를 선택하면 컴퓨터에 저장된 이미지를 업로드할 수 있고, [이미지 선택]을 선택하면 Google에서 제공하는 이미지 또는 드라이브에서 이미지를 불러와서 머리글에 삽입할 수 있습니다.

2 '이미지 선택' 팝업 창에서 [갤러리] 탭을 클릭하고, 원하는 이미지를 선택한 후 [선택] 버튼을 클릭합니다.

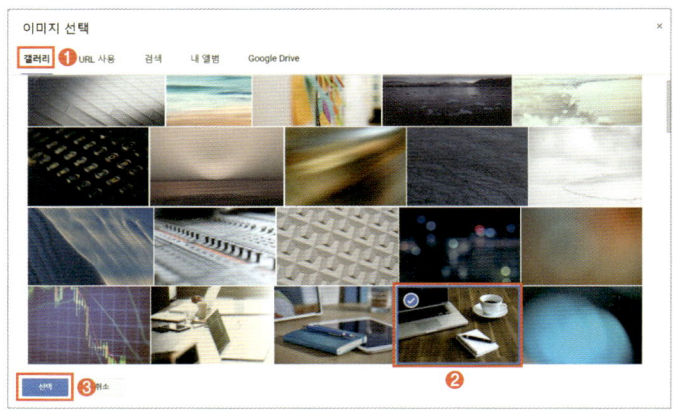

💡 Plus Tip

[URL 사용] 탭에서는 웹사이트에 게시된 이미지의 URL을 이용하여 이미지를 배경으로 삽입할 수 있고, [검색] 탭에서는 Google 검색 또는 라이프 잡지의 사진 검색을 이용하여 이미지를 삽입할 수 있습니다. [내 앨범] 탭에서는 Google 포토에 업로드한 사진을, [Google Drive] 탭에서는 Google 드라이브에 업로드한 사진을 삽입할 수 있습니다.

3 이미지에 따라 밝기가 낮아지는 등 자동으로 가독성이 조정되면서 머리글에 선택한 이미지가 배경으로 삽입됩니다.

💡 Plus Tip

[재설정] 버튼을 클릭하면 배경이 삭제되며, 가독성 조정 삭제(✦) 아이콘을 클릭하면 가독성 조정 기능이 해제되고, 앵커 이미지 조정(⚓) 아이콘을 클릭하면 이미지에서 배경으로 사용할 위치를 조정할 수 있습니다.

Upgrade 머리글 유형 변경하기

[머리글 유형] 버튼을 클릭하면 [표지], [대형 배너], [배너], [제목만] 중 하나를 선택하여 머리글의 이미지 크기를 변경할 수 있습니다. 기본 설정은 [배너]이며, [제목만]을 선택하면 이미지는 나타나지 않습니다. 만약, 머리글을 아예 없애고 싶다면 왼쪽의 머리글 삭제(🗑) 아이콘을 클릭합니다. 머리글을 삭제한 상태에서 다시 머리글을 생성하고 싶다면 '사이트 이름 추가' 입력란에 마우스 포인터를 올렸을 때 나타나는 [헤더 추가] 버튼을 클릭합니다.

 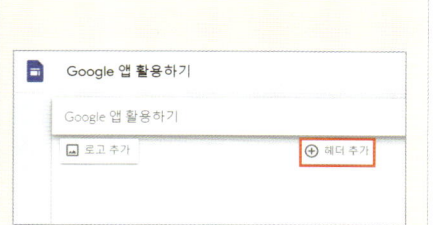

Section 03 콘텐츠 추가하기

텍스트와 이미지 추가하기

1 화면 오른쪽의 [삽입] 탭에서 [텍스트 상자]를 클릭하고, 텍스트 상자가 삽입되면 텍스트 상자에 내용을 입력합니다.

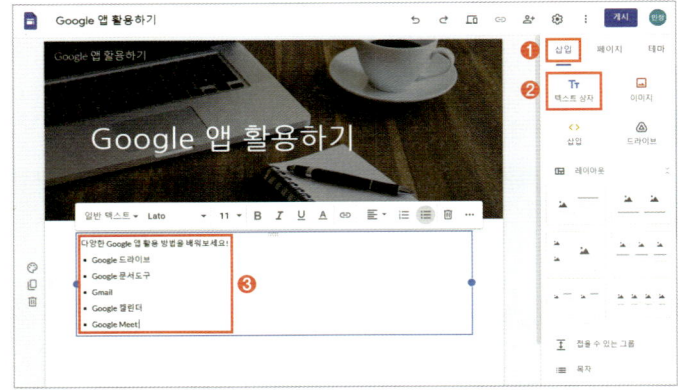

> 💡 **Plus Tip**
> 글머리 기호는 서식 도구 상자에서 글머리 기호 넣기(≔) 아이콘을 클릭한 후 내용을 입력하면 됩니다.

2 [삽입] 탭에서 [이미지]를 클릭하고, 메뉴에서 [선택]을 선택합니다.

> 💡 **Plus Tip**
> [업로드]를 선택하면 컴퓨터에 저장된 사진을 업로드하여 사이트에 삽입할 수 있습니다.

3 '이미지 선택' 팝업 창의 [GOOGLE 이미지 검색] 탭에서 원하는 이미지를 검색한 후 해당 이미지를 선택하고, [삽입]을 클릭합니다.

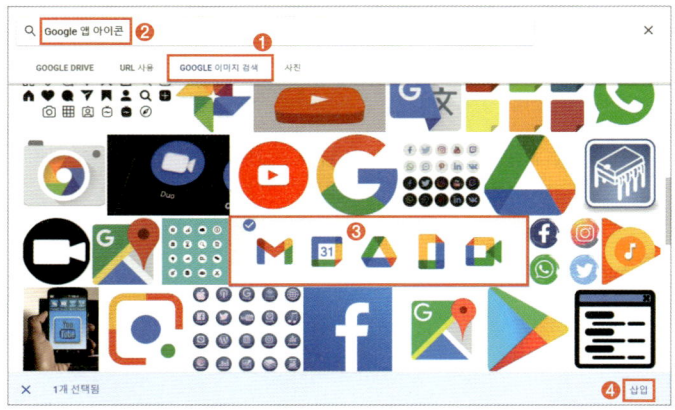

4 이미지가 삽입되면 크기 조절 핸들을 이용하여 사이즈를 변경합니다.

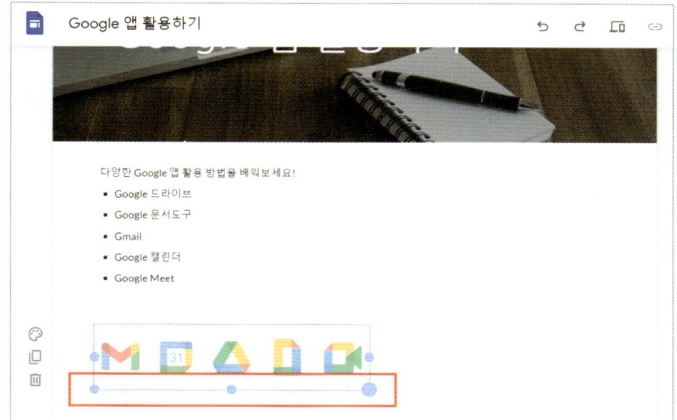

5 이미지의 크기가 조절되면 마우스 포인터를 올리면 나타나는 이동( ) 아이콘을 위쪽으로 드래그하여 텍스트 위에 배치합니다.

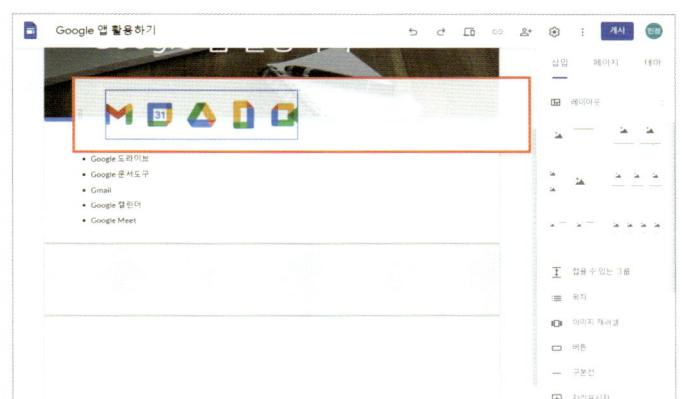

Plus Tip

이미지를 직접 드래그하면 이미지 섹션 전체가 아닌 이미지만 이동할 수 있고, 크기 조절 핸들을 이용하여 텍스트가 차지하는 가로로 공간을 축소시키면 이미지와 텍스트를 나란히 배치할 수 있습니다. 레이아웃을 이용하면 텍스트와 이미지를 쉽고 빠르게 배치할 수 있습니다.

Upgrade 섹션 관리하기

텍스트, 이미지 등 섹션에 마우스 포인터를 올리면 나타나는 아이콘을 이용하여 각 섹션을 관리할 수 있습니다. 섹션 색상( ) 아이콘을 클릭하면 이미지를 이용하여 배경을 변경할 수 있고, 섹션 사본 생성( ) 아이콘을 클릭하면 현재 섹션과 동일한 섹션이 아래에 추가됩니다. 섹션 삭제( ) 아이콘을 클릭하면 섹션이 삭제되고, 이동( ) 아이콘을 위아래로 드래그하면 섹션간 순서를 변경할 수 있습니다. 텍스트 섹션의 경우 상단에 이동( ) 아이콘이 추가로 나타나는데, 이를 머리글로 드래그하면 머리글에 텍스트가 추가됩니다.

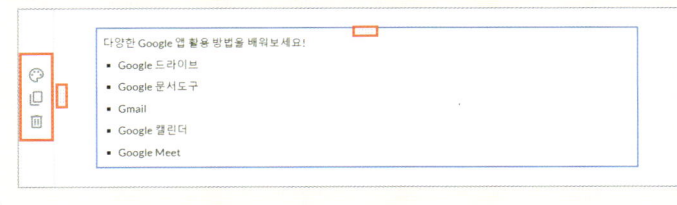

Youtube 동영상 추가하기

1 화면 오른쪽의 [삽입] 탭에서 [You-Tube]를 선택합니다.

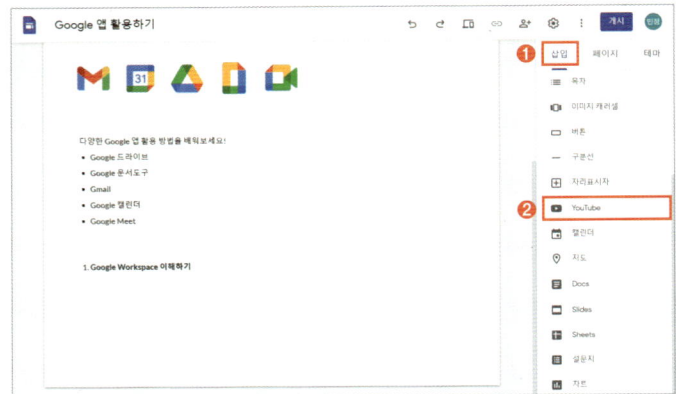

> 💡 **Plus Tip**
>
> 추가하고자 하는 동영상이 Youtube에 업로드되지 않았다면 먼저 드라이브에 동영상을 업로드하고, 오른쪽 메뉴에서 [드라이브]를 클릭하여 드라이브에 저장된 동영상을 찾아 추가합니다.

2 '파일 선택' 팝업 창의 [동영상 검색] 탭에서 삽입할 Youtube 동영상을 검색한 후 원하는 동영상을 선택하고, [선택] 버튼을 클릭합니다.

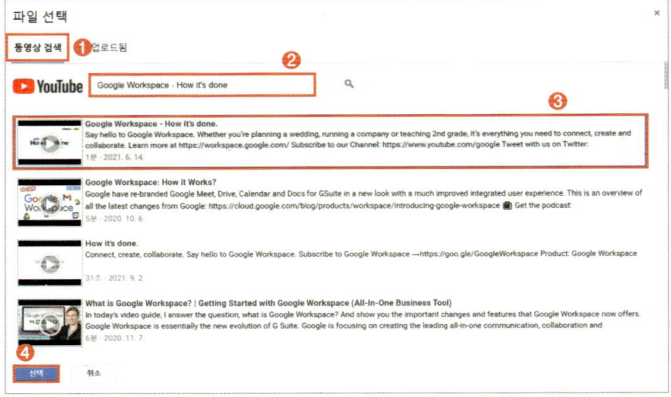

3 동영상이 삽입되면 크기 조절 핸들을 이용하여 동영상 크기를 적당히 조절합니다.

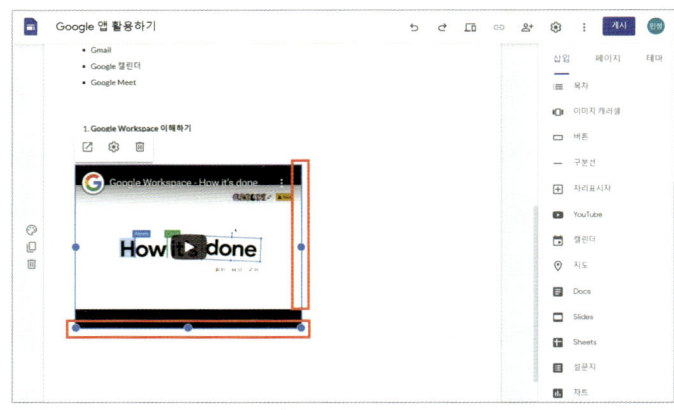

설문지 추가하기

1 화면 오른쪽의 [삽입] 탭에서 [설문지]를 선택합니다.

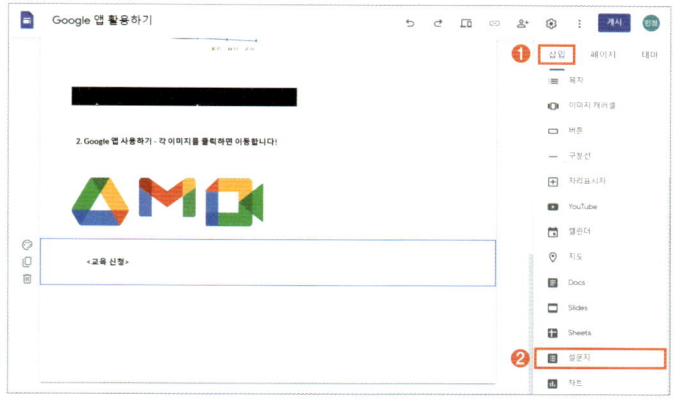

> **Plus Tip**
> 설문지를 추가하기 전에 먼저 설문지를 만들어야 합니다. 설문지를 만드는 자세한 방법은 222쪽을 참고하세요.

2 설문지 패널에서 사이트에 추가할 설문지를 선택하고, [삽입]을 클릭합니다.

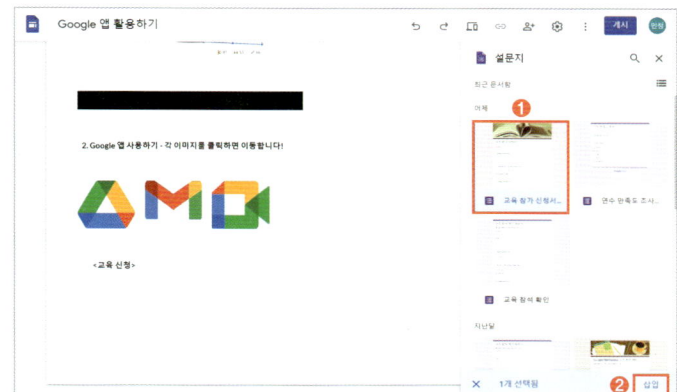

3 사이트에 설문지가 삽입되면 크기 조절 핸들을 이용하여 크기를 적당히 조절합니다.

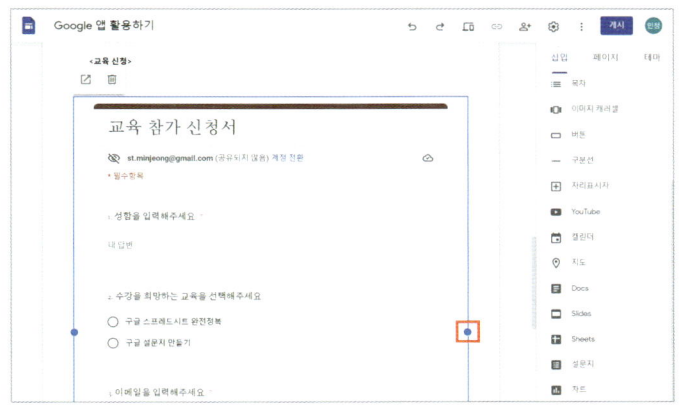

> **Plus Tip**
> 같은 방식으로 문서(Docs), 프레젠테이션(Slides), 스프레드시트(Sheets), 스프레드시트 내 차트(Chart)를 설문지에 삽입할 수 있습니다.

Upgrade | Drive 파일 추가하기

[삽입] 탭의 [드라이브]를 클릭하면 드라이브에 저장된 폴더와 파일들을 사이트에 삽입할 수 있습니다. [내 드라이브]에 저장된 폴더와 파일뿐만 아니라 [공유 드라이브]에 저장된 폴더와 파일도 추가할 수 있습니다. 주의할 점은 공유 드라이브에 있는 폴더와 파일, 공유 권한이 제한되어 있는 파일은 권한이 있는 사용자만 볼 수 있으므로 사전에 권한을 변경해야 합니다. 드라이브 파일 권한 변경에 대한 자세한 내용은 168쪽을 참고하세요.

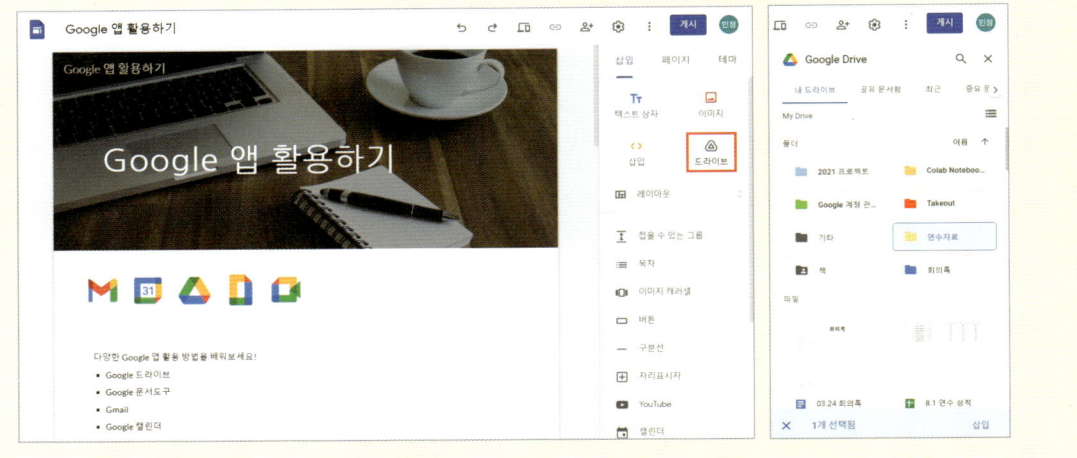

Section 04 | 페이지 추가하기

새 페이지 추가하기

1 [페이지] 탭에서 마우스 포인터를 추가(+) 아이콘에 올렸을 때 나타나는 새 페이지(📄) 아이콘을 클릭한 후 '새 페이지' 팝업 창에서 페이지 이름을 입력하고, [완료]를 클릭합니다.

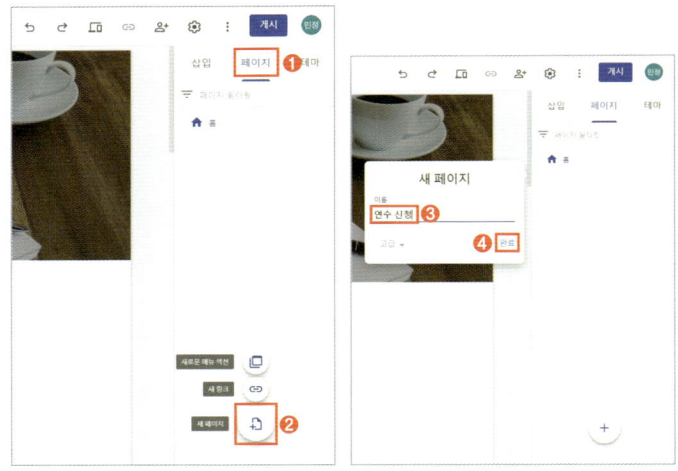

💡 Plus Tip

새로운 메뉴 섹션(📑) 아이콘을 클릭하면 페이지 상단에 메뉴가 추가되어 페이지 정리에 효율적으로 사용할 수 있으며, 새 링크(🔗) 아이콘을 클릭하면 페이지 목록에 다른 웹사이트로 이동하는 링크를 추가할 수 있습니다.

2 페이지 목록에 새롭게 생성한 페이지가 나타나며, 새 페이지의 머리글을 수정하고, 필요한 항목들을 삽입합니다.

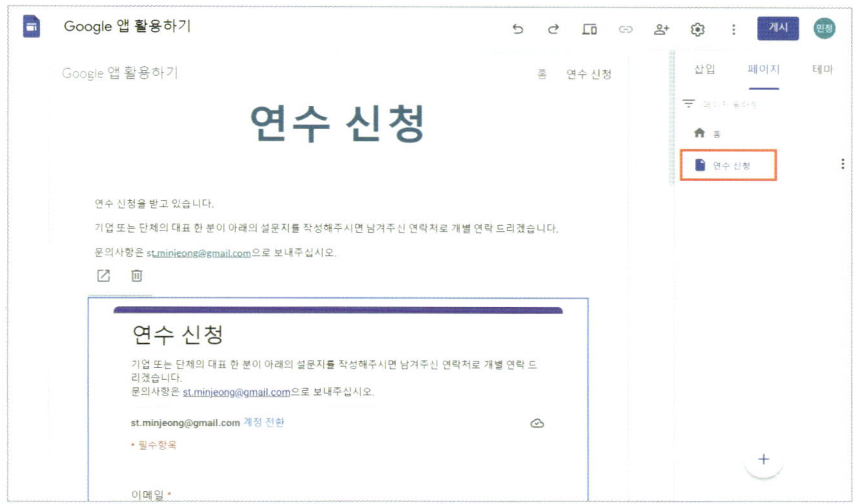

> **Plus Tip**
>
> 추가한 페이지를 '홈' 페이지로 변경하려면 새롭게 추가한 페이지의 더보기(⋮) 아이콘을 클릭한 후 메뉴에서 [홈페이지로 설정]을 선택합니다.

하위 페이지 추가하기

1 [페이지] 탭에서 하위 페이지를 추가할 페이지의 더보기(⋮) 아이콘을 클릭하고, [하위 페이지 추가]를 선택합니다.

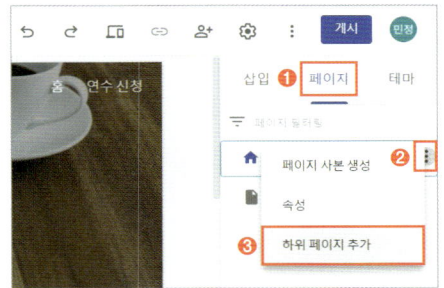

2 '새 하위 페이지' 팝업 창에서 페이지 이름을 입력하고, [완료]를 클릭합니다.

Chapter 02 사이트 도구로 웹사이트 만들기 **259**

3 하위 페이지가 추가되면 머리글을 수정하고, 필요한 항목들을 삽입합니다.

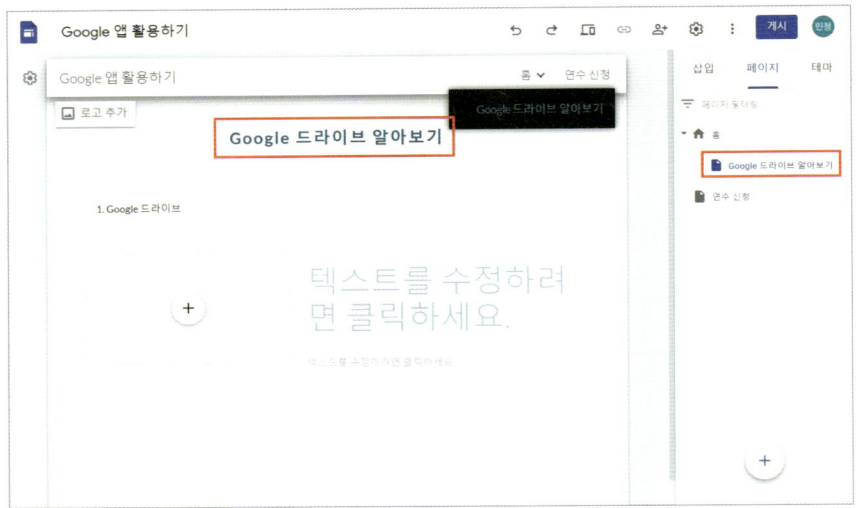

> 💡 **Plus Tip**
> 하위 페이지는 5단계까지 생성할 수 있으며, 하위 페이지가 있는 페이지는 삭제할 수 없습니다.

Upgrade 사이트 도구의 버전 기록과 협업 기능

Google 문서 도구처럼 사이트 도구에서도 버전 기록과 협업 기능을 사용할 수 있습니다. 사이트에 포함된 항목들을 업데이트하다 보면 이전 버전이 필요할 때가 있습니다. 이런 경우는 오른쪽 상단의 더보기(:) 아이콘을 클릭하고, 메뉴에서 [버전 기록]을 선택하면 이전에 작업하면서 자동으로 저장된 버전들이 나타나며, 언제든 이전 버전으로 복원이 가능합니다. 버전 기록에 대한 자세한 내용은 181쪽을 참고하세요. 여러 명이 동시에 사이트 도구를 이용하여 하나의 사이트를 만들고자 할 때는 오른쪽 상단에 있는 다른 사용자와 공유(&+) 아이콘을 클릭하고, '사용자 및 그룹과 공유' 팝업창에서 다른 사용자의 이메일 주소를 입력하여 편집자로 초대합니다. 편집자 권한 부여에 대한 자세한 내용은 184쪽을 참고하세요.

Section 05 | 사이트 설정 변경하기

메뉴 위치 측면으로 변경하기

1 화면 오른쪽 상단에서 설정(⚙) 아이콘을 클릭합니다.

> 💡 **Plus Tip**
> 메뉴의 위치를 변경하려면 페이지가 2개 이상이어야 하며, 메뉴 위치의 기본 설정은 [위]로 오른쪽 상단에 나타납니다.

2 '설정' 창의 [탐색]에서 '모드'에 있는 [위]의 목록 단추(▼)를 클릭하여 [측면]을 선택하고, 닫기(×) 아이콘을 클릭합니다.

3 메뉴가 왼쪽 측면으로 이동하며, 사이드바 표시(≡) 아이콘을 클릭하면 메뉴를 볼 수 있습니다.

공지사항 배너 사용하기

1 화면 오른쪽 상단에서 설정(⚙) 아이콘을 클릭한 후 '설정' 창에서 [공지사항 배너]를 선택합니다.

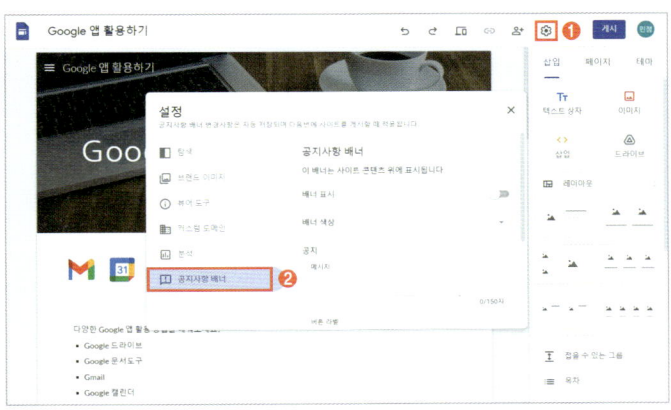

2 공지사항 배너에서 '배너 표시'를 활성화하고, '메시지' 입력란에 공지할 메시지 내용을 입력합니다.

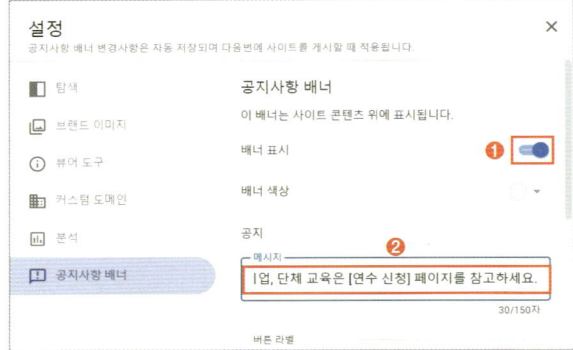

3 '버튼 라벨' 입력란에 "이동"을 입력하고, '링크' 입력란을 클릭하여 현재 사이트의 페이지 중 [연수 신청]을 선택한 후 '공개 상태'를 '모든 페이지'로 선택하고, 닫기(×) 아이콘을 클릭합니다.

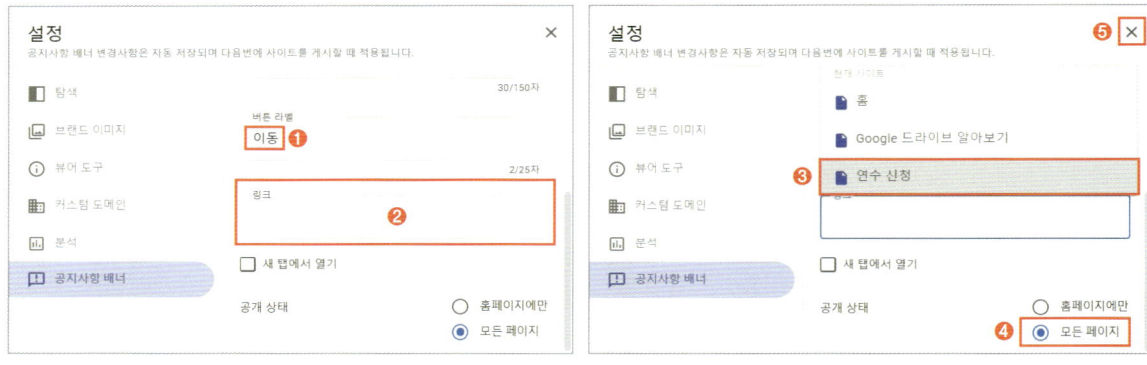

💡 Plus Tip

'버튼 라벨'은 클릭 시 설정해둔 링크로 이동하는 버튼이고, '링크'에는 URL을 직접 입력하거나 현재 사이트의 페이지를 추가할 수 있습니다. '새 탭에서 열기'를 체크(선택)하면 버튼 라벨을 클릭했을 때 설정해둔 링크가 새 탭으로 열립니다.

4 공지 메시지가 최상단에 [이동] 버튼 라벨과 함께 게시됩니다.

| Upgrade | **사이트 미리보기** |

사이트의 여러 페이지와 섹션 편집을 마쳤다면 게시 전 반드시 사이트 미리보기를 해야 하는데, 이는 어색한 배치나 사용자 입장에서 겪을 수 있는 불편함을 미리 파악할 수 있어 사이트 제작의 완성도를 한 층 더 높여줍니다. 완성된 사이트를 미리 점검하려면 미리보기(🔲) 아이콘을 클릭합니다. 사이트 미리보기에서 전화번호(📱) 아이콘을 클릭하면 모바일 기기에서의 화면을, 태블릿(▭) 아이콘을 클릭하면 태블릿에서의 화면을, 대형 화면(▬) 아이콘을 클릭하면 컴퓨터에서의 사이트 화면을 확인할 수 있습니다. 문제 신고(❗) 아이콘을 클릭하면 스크린 샷을 찍어 Google 지원팀에 도움을 요청할 수 있습니다. 미리보기를 종료하려면 미리보기 종료(✖) 아이콘을 클릭합니다.

Section 06　사이트 게시하기

사이트 웹에 게시하기

1 편집을 끝마친 사이트 도구에서 게시를 하기 위해 [게시] 버튼을 클릭합니다.

2 '웹에 게시' 팝업 창에서 '웹 주소' 입력란에 나만의 주소를 입력하고, '내 사이트를 볼 수 있는 사용자'의 [관리]를 클릭합니다.

💡 **Plus Tip**

웹 주소를 입력할 때 소문자, 숫자, 대시(-)만 사용 가능하며, Google 서비스 정책을 위반하는 금지된 단어나 다른 사람이 먼저 사용하고 있는 주소는 쓸 수 없습니다.

3 '링크' 팝업 창에서 '임시'는 [제한됨]으로, '게시된 사이트'는 [전체 공개]로 설정되어 있는지 확인한 후 [완료] 버튼을 클릭합니다.

Plus Tip
'임시'를 [전체 공개]로 변경하면 다른 사용자들이 링크를 이용하여 게시 전 사이트 문서를 열 수 있습니다.

4 '웹에 게시' 팝업 창에서 '공개 검색 엔진에 내 사이트가 표시되지 않도록 요청'을 선택한 후 [게시] 버튼을 클릭합니다.

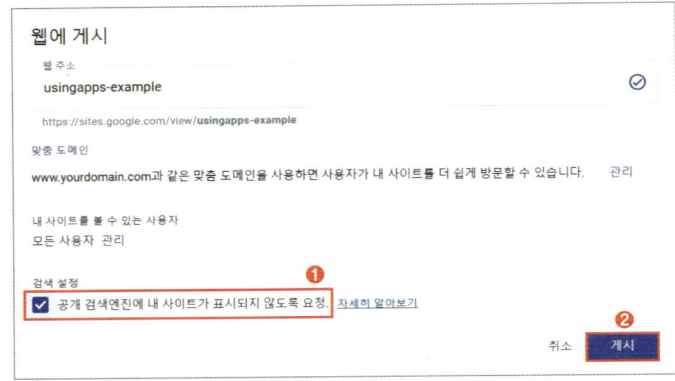

Plus Tip
'공개 검색엔진에 내 사이트가 표시되지 않도록 요청'을 체크(선택)하지 않으면 Google 검색 시 사이트가 나타나게 되어 누구나 해당 사이트에 접근할 수 있습니다.

5 게시가 완료되면 게시된 사이트 링크 복사(🔗) 아이콘을 클릭하고, '게시된 사이트 링크' 팝업 창에서 [링크 복사] 버튼을 클릭하여 링크를 다른 사용자들에게 전달합니다.

 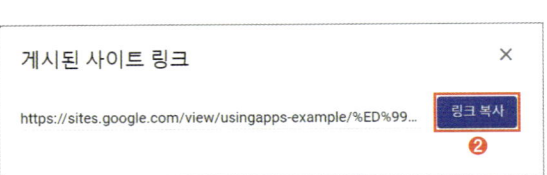

Plus Tip
게시 후 게시를 취소하고 싶다면 [게시 옵션(▼)] 버튼을 클릭하고, [게시 취소]를 선택합니다.

6 링크를 전달받은 사용자는 주소 표시줄에 사이트 링크를 붙여넣기하여 게시한 사이트를 확인할 수 있습니다.

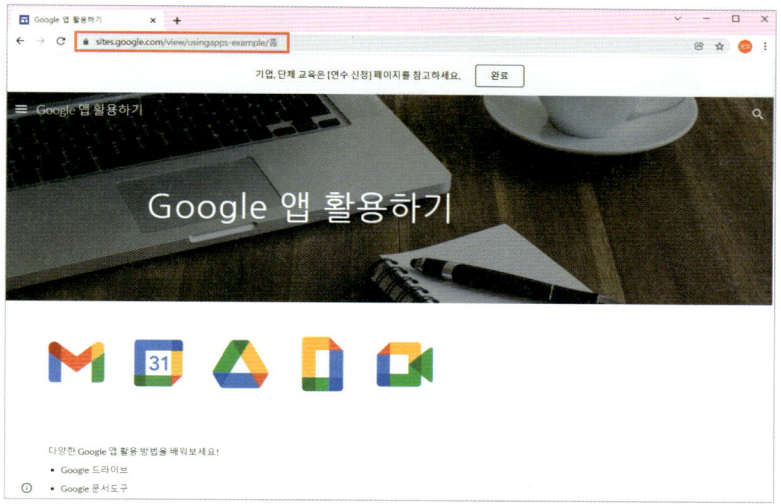

Upgrade 사이트 게시 후 수정

사이트를 게시한 이후 사이트 페이지, 섹션 등에 수정사항이 발생했다면 수정한 후에 다시 한 번 게시 과정을 거쳐야 합니다. 사이트 문서에서 내용을 수정한 후 [게시] 버튼을 클릭하면 '변경사항 검토 및 게시' 웹페이지에서 변경사항을 검토할 수 있습니다. 수정을 마친 '임시' 사이트와 '현재 게시된 버전'을 비교한 후 올바르게 수정되었다면 [게시] 버튼을 클릭합니다. 만약, 사이트를 수정한 이후 게시 과정을 거치지 않는다면 수정사항은 반영되지 않아 다른 사용자들이 볼 수 없습니다.

찾아보기

ㄱ~ㄴ

개별 연락처	105
개인 검색 결과	49
개인용 Google 계정	45
개인정보 변경	47
객관식 문항	227
객체 애니메이션	206
검색 기록	68, 69
검색 도구	65
검색 연산자	65
검색어 자동 완성	36
검색엔진	42, 43
계정 동기화	14
계정 복원하기	54
계정 삭제하기	53
고급 검색	66
공유 문서함	172
공유 앨범	247
공유 캘린더	134
공지사항 배너	261
광고 개인 최적화	49
그룹 탭	25
기본 브라우저 설정	42

ㄷ~ㄹ

다운로드 위치 변경	44
단답형 문항	226
단락 스타일	192
대시보드	52
대화형식으로 보기	84
댓글 추가하기	196
데스크톱 알림	84
데스크톱용 드라이브	175, 176
데이터 다운로드	50
도형 삽입하기	202
동기화 계정	23
동기화 사용	17, 18
동영상 삽입하기	203, 231
동영상 재생 옵션	204
드라이브 검색	174
드라이브 오프라인	180
라벨 관리하기	78
라벨 만들기	113, 148
라벨 분류하기	78, 81
라벨 추가하기	77, 149

ㅁ~ㅂ

머리글 유형	253
메모 고정, 수정, 삭제	146, 147
메모 쓰기	141, 142, 143, 144
메일 검색 연산자	80
메일 검색 옵션	79
모바일 기기 찾기	58
문서 버전 이름	194
문서 템플릿	188
문자 추출하기	173
문항 가져오기	232
문항 유형	228, 229
발표자 노트	200
방문 기록	37, 38
버전 기록	181
보안 권장사항	54
복구 전화번호	56
북마크	26
북마크 관리자	27
북마크 내보내기	30
북마크 이동과 편집	29
북마크바 사용	28

비밀모드	75
비밀번호 관리하기	34

ㅅ~ㅇ

사용자 초대하기	93
사이트 게시	263, 265
사이트 도구 화면	250
사이트 미리보기	263
사진 동기화하기	249
사진 앨범	246
사진 업로드하기	241
새 사이트 시작하기	251
새 페이지 추가하기	258
설문지 미리보기	234
설문지 보내기	235
설문지 설정	223, 225
설문지 추가하기	257
설문지 테마	223
섹션 관리하기	255
셀 보호하기	215
수식과 함수	216
스토리지 관리자	52
슬라이드 배경	204
슬라이드 전환	206
시간별 계정 검색	67
알림 만들기	125
앨범 공유	248
여러 연락처	106, 108
연락처 가져오기	111
연락처 내보내기	110
연락처 병합하기	109, 110
연락처 복구하기	114
예약 메일	76
외국어 문서 번역	193
웹사이트 비밀번호	34
웹페이지 이미지	63
음성 검색	64
응답 확인	227
응답별 섹션 진행	233
응답자별 답변	236
이메일 서명	86
이미지로 검색하기	62
일정 만들기	120, 122
일정 복원하기	127
일정 삭제하기	126

ㅈ~ㅊ

자동 응답	87
자동 저장	181
전체 레이아웃	101
조건부 서식	218
주최자 컨트롤	96
참석자 음소거	95
참석자 퇴장	95
참조 추가하기	73
청중 도구	208
체크박스 추가	212

ㅋ~ㅌ

카메라 배경	102
캘린더 가져오기	137
캘린더 공개하기	131
캘린더 공유하기	132
캘린더 구독하기	135
캘린더 내보내기	136
캘린더 뷰	119
캘린더 삭제하기	130
캘린더 색상	130
캘린더 숨기기	129
캘린더 화면	118
쿠키 및 캐시	37
탭 고정과 해제	24
텍스트 상자	200
템플릿	88
파트너 계정 추가	244
피봇 테이블	221
필터 추가하기	219

ㅍ~ㅎ

파일 링크	171
파일 바로 가기 메뉴	164
파일 및 폴더 관리하기	165, 166, 167
파일 편집자 권한	168, 170
팝업 차단	39
팝업 허용하기	38
폴더 색상	168
프레젠테이션 공유하기	210
프레젠테이션 보기	207
프로필 맞춤설정	21
프로필 삭제하기	22
프로필 추가하기	19
프로필간 전환	21
하위 페이지 추가하기	259
홈 버튼	41
화이트보드	97

C~D

Chrome 브라우저	12, 15, 32
Chrome 브라우저 설치하기	12
Chrome 브라우저 시작 페이지	41
Chrome 브라우저 초기화	33
Chrome 사용자 선택	23
Drive 파일 추가하기	258

G~H

Gmail 연락처 자동 저장	86
Gmail 테마	82
Gmail 화면	70, 71
Google Workspace 계정	46
Google 드라이브 화면	162
Google 문서	187
Google 설문지	222
Google 스프레드시트	211
Google 포토 화면	240
Google 프레젠테이션	198
Google 활동 기록	48

I~J

Jam	97
Jamboard	99

K~L

Keep 화면	140
Keep 확장 프로그램	150

M~N

Meet 회의실	91
MS Office 파일	182

S~T

Tasks 열기	153

Y~Z

Youtube 동영상 추가하기	256